전환의 시대, '떫은 감'의 변증법

전환의 시대, '떫은 감'의 변증법

2021년 12월 15일 인쇄
2021년 12월 22일 발행

지은이 | 은우근
기획 | 광주시민자유대학
전남대학교 철학연구교육센터
전남대학교 인문학연구원

펴낸이 | 정성택
펴낸곳 | 전남대학교출판문화원
주소 | 61186 광주광역시 북구 용봉로 77
전화 | (062) 530-0571~3 팩스 | (062) 530-0579
등록 | 1981. 5. 21. 제53호
홈페이지 | http://www.cnup.co.kr
이메일 | cnup0571@hanmail.net

값 15,000원

ISBN 978-89-6849-841-1 (93330)

* 이 책은 광주광역시의 <인문도시광주> 사업지원으로
출판되었습니다.

전환의 시대, '떫은 감'의 변증법

은우근

전남대학교출판문화원

머리말

떫은 감의 변증법

고교 시절의 스승 김용근 선생은 다음과 같은 가르침을 주셨다. 우리는 단감을 먹는다. 그런데 그 감은 떫은 감이 '부정의 부정'을 거쳐 단감으로 변한 그 감이다. 책 제목에서 '떫은 감'이란 표현은 선생이 변증법적 변화·발전을 설명하면서 즐겨 쓰셨던 비유이고 지금껏 내 삶의 화두(話頭)와 같은 것이 되었다.

살아오면서 제법 다양한 체험과 활동들을 한 것 같지만, 내 인생은 한마디로 '방황'이었다. 김민웅 교수는 추천사에서 내게 '행동하는 지식인'이라는 타이틀을 붙여주셨다. 또한 내게 '혁명가' 같다고도 했는데, 후자는 너무 과분하여 빼자고 했다. 사실은 전자도 과분하다. 나는 단지 방황하는 인간이었다.

나의 방황은 고교시절 시작되었다. 그때 평생의 스승을 만났다. 민청학련 사건과 인혁당 사건 등으로 박정희의 유신독재가 극악하게 치닫던 시기였다. 고3인 우리는 선생님 댁에서 밤이 늦도록 학교의 여러 문제 등에 대해 얘기를 나눈 적이 있었다. 그 분위기에 완전히 몰입한 나는 시간 가는 줄을 몰랐다. 모두 헤어져서 보름달이 휘영청 높이 떠 비추는 들판을 가로질러 홀로 귀가 중이었다. 나는 갑자기 무어라 말할 수 없는 공허함·허전함에 휩싸였다. 걸음을 옮기기 어려울 정도였다. 그건 내 삶에서 가장 충격적인 체험이었다.

이후 한동안 나를 찾아야 한다고 생각했고 입시공부는 뒷전에 두고 닥치는 대로 여러 책들을 읽었다. '전환시대의 논리'가 출판된 1974년 봄, 못 말리는 방황의 시기를 보내던 나는 스승이 추천한 이 책을 밤새워 읽었다. 그 후 내 방황은 점차 반항으로 확실히 바뀌었다.

나이가 들어가니 더 잘 보인다. 모든 인간이 그렇듯이 나는 주어진 세계와 만들어가야 하는 세계 사이에서 평생 방황했던 것이다. 지금 생각하면 어린 시절 나를 휩싼 그 공허함·허전함은 일종의 깨달음이었다. 박구용 교수는 이런 내 삶을 꿰뚫어 보았다. 그는 나더러 아직 '단감'이 되지 못한 '떫은 감'이라고 했다. 그것을 내 외로움의 근원이라고 했다. 괴테는 파우스트에서 '인간은 노력하는 한, 방황한다'고 했다. 나는 노력이라는 단어 앞에 '완성을 향하여'란 구절을 덧붙이고 싶다.

인간에게는 두 세계가 있다. 주어진 세계와 만들어가야 할 세계다. 전자는 자연이다. 인간은 그 안에서 태어난다. 후자는 자유와 독립이다. 자유와 독립은 땀과 고뇌로 만들어 가야 한다. 인간은 자연을 지양하여 자유로 나아간다. 에덴동산에서 '에덴의 동쪽'으로 가야 하듯이 그리고 떫은 감이 단감으로 바뀌듯이. 이는 인간의 조건이다. 즉 인간은 자유를 선택하도록 운명지어진 존재다. 사르트르는 "인간은 자유롭도록 저주받은 존재다"라고 했다. 내 인생은 떫은 감이나 떫은 감에 머물러 있을 수는 없다. 외롭더라도 자유를 포기하지 않으려 노력해 왔다.

이 책은 3부로 구성했다. 제1부는 5·18 관련 논문들과 칼럼 그리고 호남의 정치에 대한 칼럼 한 편을 포함한다. 5·18 관련 글에서 5·18에 대한 새로운 시각의 이해를 시도했다. 5·18을 단지 국가폭력에 의한 민간인 살상, 인권침해로 보는 것은 매우 피상적이고 단순한 시각이다. 5월민중의 항쟁은 기본적으로 분단체제의 폭력적 관리자로서 군부독재와 민주화의 가장 뜨거운 열망을 지닌 호남민중의 충돌이었다. 나는 5·18과 관련하여 부끄러움이라는 집단심성이 갖는 의미를 해명하고, 한반도 변혁운동의 일부로서 5·18이 갖는 의미를 고찰하고자 했다.

호남 정치에 대한 칼럼에서 87년 체제의 유산과 관련하여 민주적인 국가 권력의 획득과 지역에서 민주주의 발전의 관계를 언급했다. 호남정치의 복원 주장 이면에는 호남의 기득권 정치세력의 이해관계가 은폐되어 있다.

505보안부대 관련한 글은 2~3년 전 사진작가이기도 한 동료 교수로부터 청탁을 받아썼는데, 그의 작품집 간행이 무산되는 바람에 여기에 실었다.

제2부 인권과 정의는 인권도시 운동과 관련된 글 두 편과 검찰 개혁 운동에 참여하면서 발표한 성명서 세 편으로 구성했다. 인권도시 운동은 일종의 인권공동체 운동이다. 인권은 개별적 인간의 권리이자 집단적, 공동체적 권리이기도 하다. 나는 5·18민중이 성취한 대동세상의 꿈이 인권도시 공동체로 부활할 수 있다고 여겼고, 그것을 광주 인권도시에서 실현하자고 제안했다.

검찰개혁 관련 성명서와 조국 전 법무부장관 가족에 대한 인권침해 관련 성명서는 그대로 시대를 기록한 의미가 있다고 생각하여 실었다. 광주의 교수와 작가들 그리고 시민단체 및 교수연구자단체들이 검사들의 행태에 대한 우려를 공유했고 이 성명으로 나타났다. 조국 교수 가족에 대한 무자비한 수사는 엄중한 인권침해다. 이는 검찰개혁과 언론개혁을 방해하려는 극우기득권 카르텔이 주도한 마녀사냥의 일환이었다. 단호하지 못한 문재인 대통령과 정부여당의 대처는 검찰 쿠데타의 성공이라는 최악의 결과를 낳고 말았다.

'검찰개혁 언론개혁 없이 정의는 실현될 수 없다' 제하의 성명서는 고 이영석 광주대 명예교수가 맨처음 내게 제안했다. 서양사학회장을 역임한 이 교수는 나의 대학 선배이며 참으로 존경스러운 학자로 20여 권의 저역서를 남겼다. 그는 김대중 전 대통령이 초청받은 캠브리지대학교 클레어홀과 울프슨 칼리지에서 두 번 초빙교수를 역임했을 정도로 해외에서도 인정받았다. 그는 암 투병 중에도 집필을 쉬지 않다가 올해 2월 갑자기 세상을 떠났다. 삼가 명복을 빈다.

제3부 '떫은 감'의 변증법에서 스승인 김용근의 삶과 교육, 일제하 독립운동을 두 편의 글로 다루었다. 2018년과 2020년의 학술세미나에서 발표한 글이다. 일제하에서 세 차례의 투옥, 그리고 5·18 직후에도 제자를 숨겨준 혐의로 투옥된 적이 있는 선생은 제자들을 통해 민주화운동에 상당한 영향을 끼쳤다. 선생의 가르침은 분단체제라는 '동굴'에서 살아가는 청춘들에게 동굴 밖의 세계를 깨우쳐주었다. 이 글을 쓰면서 선생의 삶뿐 아니라 우리 역사가 어떤 어둠에 갇혀 있는지 깊이 실감할 수 있었다.

이 책의 모든 원고를 읽고 정성어린 추천사를 써주신 두 분께 깊이 감사드린다. 김민웅 교수는 제20대 대선을 앞두고 '개혁과 전환 촛불행동연대' 운영위원장을 맡아 매우 분주하던 시기에 나의 부탁을 받고 흔쾌히 원고를 주셨다. 나와 갑장인 김 교수를 촛불혁명의 와중에서 만났다. 나는 그를 존경의 뜻을 담아 '사령관'이라는 별칭으로 부르기도 한다. 박구용 교수는 대학원에서 철학 공부를 시작하면서 만나 지금까지 30년 이상 형제와 같은 교분을 이어오고 있다. 나이는 내가 좀 더 위이지만 그로부터 인생과 학문에 대하여 많은 가르침을 얻고 있다. 박 교수는 이 책에 실린 대부분의 원고가 쓰여질 때마다 읽고 격려와 응원을 보내주었다. 또 이 책의 발간을 주선했다.

원래 이 책에 실린 원고 대부분은 대학에서 퇴직을 2년 앞둔 2019년 말 출판할 작정이었다. 그런데 당시 촛불혁명에 대한 대반동이 개시되었고 지금에 이르렀다. 2년여 미루어진 작업을 마무리하는 성취감보다는 매우 착잡한 느낌을 지울 수 없다. 하지만 결코 떫은 감의 역사적 변화·발전에 대한 믿음을 버리지 않겠다.

이 책을 평생의 깨우침을 주신 스승 김용근 선생과 '떫은 감'으로서 내 부족한 삶을 응원해주시는 여러분들께 바친다.

2022년 새봄을 기다리며

은우근

추천사

은우근의 사회변혁의 서사와 이론

행동하는 지식인, 은우근

저자 은우근 교수는 "행동하는 지식인"이다. 그는 불의 앞에서 서슴지 않고 움직이며 먼거리를 마다하지 않고 곧바로 행동에 돌입한다. 그와 동지적 연대로 함께 해오는 <개혁과전환 촛불행동연대> 그리고 <사회대개혁지식네트워크>는 촛불혁명의 중요한 주체라는 점에서도 그에게 "행동하는 지식인"이라는 호칭은 당연하다.

『전환의 시대, '떫은 감'의 변증법』은 그래서 광주와 호남, 인권과 변증법적 사유, 김용근 선생에 대한 이야기를 담고 있으면서 그와 동시에 은우근의 의식지도가 고스란히 들어 있다. 그건 한 시대와 깊게 소통한 한 지식인의 자기고백이자 한국현대사가 길러온 혁명서사의 뿌리에 대한 탐색이다. 당연히 이는 한국형 변혁이론의 토대가 된다.

촛불혁명의 여정이 우여곡절을 겪고 반동의 장벽에 직면하기도

하면서 자신의 본질을 발전시켜나가는 것은 우리 시대 모두에게 중요한 인식의 전환을 가져오고 있다. 그리고 그 근원에는 광주민중항쟁이 꿈틀거린다. 그곳이 은우근의 사상적 태생의 현장이다. 프랑스 혁명이 독일의 헤겔에게 주었던 영향이 서구 철학사의 굵은 줄기를 만들었던 것 못지않게 광주민중항쟁은 우리 현대사의 철학적 입지점이다.

은우근이 오늘의 현실에서도 여전히 활발하게 자신을 던져 변혁운동에 뛰어들고 있는 것도 바로 그런 역사의 힘이 그의 정신과 몸에 체화되어있기 때문이다. 지난해 대학에서 퇴직한 그가 이토록 젊은이 못지않은 열정을 가지고 활동하는 것은 그의 역사의식과 그 뿌리체험이 견고하기 때문이다. 그와 동시에 그에게는 "윤한봉"이라는 선배와 독립투쟁의 길을 걸어온 "김용근"이라는 은사가 존재한다.

책에 대한 내용 이전에 저자에 대한 상찬(賞讚)을 이리 올리는 까닭이 있다. 바로 이러한 면모를 이 책의 독법으로 선택해서 읽어낼 때 비로소 그 의미가 또렷하게 독자의 몸에 새겨질 수 있기 때문이다. 그렇지 않은가? 오늘날 우리는 "지식인의 실종 시대"를 살고 있다. 현실과 맞서서 지적 투쟁을 벌이는 지식인은 보기 드물게 되었으며 실천의 장으로 투신하는 이 또한 희귀해졌다.

사회가 위기에 처해 곤경에 처할 때 행동하는 지식인의 존재는 대단히 중요하다. 그 사회의 모순을 보는 논거가 제시되고 실천의 지침이 마련되며 논쟁의 영역이 확장된다. 그런 가운데 시민 자신의 주체적 사유와 선택이 보다 합리적 근거를 얻게 된다. 그렇지 않을 경우, 지적 자산이 부족한 대중은 기존질서의 프로파간다에 기만당한다. 그래서 우리에게는 지난 시대의 혁명서사가 필요하고 혁명이론이 정리되어야 한다.

은우근은 그 역할을 진지하고 담대하게 받아들여 이 책을 썼다. 그런 차원에서 <전환의 시대, '떫은 감'의 변증법>은 우리에게 던지는 질문이요, 변혁 서사의 구체적이고 섬세한 기록문학이며 이론적 틀거리를 만드는 과정에 대한 연찬(研鑽)이다.

'광주민중항쟁', 은우근의 태생지

광주민중항쟁에 대한 그의 문제의식은 비장하다.

"오늘의 문제는 80년대 5월민중이 공유했던 그 의식이 실종되었다는 것이다. 열사들을 망월동 묘역에 묻고, 국가 기념일을 만들고, '임을 위한 행진곡'을 부르면서 부끄러움과 부채 의식, 죄책감조차도 모두 함께 묻어버렸다. '죽은 자 앞에서, 역사 앞에서 최선을 다 했는가'라고 스스로 물었던 죄책감도, 그 질문에 답하는 실천 속에서 형성된 긍지도 사라졌다."

한때 파리코뮌에 비교될 만큼 민중의 생명공동체였던 5·18의 기억과 체험이 어느새 박제화 되어버린 현실에 그는 슬퍼한다. 그리고 이 역사를 복원하면서 우리가 다시 주목하고 탐색해야 할 바가 무엇인지 밝히고 있다.

"도시 전체의 민중이 동시에 역사 앞에서 자신의 모든 것을 내던져 본 경험 실천은 앞으로 몇 세기 동안에도 갖기 힘들 것이다.

이것이 5월 민중의 정체성과 자부심의 근원이다." 그는 이를 생명 공동체이자 "살과 뼈로 응어리진 깃발"(김준태 시인)이라고 부른다.

이와 함께 광주 시민군을 '순교자'라고 부르기에 망설임이 없다.

"무장 시민군이 무기 회수를 거부한 것은 폭력을 선택했다기보다는 순교를 선택했다고 봐야 할 것이다. 총을 들어서 자신의 목숨조차 지킬 수 없음을 확인한 상황에서도 저항을 포기하지 않았기 때문이다. 우악스런 야수적 폭력으로부터 생명을 지키기 위한 동기 곧 자위를 목표로 시작된 시민군의 무장은 순교로 끝을 맺었다."

'순교'는 역사가 영성의 차원으로 승화되는 길을 연다. 순교로 명명하는 까닭을 그는 분명히 적는다.

"군의 무력행사가 정당화되는 계엄 상황에서, 목숨을 건 민중의 항쟁은 절대적인 것으로 인식되었던 국가 폭력을 상대화시켰으며, 그 잔인한 본질을 폭로했다. 이 점에서 5월민중항쟁은 김성용 신부의 말처럼 한국 민주주의 발전을 위해 바쳐야 하는 '제사'였으며, 민중의 희생은 그 제단에 바쳐졌다."

제단과 순교는 한 몸이다. 그 제의를 자신의 기억으로 지니고 사는 이들은 그래서 죽음과 맞서는 용기가 존재의 본질이 된다. 그것은 달리 말해 역사의식이다.

"역사의식을 가진 인간으로 거듭났다. 그 민중 대다수는 특별한 변혁적 사상, 이념의 체계로 무장한 것이 아니었다. 5월민중의 위대한 항쟁은 인간이 다른 인간의 슬픔, 고통, 절망을 깊게, 함께 느끼고 끝까지 끌어안으려 노력할 때 역사를 앞으로 가게 할 수 있음을 증명했다."

은우근의 '시민정치교육론'

혁명서사와 혁명이론은 여기서 하나로 통일된다. 그리고 이는 민중의 주체성을 이루는 뼈대가 된다. 그래서 그의 논의는 시민정치교육의 장으로 이동한다.

"시민 정치교육으로서 5·18 교육의 목표는 복합수용소 사회에서의 인간해방을 모색하는 데 있다. 인간성을 말살하고 민주주의를 유린한 악(국가 폭력)의 구조를 통찰할 수 있도록 해야 한다."

이를 위한 기획공간이 그에게는 "인권도시 개념"으로 다가왔으며 지역 공동체의 민주성 강화와 세계적 차원까지 꿈꾼다. 이것이 달성되면 이는 "민주주의의 성과가 후퇴하지 않도록 하는 국제적 방어선"이 되리라는 전망도 표현한다. 이러한 관점은 도시의 정치적 기조에 대한 대단히 핵심적인 논지가 된다. 건축이나 도시공학의 범주를 넘는 "도시의 공기"를 창출하는 작업이기 때문이다.

여기에서 요구되는 사유체계가 바로 김용근 선생의 서사를 담아낸 "떫은 감의 변증법" 이야기다. 용기있는 자기성찰의 사유를 통해 인간은 자신의 주체성을 확보하는 것은 물론이고 변혁의 과정을 이뤄내는 사유의 힘을 갖추게 된다는 것이다.

그것은 기존질서가 이미 강요하거나 하나의 정식화된 틀로 제도 속에 담은 무비판적 사유체계를 파탄내고 "타인의 견해와 믿음에 대해 의문을 제기하는 것과 마찬가지로 한결같은 용기로 자기 자신에 대해서도 끊임없이 의문을 제기"하는 "부정적 사유의 힘" 즉, '떫은 감이 단감으로' 변화하는 "변증법적 부정"이다.

이런 논리를 그에게 깨우친 김용근 선생(1917년~1985년)은 독립운동 과정에서 3차례 투옥되었고 1980년 5·18 당시 윤한봉, 정용화, 김남표, 은우근 등 제자들이 작천 본가를 방문, 이 일로 선생은 80년 7월 1일 범인은닉 혐의로 고향집에서 체포되었다. 그 후과로 선생은 군사법정에서 징역 8월, 집행유예 1년 6월을 선고받았다.

그런 고초를 마다하지 않은 김용근 선생은 제자들에게 "지배권력이 바라는 교육을 부정한 청춘이 분단이라는 '동굴'(플라톤) 속에서 살아가는 자신을 발견하고, 나아가 분단된 민족을 발견"하도록 했으며 "반공교육과 왕조사 중심의 역사교육을 무시하거나 부정" 했다. 이러한 비판적 역사교육을 통해 은우근은 피교육자가 역사의 주체로서의 각성하는 비판적 교육론, 페다고지(pedagogy)의 길을 깨우친다.

바로 이 대목이 비판적 지식인 은우근이 향후 세워나갈 것이 기대되는 시민정치교육론의 토대다. 따라서 이 책은 한국사회의 고통스러운 역사가 어떻게 그 시대를 살아온 한 인간에게 사회변혁의 서사와 이론의 기초를 세우고 그 이론에 따라 단지 "현실에 대한 해석이 아니라 변혁적 실천"의 길로 들어서게 해주는가를 보여주고 있다. 독자들은 그 여정에서 함께 마음이 뜨거워질 것이다.

전 경희대 교수 / 개혁과전환 촛불행동연대 위원장 김민웅

추천사

아주 멋진 날들

'나는 하이에나가 아니라 표범이고 싶다.' 아는 이 없어도 빛나는 불꽃으로 타오른 킬리만자로의 표범처럼 은우근은 고독한 사람이다. 좀 더 가까이 만나보면 지독하게 외로운 사람이다.

나의 20대 끝 무렵 여름 장마 빗줄기가 거세던 어느 날 밤, 나와 은우근은 그의 차에서 조용필의 '킬리만자로의 표범'을 들었다. 나는 현실과 이상을 개념적으로 분리하고 한쪽을 지향하는 사고를 싫어했다. '하이에나는 현실에 굴복한 속물, 표범은 죽을 때까지 이상을 추구하는 이상적 존재'로 그려진 노래도 좋아할 리 없었다.

비와 밤은 다른 세계를 만든다. 이전에 별다른 감흥이 없었던 노래에 나는 그날 밤 흠뻑 취했다. 노래를 들려준 그에게 핀잔을 했다. 헤겔을 읽는 철학도가 이런 노래에 빠져도 돼요? 당시 나와 은우근은 박병기(헤겔 『자연철학』 옮긴 철학자)와 함께 헤겔의 『법철학』 독일어 원본을 같이 읽고 있었다. 『법철학』 서문에는 수없는 논란을 불러일으킨 다음의 문장이 나온다.

> Was vernünftig ist, das ist wirklich;
> und was wirklich ist, das ist vernünftig.

"What is rational is actual and what is actual is rational." "이성적인 것은 현실적이고, 현실적인 것은 이성적이다." 영어나 우리말로 옮겨 봐도 어렵다. 이성적인 것, 합리적인 것은 대체로 우리가 바라는 이상을 가리킨다. 그러니 좀 더 쉬운 말로 바꾸면 '이상은 현실에서 길어 올려야 하고, 현실은 이상을 향해 나아가야 한다.'가 될 것이다. 어쨌거나 현실과 이상은 구별되지만 분리되어서는 안 된다는 것이 헤겔의 생각이다.

현실 속에서 이상을 실현하는 사람, 이상을 향하여 현실을 바꾸어가는 사람, 은우근은 그런 사람이고자 했다. 그런 그가 이상과 현실을 분리시킨 듯한 '킬리만자로의 표범'을 즐겨 듣는 이유는 무엇일까? 자동차 천정에서 빗소리가 요란한 가운데 따져 묻는 나에게 그가 헤밍웨이와 그의 작품 <킬리만자로의 눈>에 대해 이야기를 한다.

이 단편소설은 주인공 해리가 사냥 중에 상처를 입고 소독을 하지 않아 다리가 썩어들어가며 죽어가는 과정의 서사다. 비행기로 후송되는 해리는 죽음의 환상 속에서 킬리만자로 산의 정상을 보게 된다. 그 순간 해리는 '새하얀 킬리만자로의 평평한 정상'을 보고 그곳이 자신이 갈 곳임을 깨달았다. 그는 왜 죽어서라도 그곳에

가고자 했을까? "정상 근처에는 얼어서 말라붙은 표범 사체가 하나 있다. 표범이 그 높은 곳에서 무엇을 찾고 있었는지는 아무도 밝힐 수 없었다."

'무엇을 찾고 있었는지는 아무도 밝힐 수 없었다.'는 표현에서 나는 숨을 멈췄다. 아무도 킬리만자로의 표범이 무엇을 추구하며 킬리만자로의 정상에 올랐는지 알 수 없다. 알 수 없다는 것은 정해지지 않았다는 것이다. 정상이나 이상은 사실 부재의 방식으로 존재하니 알 길이 없는 법이다. 헤겔의 말처럼 현실 속에서 그 동력을 끌어올릴 수 없는 이상은 환상일 뿐이다. 알 수 없는 이상, 하지만 현실이 우리에게 그쪽으로 가라고 가리키고 있는 이상(理想), 그 이상이 바로 킬리만자로의 표범이고 눈이다. 그러니 킬리만자로는 이상과 현실의 분리가 아니라 두 세계의 모순이 중층적으로 드러나는 사이 세계를 가리키는 문학적 은유인 셈이다.

은우근은 불편한 사람이다. 이상과 현실의 교차로인 사이 세계에 거류하면서도 명확한 경계를 설정한다. 경계선을 넘어서 악마의 유혹에 흔들리는 사람을 만나면 분위기에 상관없이 단호하게 비판한다. 좋은 것이 좋은 것이라는 통념은 그에게 통하지 않는다. 그렇게 자발적으로 불편한 사람은 외로움을 감수해야 한다. 그러니 그는 아직 '단감'이 되지 못한 '떫은 감'이다.

김용근 선생님의 교육철학을 '떫은 감'의 변증법으로 설명하고 있는 은우근 자신은 왜 변하지 못하는 것일까? 19세기 헤겔의 진단과 달리 20세기 변화는 발전보다 변질에 가까웠다. '변화 = 변질'의 등식이 일상화된 상황에서 변증법은 '지금-시간(Jetztzeit)'에 정지할 수밖에 없다. 예외적인 비상사태가 일상적인 너무나 일상적인 사건이 된 파국의 시대를 온정신으로 살아가는 사람은 '떫은 감'에서 정지할 수밖에 없다. 20세기를 예민하게 관찰한 벤야민(W. Benjamin)이 운동의 변증법을 정지의 변증법으로 전환시킨 이유다.

> 역사는 구성의 대상이며, 이때 구성의 장소는 균질하고 공허한 시간이 아니라 '지금 시간'으로 충만된 시간이다.
> (벤야민의 역사철학 테제 XIV)

정지의 변증법은 진보 개념에서 연속적이고 양적인 시간 개념을 떼어낸다. 그래야만 아도르노(Th. W. Adorno)처럼 역사가 야만에서 지성으로 발전한 것이 아니라 투석기에서 핵폭탄으로 진화했다는 것을 알아차릴 수 있다. '5·18'을 진보 역사의 희생 제물로 바치지 않으려면 40년 전의 사건으로 가치를 해석하고 평가해선 안 된다. '5·18'이 '지금 시간'이어야 한다. '지금 시간'으로 '5·18'과 만나려면 공간적으로 균질한 시간의 장벽을 단숨에 뛰어넘어야 한다. 그런 방식으로 은우근이 도달한 '지금 시간' '5·18'에서 만난 것이 '부끄러움'이다. 정지된 시간 역사와 이웃 앞에 서서 자신에 대해 질문을 던진 시민들은 부끄러움의 연대를 형성한다. 은우근이 그리는 인권도시 광주도 여기서 출발한다. 까칠한 은우근이 인권도시 만들기에 대해 모처럼 가치를 부여하는 이유가 있다.

은우근에 따르면 인권도시는 ① 인권의 지역화, 구체화를 위해 바람직한 전략이며, ② 주권자로서 시민의 민주주의 훈련의 장이 될 수 있으며, ③ 민주적 거버넌스 모델을 만들 수 있고, ④ 사회 통합의 가치로서 인권을 재인식할 수 있으며, ⑤ 인권 보호와 신장을 위한 국제적 연대의 기초가 될 수 있다. 사실 은우근 만큼 인권도시에 대한 이론과 실천, 이성과 열정을 가진 전문가는 드물다. 그에게 인권도시 광주 만들기의 정치적 기회가 주어지지 않은 것이 아쉽다. 그러나 '떫은 감'은 '단감'이 되기 위해 존재하지 않는다. 떫은 감은 그 자체로 가치가 높다.

떫은 감은 전환의 시대를 어떻게 견뎌내야 할까? 『전환시대의 논리』를 쓴 리영희는 좌우의 날개로 비상하라고 가르쳤다. 『거대한 전환』에서 칼 폴라니(K. Polanyi)는 시장경제라는 사탄의 맷돌에 인간과 자연, 그리고 사회를 함께 갈아서는 안 된다고 충고한다. 은우근도 같은 맥락에서 전환의 시대를 거론하고 있는 것으로 보인다.

자본주의 내부의 체제 전환이 완성되어 가고 있다. 생산양식으로서 자본주의는 모든 것을 상품화시켰다. 호르크하이머(M. Horkheimer)와 아도르노의 비판이론이 날카로운 면도날로 해부를 시작했던 문화산업이 자본주의 핵심 산업이 되면서 상품의 바깥에는 아무것도 남지 않았다. 아름다운 풍경으로서 자연만이 아니라 우주 자연까지 상품으로 생산되고 유통된다.

자연이 폭력적으로 문화상품에 편입된다면 사람은 자발적으로 자기를 상품화시킨다. 이제 상품으로 거래될 수 없는 사람과 사물은 존재하기 어려울 뿐만 아니라 상상할 수조차 없다. '사랑도 돈으로 살 수 있나요?'를 묻는 사람은 이제 순진한 것이 아니라 무지한 것이다. 돈으로 거래할 수 없는 것, 자본으로 교환할 수 없는 것은 없다.

교환의 바깥 세계는 없다. 없다는 것도 없다. 그래도 거래될 수 없고, 교환될 수 없는 가치는 있다. 바로 이 가치를 인정하고 존중하며 이루어지는 교환도 가능하다. 교환할 수 없는 가치 때문에 교환하는 것이다. 이것이 인간과 자연, 학문과 예술, 그리고 사회와 생활세계라고 믿는 사람들이 있다. 은우근은 이 믿음에서 전환의 시대를 견뎌내고자 한다.

산업(상품) 자본주의에서 금융자본주의로 확장되던 신자유주의는 죽었다. 그런데 신자유주의를 대체할 새로운 시대정신은 태어나지 않았다. 그 때문에 신자유주의가 죽은 채로 활보하고 다시는 시대, 곧 좀비자유주의 시대가 오래 계속되고 있다. 좀비자유주의가 계속해서 변질된 좀비자본주의를 생산하지 못하게 하려면 새로운 이념이 필요할까? 알 수 없다. 이제까지 이념을 모두 폐기처분하고 새로운 이념을 만드는 것보다 옛 이념을 다듬고 고쳐서 서로 어울리게 하는 길이 더 나을 수도 있다. 이 길에서 우리는 올곧게 살아갈 선배들과 만나서 소통하고 연대할 필요가 있다.

이 책의 가장 큰 미덕은 다시 만나 이야기할 수많은 선배들을 '지금 시간'으로 초대하고 있다는 점이다. 특히 파레시아스트 김용근과 시인 신석정과의 새로운 만남은 따뜻하고 신난다. 책에 나오는 신석정의 시 <꽃덤불>(1946)의 일부를 다시 읽어보자.

언제 참으로 그 언제 우리 하늘에
오롯한 태양(太陽)을 모시겠느냐고
가슴을 쥐어뜯으며 이야기하며 이야기하며
가슴을 쥐어뜯지 않았느냐?

그러는 동안에 영영 잃어버린 벗도 있다.
그러는 동안에 멀리 떠나 버린 벗도 있다.
그러는 동안에 몸을 팔아 버린 벗도 있다.
그러는 동안에 맘을 팔아 버린 벗도 있다.

나는 김용근과 신석정이 함께 교사로 근무했다던 전주고등학교를 다녔다. 학교 여기저기에 박정희의 글씨와 서정주의 시가 걸려 있었다. 이철승의 영웅설화를 말하는 선생들도 있었다. 하지만 김용근과 신석정이 이 학교의 자랑스러운 교사였다고 말해준 선생은 없었다. 시민의식이 아니라 선민의식을 심으려고 안간힘을 쓰던 학교와 교사 때문에 나는 소중한 만남의 기회를 갖지 못했다. 늦게나마 이 책에서 두 분을 만날 수 있게 해준 은우근 선생님께 진심으로 감사를 드린다.

김용근과 신석정은 우리 하늘에 오롯한 태양을 모시기 위해 가슴을 쥐어뜯으며 살아가는 동안 수많은 친구들의 변절을 보았다. 그 순간에도 시인은 남 탓보다 함께 서러움을 견디자고 한다. 우리는 비록 파국의 시대를 살고 있지만 태양까지 상실하진 않았다. 이름 없이 살다간 많은 선배들 덕이다. 그 덕이 크다. 아니 오직 그 덕이다.

불편해서 외로운 사람 은우근과 나는 선악의 저편에서 만난 친구다. 친구 같은 형이고 동생이다. 아주 멋진 날들을 같이 했다. 하지만 앞으로 그날을 회상하진 않을 것이다. 내일이 더 궁금하니까!

전남대 교수·시민자유대학 이사장　박구용

차례

제1부

지금, 우리의 5·18

제1장 부끄러움 또는 질문하는 역사의식
— 5월민중항쟁과 광주·전남 가톨릭교회

제2장 지금, 우리의 5·18

제3장 촛불혁명과 호남정치

제4장 '도가니' 깨기가 5·18의 정신

제5장 광주에 5월이 오면, 거리에서 신발을 벗어야 한다
— 505 보안부대 옛터에서

제1장

◆ ◆ ◆

부끄러움 또는 질문하는 역사의식*

— 5월민중항쟁과 광주·전남 가톨릭교회

1. 들어가는 말

1) 연구 개요

5월민중항쟁은 1980년대 분단 체제의 한국을 장악한 군사반란세력과 맨주먹 호남 민중의 처절한 대결이었다. 이 대결은 한국 민주주의의 발전을 위해 필연적인 것이었다. 5월민중은 군부 독재와 정직하게 맞설 수밖에 없는 민주화에 대한 강한 열망을 지니고 있었기 때문이다. 윤한봉(1947-2007)은 1980년 5월 이전 호남 민중과 군사반란세력 사이의 정면 대결의 불가피성을 예감했다. 그는

---

* 본고는 2012년도 광주대학교 연구비를 지원받아, 광주인권평화재단과 광주가톨릭대학교 신학연구소에서 주최한 5·18 광주민주화운동 32주년 기념 학술발표회(2012. 5. 23.)에서 발표한 원고를 수정·보완한 것임.

호남의 여러 곳을 방문하여 민중과 나눈 대화를 통해 민주화에 대한 뜨거운 열망을 직접 확인했다. 그는 대부분의 민주화운동 참여자들과 정치권 인사들[1]이 군부의 권력이양을 통한 민주화의 가능성을 낙관할 때 권력욕에 사로잡힌 군산반란세력과 강한 민주화 열망을 가진 호남 민중 사이에 피의 대결을 경계했다.[2]

마침내 민주화에 대한 강한 희망을 가진 민중을 향해 군사반란세력의 정치적 욕망의 폭력적 대리인이었던 공수부대의 폭력이 행사되었다. 5월민중은 군사반란세력과의 이 대결에서 끝까지 저항을 포기하지 않았다. 군의 무력 행사가 정당화되는 계엄 상황에서, 목숨을 건 민중의 항쟁은 절대적인 것으로 인식되었던 국가폭력을 상대화시켰으며, 그 잔인한 본질을 폭로했다. 이 점에서 5월민중항쟁은 김성용 신부의 말처럼 한국 민주주의 발전을 위해 바쳐야 하는 '제사'였으며, 민중의 희생은 그 제단에 바쳐졌다.[3] 5월민중이 흘린 피가 없었다면 6월항쟁 시기에 군부가 나섰을 가능성이 컸다는 견해들은 이러한 시각을 반영한다.[4] 5월민중항쟁은 이

1 김대중은 예외다. 군사반란세력이 개입할 빌미를 주어서는 안 된다는 것을 지속적으로 강조했기 때문이다.

2 윤한봉, "기념은 계승이고 계승은 교육으로 해야지", 『구술생애사를 통해 본 5·18의 기억과 역사 2: 사회활동가 편』, 5·18기념재단 편, 5·18기념재단, 2006, 188-194면 참조.

3 김성용, "사막의 체험: 1985년 5월 18일 광주가톨릭대학 신학생들에게 행한 신앙간증", 『저항과 명상: 윤공희 대주교와 사제들의 오월항쟁 체험담』, 오월민중항쟁자료집 6, 빛고을출판사, 1989, 68-70면 참조.

4 당시 군부는 전두환 일파를 중심으로 한 '하나회'가 핵심요직을 독점하고 있었지만, 5월민중항쟁을 진압하는 과정에서 흘린 피에 대한 부담 때문에 쿠데타를 시도할 수 없었다. 이러한 견해는 어렵지 않게 찾아 볼 수 있다. 서중석, 『6월항쟁』, 돌베개, 2011, 549-568면 참조; 김용철은 "광주항쟁은 6월항쟁 당시 군부 엘리트

른바 87년 체제라는 한국 민주주의의 새로운 진전을 예비했다.

광주·전남 가톨릭교회[5](이하 교회)는 종교와 사회를 막론하고 5월민중항쟁에 가장 깊게 연루된 민간 기구이다. 교회는 1980년대의 격변기에 5월민중항쟁과 관련한 다양한 실천에 참여했다.[6] 죽음의 공포가 지배한 시기에 교회는 5월민중항쟁의 '목격자'와 '중재자' 그리고 '증언자'이자 '진실의 파수꾼'이고자 했다.[7]

필자는 부끄러움, 공동체, 역사의식을 키워드로 5월민중항쟁이라는 역사의 부름에 교회가 어떻게 응답했는가를 고찰하고자 한

및 미국의 선택지를 제한함으로써 6·29선언이라는 민주화 개방을 가능케 하였다"고 주장한다: 김용철, "광주항쟁과 한국정치의 민주화: 탈군부정치의 역사결정적 국면의 원천으로서 광주항쟁", 『민주주의와 인권』, 1(1), 2001, 249면; 같은 책, 229, 233-235면과 결론부 참조. 조정관도 이와 같은 견해를 피력한다. 조정관, "5·18항쟁이 한국 민주화에 미친 영향", 『5·18 그리고 역사: 그들의 나라에서 우리 모두의 나라로』, 도서출판 길, 2008, 157-158면 참조.

5 광주대교구는 광주, 전남을 관할한다. 1980년 광주대교구의 간략한 현황은 다음과 같다. 성당 51개, 한국인 사제 43명, 신자 98,072명으로 인구대비 2.31%이다. 천주교 광주대교구청 교세통계표, 1980. 12. 31.

6 5월민중항쟁기에 교회의 활동에 대해서는 서중석, "광주항쟁과 천주교회의 진실알리기", 『神學展望』 178, 2012, 170-212면 참조.

7 5월민중항쟁과 관련한 교회의 역할을 이 네 가지 단어로 요약할 수 있다. 물론 교회가 이러한 역할을 실제로 얼마나 충실히 수행했는가에 대해서 반론이 있을 수 있다. 필자는 교회가 이러한 역할을 수행하고자 '노력'했음을 강조하고자 한다. 필자의 견해에 대한 근거를 여기에서 정확하게 제시하는 것은 지면 관계상 어렵지만, 이 글 안에서 서술된 교회의 실천은 이러한 관점에 따르고 있음을 참고하라.

다음 성명은 이러한 역할을 하기 위한 의지를 보여준다. "우리는 광주시민과 더불어 광주의거의 목격자들이요, 증인이다. …희생자들의 고귀한 피의 대가를 찾을 때까지 그 책임을 져야 할 사람을 국민의 이름으로 천하에 밝히는 날까지 우리는 증거자적 눈으로 그들의 행적과 현실을 직시하고 있다": 천주교 광주대교구 사제단, "광주의거 5주기를 맞이하여"(1986. 5. 17.), http://ghpf.or.kr(검색일: 2012. 6. 4.).

다. 필자는 부끄러움이 역사적 주체의 성숙과 교양화의 계기로 작용했음을 주장하고, 역사의식으로서 부끄러움이 오늘날 지니는 의미를 성찰하고자 한다. 이 과정에서 1980년 5·18과 그 이후 민중의 실천과 교회의 활동을 부끄러움과 연관된 정서의 형성·발전을 중심으로 부분적으로 재구성할 것이다.

이러한 교회의 실천을 사제들의 활동을 중심으로 서술할 것이다. 여기에서 '사제가 곧 교회의 실체인가?', '5·18 당시 민중과 교회의 입장이 항상 일치했는가?'라는 의문이 생길 수 있다. 이는 어쩌면 중세 이후 아주 오래된 신학적 논쟁[8]과도 연관된 질문이기도 하다. 또 당시 대주교 및 사제들과 평신도, 그리고 교회 신도가 아닌 일반 시민들의 입장이 각각 어떤 국면에서 어떤 이유에 따라 어떻게 같거나 달랐는지[9]를 연구하는 것은 매우 의미있는 것일 수 있다. 하지만 이 연구에서 5·18 당시 교회의 실천과 관련하여 사제와 평신도의 입장을 별도로 구분할 필요를 느끼지 않는다. 그 이유는 여기에서 다루는 부끄러움과 죄책감의 정서를 5월민중 절

---

8 이탈리아의 중세학자, 기호학자, 문학가인 움베르토 에코의 소설 『장미의 이름』의 주제 가운데 하나는 교회 또는 보편적인 것의 실체에 관한 것이다. 이 소설의 제목은 중세철학에서의 보편논쟁을 의미한다고 보인다.

9 5월민중항쟁 당시와 그 이후 교회와 시민군 및 일반 시민들 안에서 입장 차이가 뚜렷이 나타난 주요 이슈들은 크게 두 가지이다. 첫째, 5월민중항쟁 기간 동안 시민군의 무장과 무기회수 문제였다. 둘째, 5월민중항쟁 진압 이후 남동성당에서 매주 개최된 월요미사를 봉쇄하려 했던 정권의 기도와 그에 대한 교회의 대처와 관련한 것이었다. 이 가운데 후자는 윤 대주교가 사제들의 의견을 충분히 수렴하여 결정하는 방식을 취함으로써 해소되었다고 보인다. 윤공희, "광주의 아픔, 진실", 『저항과 명상』, 29-30면 참조. 무기회수에 대해서는 서중석, "광주항쟁과 천주교회의 진실알리기", 『神學展望』 178, 2012, 184-190면 참조.

대 다수로부터 사제와 평신도를 포함한 교회의 최고 지도자에 이르기까지 모두가 공유했기 때문이다. 이 점은 본고의 전개 과정에서 드러날 것이다.

이 연구를 위해 김수환 추기경과 윤공희 대주교를 비롯한 여러 사제 및 교회의 실천에 함께 한 일부 5·18 관련자들의 최신 구술채록 자료[10]를 우선적으로 고려하고 교회 여러 기관의 성명서와 강론을 포함한 교회의 공식 기록을 활용했다. 이 자료는 5월민중항쟁이라는 커다란 역사적 도전에 당면한 교회의 고위 성직자를 포함한 여러 사제들과 평신도 및 5월민중의 진솔한 고백과 그들의 생생하고 솔직한 정서적 반응을 담고 있어 아주 소중했다.

2) 왜 부끄러움인가?

얼마 전 한 작가는 말했다. 5·18은 세계사에서 만날 수 있는 권력이 저지른 수많은 잔혹한 사건 가운데 하나라고. 많은 사람이 그의 발언에 대해 성토했고, 그는 곧 사과했다.[11] 이 작가의 인식을 비난하지만 우리도 똑같은 오류를 범할 수 있다. 따라서 이런 역사인식 패러다임의 근본적인 문제점을 분명히 할 필요가 있다.

이 작가 류의 시각은 추상적 역사인식에서 비롯한다. 역사는 단

---

10 『저항과 명상』을 비롯한 천주교 광주대교구 정의평화위원회 5·18기념재단 편, 『5·18민중항쟁 구술자료집』, 2006(이하 『구술자료』 1)과 천주교 광주대교구 정의평화위원회 5·18기념재단 편, 『5·18민주화운동구술기록수집 결과보고서』, 2012(이하 『구술자료』 2).

11 임인택, “황석영, 변절 맞습니까”, 『한겨레21』 762, 2009를 http://h21.hani.co.kr (검색일: 2012. 6. 4.)에서 참조.

순히 객관적 사실의 집적, 곧 데이터의 누적 내지 체계적 정리만은 아니다.[12] 역사는 결코 숫자나 통계, 단편적인 사실들의 반복으로 환원될 수 없다. 이런 역사인식 패러다임을 통해서는 역사 속 민중의 고통과 숨결을 느끼고, 고난을 통한 인간의 교양(敎養, Bildung)을 인식하기 어렵다. 행방불명자, 암매장, 발포 책임에 대한 규명을 추구해야 하지만 가해-피해 관점의 데이터에 매몰되면 이 작가의 인식과 같은 형태의 오류를 범하는 것은 물론 5월민중항쟁의 참다운 실상을 간과할 수 있다.

5월민중항쟁 이후 30년 이상의 세월이 흘렀다. 5·18에 대한 이런 류의 추상적 인식을 극복하고, 궁극적으로 5월민중항쟁의 현재적 의미를 새롭게 발견해야 한다. 5월민중의 구체적 체험 속에서 5·18을 인식하여 '왜 아직도 5·18인가?', '왜 5·18로 돌아가야 하는가'라는 물음에 답해야 한다. 궁극적으로 이 글은 이런 문제의식의 소산이다.

민중과 교회 지도자들은 많은 증언과 고백에서 부끄러움을 표현하고 있다. 5월민중에게 5·18은 야수적 폭력에 대한 공포 체험이었고, 그 공포를 물리치고 하나가 되었지만 끝까지 하나이지는 못한 부끄러움의 체험이다. 이 부끄러움의 정서는 민주화운동에 대한 참여 등 어떤 계기를 통해 자부심과 긍지로 전화(轉化)하기도 했다. 공포, 부끄러움, 죄책감, 부채의식과 자부심·긍지 등 서로 모순되면서도 연관된 심리와 정서가 5월민중항쟁을 이해하는 데 중

---

12 물론 역사적 실천과 관련한 사실(데이터)의 정리가 중요하지 않은 것은 아니다. 정확한 사실에 대한 확인을 토대로 거시적인 인식도 가능할 것이기 때문이다.

요한 요소이다. 이런 정서적 체험 안에 5월민중항쟁의 또 다른 진실이 있다. 또 이런 정서적 체험에 대한 연구를 통해 추상적 역사 인식의 한계를 넘어설 수 있을 뿐 아니라, 전두환 집권 기간 중 초래된 기록과 자료 말살의 한계를 극복할 수 있다고 여겨져 한층 의미 있다고 보인다. 이런 연구가 계기가 되어 5·18 연구에서 새로운 방법론의 시도가 더욱 촉진될 수 있으리라 여긴다.

5월민중항쟁과 그 이후 실천에서 교회와 민중의 가장 핵심적이며 공통된 도덕적 정서와 도덕적 실천의 열쇳말은 바로 부끄러움이라고 할 수 있다. 부끄러움의 정서는 공간적으로 특정 종교적 신앙의 소지여부와 관계없이 또 교회 지도자나 평신도 등 지위나 직책에 상관없이, 5월민중 누구에게나 해당되며, 또한 시간적으로는 5·18 이후 30여년이 지난 오늘이나 앞으로의 역사에서도 의미를 가질 역사적 반성이자 깨달음으로서 "보편적인 의미"가 있다고 여겨진다.

신진욱은 5월민중항쟁에서 부끄러움과 같은 "도덕감정이… 결정적인 의미"를 지니고, 5월민중을 "하나로 묶어주었던 감정은… 분노와 부끄러움, 희생과 성스러움의 감정"이라고 말하고 있다.[13] 언어분석적 방법을 도입한 신진욱의 연구는 본 연구를 위한 가설의 타당성을 강화시키는 데 큰 도움을 준다.

본고의 전개 순서는 다음과 같다. 먼저 역사철학적 측면의 연구, 그리고 5·18민중의 정서적 체험과 관련한 연구와 같은 여러 선행

---

13 신진욱, "사회운동의 연대 형성과 프레이밍에서 도덕감정의 역할: 5·18 광주항쟁 팸플릿에 대한 내용분석", 『경제와 사회』 73, 2007, 227-228면.

연구와의 관련 속에서 본 연구의 방법과 의미를 분명히 하고자 한다. 다음으로 5·18 당시 민중과 교회의 역사적 경험을 부끄러움, 죄책감, 부채의식이라는 정서의 형성을 중심으로 재구성할 것이다. 이 과정에서 5·18의 의미와 5·18 공동체에 대한 재정의를 시도할 것이다. 결론부에서는 하나의 역사의식으로서 부끄러움, 죄책감, 부채의식의 현재적 의미를 검토하고 5월민중과 교회의 과거 실천을 토대로 지역 시민 사회와 교회에 대한 새로운 문제 제기, 곧 질문을 던지고자 한다. 5월민중항쟁의 진정한 의의는 단지 과거의 위대한 실천으로서만이 아니라 현재에서도 여전히 지속되는 질문이라는 점에서 찾아야 한다고 보기 때문이다. 이 점에서 이 글은 시론(時論)적 성격을 띤다.

연구 자료를 조사하는 과정에서 교회가 5·18의 '영성화'에 많은 관심이 있음을 알게 되었다. 물론 영성화를 정의하는 것은 이 글의 몫이 아니고 그것을 주장하는 분들의 몫일 것이다. 다만, 상식적 견지에서 5·18의 영성화는 5월민중과 교회의 역사적 실천과 그 한계를 구체적으로 인식하고, 오늘의 현실에서 신학적으로 해석하고 의미를 부여하는 것과 연관되리라 본다. 본고가 5월민중항쟁의 정신과 가치를 새롭게 조명함으로써 5월민중의 위대한 실천에 대한 새로운 해석과 그것을 '영성화'하는 데 단초라도 제공할 수 있다면 다행이겠다.

3) 부끄러움과 역사 주체의 교양화

1980년 5월민중의 실천은 갑오농민혁명이 동학사상에서 그리고 프랑스 혁명이 계몽주의에서 영향을 받은 것처럼, 특별한 사상의 영향을 강하게 받은 것이 아니었다. 5·18 정신에 대한 논의가 아주 추상적인 언급에 그치는 것은 여기에서 기인한 것인지도 모른다. 그러므로 역사, 철학, 신학 등의 다양한 학문적 해석을 통해 5월민중의 실천 의미를 찾고자 시도하는 것이 중요하다고 보인다.

5월민중항쟁은 역사의 진전에서 일어나는 민중의 집단적 각성이 실행된 매우 특별한 사회적 변화이다. 아래로부터의 역사적 변혁은 변화 주체의 각성, 곧 인간 내면의 변화를 수반한다. 이 각성은 지배이데올로기의 패러다임에 갇힌 고정관념으로부터 주체의 해방을 의미한다. 그것은 반드시 논리적 형태로 일어나는 것은 아니다. 역사 주체의 각성과 성숙을 통한 주체의 형성·교양화를 통해 5·18을 설명하고자 한 시도는 그렇게 많지는 않다.

예컨대, 김상봉과 박구용은 5월민중의 실천을 역사철학적으로 해석하고자 시도한다. 김상봉은 5·18의 역사에서 발견할 '뜻'을 '객관화된 정신'으로 규정한다.[14] 그는 '씨올', '지배계급', '홀로주체', '서로주체'의 개념으로 5·18을 설명하고자 한다.[15] 또 김상봉은 계급모순에 의거한 해석으로는 광주항쟁에서 출현한 '도덕성과 자발적 헌신'으로 특징지워진 '씨올 공동체'를 충분히 설명할 수 없다고 주장하면서,[16] 최정운의 '절대공동체'를 주목한다. 그는 절대공동체를 긍정적으로 받아들이면서도 '서로 주체성'과 '만남'의

---

14 김상봉, "그들의 나라에서 우리 모두의 나라로", 『5·18 그리고 역사: 그들의 나라에서 우리 모두의 나라로』, 도서출판 길, 2008, 322면 참조.

15 이런 용어 사용은 함석헌과 헤겔의 사유를 연상시킨다.

16 같은 책, 339면 참조.

개념을 통해 그것을 보완하려고 한다. 그는 5월민중이 실현한 '씨올 공동체'라는 공동체적 만남에서 이루어진 덕을 '용기', '약속', '타인의 고통에 대한 상상력' 등으로 제시하고 있다.

박구용은 '서로주체성의 형성사'로 5·18을 해석하고자 한다.[17] 그는 동학농민전쟁과 5·18의 대비를 통해 '나'와 '우리'가 이 두 사건을 통해 어떻게 서로주체로 형성되고 있는가를 보여준다.[18] 특히 그는 '주체의 형성사'로서 역사철학의 필요성을 언급한다.[19]

김상봉·박구용의 연구는 그 설득력 여부를 떠나 '주체의 형성사'적 관점에서 5·18에 대한 역사철학적 논의를 시도했다는 것 자체에 주목할 만한 의의가 있다. 하지만 역사 주체의 형성과 발전을 민중의 구체적 체험과 실천 속에서 보다 효과적으로 설명할 필요가 있다. 이를 위해 필자는 역사적 각성을 통한 주체의 변화로 5월민중항쟁의 의의와 가치를 인식해야 한다고 주장한다. 5월민중항쟁을 계기로 역사 주체의 내면적 각성, 곧 인간의 어떤 변화가 이루어졌는가, 그 주체가 어떻게 지배이데올로기의 허구를 깨닫고 사회를 바꿀 어떤 새로운 실천을 시도했는가를 설명하는 것이 필요하다. 이러한 고찰 방식은 역사를 주체의 교양 형성 과정으로 보는 것이다.

교양 사상은 특히 독일 문학과 철학에서 나타난다. 주지하다시피 독일 문학에서 교양소설은 주인공의 심리적·도덕적 성장을 묘

---

17 박구용, "서로주체의 형성사로서 동학농민전쟁과 5·18항쟁", 『5·18 그리고 역사』, 375-410면.

18 같은 책, 381면 참조.

19 같은 책, 407면 참조.

사한 소설로서 성장소설이라고도 한다.[20] 헤겔은 주저인 『정신현상학』에서 주관정신-객관정신-절대정신이라는 체계를 통해 정신의 성장과 자기발견의 과정을 그리고 있다. 헤겔의 역사철학은 역사의 진행과 발전을 역사주체의 자기 교양화의 과정으로 설명한다. 그에 의하면, 세계사는 절대정신에 이르기까지 정신의 교양화·발전·성숙의 과정이다. 필자는 독일 문학과 헤겔 철학에 나타난 이런 교양의 개념을 참고했다. 5·18에서 형성된 집단 정서인 부끄러움을 통해 역사 주체의 교양화가 이루어졌다고 간주한다.

4) 부끄러움은 무엇인가?

5월민중항쟁은 당시 물리적으로 고립되었을 뿐 아니라, 진압된 이후에도 언급해서는 안 되는 금기가 되었다. 민중은 고립 상태에서 생명을 걸고 싸웠고 일시적으로 승리했지만 결국 패배했다. 고립이 10년 이상 유지되면서 민중에게 가해진 만행과 처절한 항쟁, 그 과정에서 이룩한 공동체의 진실은 철저하게 은폐·봉쇄되었다. 이런 고립의 상황은 집단 정서가 강하게 형성될 수 있는 지형을 마련했다. 고립감으로서의 호남 민중의 집단 정서는 이런 조건에서 더욱 강화되었다.

---

20 괴테의 『빌헬름 마이스터의 수업시대』, 『빌헬름 마이스터의 편력시대』를 비롯한 『젊은 베르테르의 번민』, 『파우스트』, 그리고 헤르만 헷세의 여러 소설, 토마스 만의 소설 『마의 산』, 영국 작가 서머셋 모옴의 『인간의 굴레』도 대표적인 교양소설의 범주로 분류된다. 독일 교양소설에 대해서는 진상범, "독일 교양소설(Bildungsroman)의 성립에 대한 원론적 고찰: 교양소설의 정신사적, 장르사적 및 이론적 성립배경을 중심으로", 『헤세연구』 제5집, 2001, 4, 131-148면 참조.

5·18 이후에 광주 바깥사람들은 물론, 광주에 있었던 사람들조차도 그 잔혹한 현장을 보지 않았다면 공수부대의 만행을 믿기 어려웠다. 최윤의 소설 『저기 소리 없이 한 점 꽃잎이 지고』(1988)를 영화화 한 장선우 감독의 "꽃잎"(1996)은 5월민중항쟁 당시 시위에 나선 어머니를 따라갔다가 어머니를 잃고 미쳐버린 소녀의 슬픔을 통해 아무도 이해하기 어려운 고립 상황에 처한 5월 민중의 정서를 극한적으로 묘사하고 있다.

5월민중항쟁기와 그 이후 시기의 민중의 정서적 집단 체험을 다룬 선행 연구들에 대한 고찰을 통해서 이 연구에서 고찰하고자 하는 부끄러움을 더 분명히 해 보자. 정근식은 1980년 6월 이후 1997년 상반기까지의 민주화운동 시기에서 나타나는 호남 민중의 집단 정서를 '망탈리테'라 칭하고, 그것을 '고립감'을 중심으로 설명한다.[21] 이 연구는 5월민중항쟁 진행 과정에서 형성된 민중의 집단 정서인 고립감이 5·18 이후 호남 지역의 정치적 선택, 곧 선거 과정에서 어떻게 작용하고 있는가에 주로 초점을 맞추고 있다. 하지만 정근식의 연구에서 다루는 고립감과 부끄러움의 정서 사이에서 직접적인 연관성을 발견하기는 어렵다. 본고에서 주목하는 집단 정서는 고립감이라기보다 부끄러움과 죄책감이다. 또 고립감은

21 정근식은 이 고립감을 구조화된 집단심성이라는 의미에서 망탈리테(mentalité)로 부르고 있다. 망탈리테 분석을 통한 연구 방법론은 프랑스 사회사 연구를 통해 형성된 아날학파에 의해 확립된 것이다. 이 경우 망탈리테는 보다 장기적이고 지속적이며 무의식적인 집단심성으로 간주된다. 따라서 이 고립감에 대한 이런 호명의 적합성 여부를 확신하기 어렵다. 정근식, "민주화와 5월운동, 집단적 망탈리테의 변화", 『5·18민중항쟁과 정치·역사·사회 4: 5월운동의 전개』, 5·18기념재단 편, 5·18기념재단, 2007, 99-136면 참조.

부끄러움이나 죄책감처럼 반성적 자기의식이라 할 수 없다.

김창규(2010)는 부끄러움을 민족의 전통 정서인 ‘체면의식’과 연관짓고 있다.[22] 그는 5·18 당시와 그 이후 부끄러움과 부채의식이 민중과 민주화운동가들에게 어떻게 민주화를 위한 실천의 동기로 작용하는가를 보여주면서 박관현을 비롯한 민주화운동가들과 문학 작품 등의 사례들을 ‘개별적’으로 검토한다. 이 연구는 부끄러움의 정서를 집단적 역사의식으로 포착하거나, 그 정서의 현재적 의미를 고찰하지는 않는다. 5월항쟁 당시 부끄러움이라는 민중의 집단정서가 전통적 ‘체면 의식’에 기반할 수 있음을 인정하더라도, 당시의 극한 상황 속에서의 정서적 체험을 체면 개념을 중심으로 설명하는 것은 지나치게 소박하다. 더구나 체면 의식을 통해서는 5·18 체험을 통한 민중의 의식 성숙과, 5·18 이후 군사반란세력의 철권통치 아래에서 5월항쟁의 진실을 알리고 그 정신을 계승하려는 끈질긴 실천과 6월항쟁으로의 발전과 같은 역사적 실천을 해명하기 어렵다.

최정운은 5월민중항쟁 당시 “절대공동체”의 형성 과정과 모습 그리고 그 의미와 한계에 초점을 맞추고 있다.[23] 그는 부끄러움과 수치심 등의 집단 정서가 민중의 자기 존엄을 위한 적극적인 투쟁의 동인으로 작용했음을 분명히 밝히고 있다. 최정운의 연구가 절대공

---

22 김창규, “체면과 분노: 광주항쟁과 5월운동을 중심으로”, 『호남문화연구』 48, 전남대학교출판부, 2010, 33-70면.

23 최정운, “폭력과 사랑의 변증법: 5·18민중항쟁과 절대공동체의 등장”, 『5·18민중항쟁과 정치·역사·사회 3: 5월민중항쟁의 전개과정』, 5·18기념재단 편, 5·18기념재단, 2007, 253-285면 참조.

동체의 성격과 그 공동체 형성의 주체인 5월민중의 정서에 대한 탁월한 설명을 하고 있음은 부인할 수 없다. 하지만 이 연구의 범위는 5·18 당시로 한정되어 있다. 따라서 최정운이 제시하고 있는 5월민중의 집단정서에 대한 발전적 후속 연구의 필요성이 당연히 대두될 수밖에 없다.[24] 그것이 신진욱과 조대엽의 연구라 여겨진다.

신진욱에 의하면 5월민중항쟁은 "1980년대에 걸쳐 민주화운동 참여자들의 죄의식의 원천이자 도덕적 정당성의 근거"[25]였다. 그는 언어분석적 감정유형론에 기초한 가설을 통해 80년 5·18당시 항쟁 주체들의 소책자(pamphlet)에서 나타난 행위자들의 감정적 활동, 인지적 구성(cognitive framing), 집단적 정체성의 형성이 어떤 형태로 서로 결합했는지를 설명한다. 그는 "광주항쟁 참여자들의 연대 형성과 인지적 프레이밍에서 가장 중심적이고 두드러진 역할을 한 것은 도덕적 감정이었다"[26]고 주장한다. 그는 몇 가지 주요한 텍스트 분석을 통해 도덕적 감정이 '감정공동체' 형성에서 가장 결정적 의미를 갖는 감정 유형이며, 5월민중을 하나로 묶었던 감정은 분노, 부끄러움, 희생과 성스러움의 감정이라고 논증한다.[27] 신진욱의 연구는 최정운과 마찬가지로 주로 5월민중항쟁 기간에 집중되어 있고 그 도덕 감정이 역사의식으로 발전하는 것을 고려하지는 않고 있다. 분석 대상인 텍스트도 5·18 기간 동안에 생산

---

24 최정운의 "폭력과 사랑의 변증법: 5·18민중항쟁과 절대공동체의 등장"이 맨 처음 출판된 것은 1998년이었다.

25 신진욱, 앞의 책, 207면.

26 같은 책, 206면.

27 같은 책, 227-228면 참조.

된 것으로 한정되어 있다.

조대엽은 5월민중의 집단적 체험의 핵심이 폭력과 강렬한 감정 공동체의 체험에 있으며, '역사적 트라우마티즘'[28]으로서의 광주의 상처가 '80년대 민주화운동을 지속적으로 자극'하여 '집합적 신념(collective beliefs)을 형성'시킨 '가장 중요한 요인'[29]이라고 한다. 그는 5·18을 배제하고는 80년대 민주화운동의 격렬성의 원인을 설명하기 어렵다고 단정한다.[30] 그가 말하는 '살아남은 자의 자괴감'[31]은 곧 이 연구에서의 부끄러움이나 죄책감의 개념과 다르지 않다. 부끄러움과 죄책감이 역사적 트라우마티즘으로 역할했다는 점에서 조대엽의 연구는 본고의 입론(立論)과 같은 지평에 있다고 할 수 있다. 그런데 이 트라우마는 과거의 상처이며, 그것은 오늘날 치유의 대상이다. 또 조대엽의 연구는 80년대 운동을 분석하면서 부끄러움의 정서와 그 자체의 발전보다는 그것을 통해 유발된 민주화운동의 이념과 가치에 집중하고 있다.

이 연구에서 다루고자 하는 부끄러움은 보존·간직하여 역사의식으로서 성숙·발전하는 개념이다. 이 연구는 5월민중과 가톨릭교회 사제들이 공유한 부끄러움의 집단 정서가 도덕적 감정일 뿐 아니라, 나아가 역사 주체의 변화·성숙을 초래한 하나의 도덕적 의식이고 역사적 각성, 곧 역사의식이라고 간주한다. 또 그것이

---

28 조대엽, "광주항쟁과 80년대의 사회운동문화: 이념 및 가치를 중심으로", 『민주주의와 인권』, 3(1), 전남대학교 5·18연구소, 2003, 177면.

29 같은 책, 178, 183면 참조.

30 같은 책, 184면 참조.

31 같은 책, 186면.

5월민중항쟁 당시와 그 이후 오늘까지의 역사적 실천과 미래의 역사 구성에 어떤 의미를 지니는가를 고찰하고자 한다.

2. 부끄러움 또는 역사의식의 공동체

먼저 5월민중항쟁에서 민중과 사제들의 실천을 객관적인 역사적 사실 보다는 부끄러움이라는 정서의 형성과 역사의식의 각성에 초점을 맞춰 재구성하겠다. 필자의 주 관심사가 이 정서의 형성과 발전을 통한 역사적 주체의 교양화에 있기 때문이다.[32] 이 재구성은 사제들, 시민군, 외신 기자, 일반 시민 등 다양한 사람들의 증언을 중심으로 기술한다.

1) 5월민중항쟁의 전개와 민중 정서의 변화

광주에 5월이 오면, 적어도 금남로에서는 신발을 벗어야 한다. 금남로 없는 5월 광주를 생각할 수 없듯이, 가톨릭센터를 빼고 5월의 금남로를 말할 수 없다. 벗겨진 신발들이 나뒹굴었던 금남로 거리 이곳저곳에는 5월민중의 핏자국이 배었고, 금남로 주변 골목들에서는 절규와 탄식, 외침과 함성이 울렸다.

(1) 미친 폭력에 대한 공포를 체험한 민중과 사제들, 부끄러움과 분노를 느끼고 국가에 대한 의문을 갖다 (5월 18일-19일)

30여 년 전, 금남로 거리에서 벌어지는 공수부대의 인간사냥과

---

32 또한 역사학적 측면의 고찰에 대한 발표와 내용의 중복을 피하기 위해서이다.

그에 저항하는 시민들의 공방을 목격하기에 가톨릭센터보다 더 적합한 장소는 없었다.[33] 윤공희 대주교를 비롯한 사제와 직원들은 인근 빌딩의 시민들과 함께 그 현장을 목격했다. 하지만 그것은 축제도, 유희도 아니었다. 그 사건을 목격하고 증언하는 것은 끊임없이 교회와 사제의 역할, 그 존재의 의미에 대한 고통스럽고 근원적인 질문을 던지게 만들며 그에 대한 응답을 실천하게 하는 일이었다.

5월 18일과 19일의 상황을 겪은 사제들은 '일생을 통해 처음 본 무지막지한 장면'(신 고르넬리오)에서 '상상을 초월하는'(윤공희 대주교) 무차별 살상을 저지르는 '공수대원들에 대한 두려움'(조철현)과 '이런 끔찍한 상황들을 보면서 아무 것도 못하'는 무력감(이영수)을 느꼈음을 토로하고 있다.[34]

윤공희 대주교는 19일 가톨릭센터 6층 집무실에서 인근 골목에 한 사람이 피를 흘리며 쓰러져 있는 모습을 목격하고서는 빨리 병원에 데려가서 응급 치료를 받도록 해야겠다고 생각했다. 그 와중에 그 사람은 일어나려고 비틀거리다 다시 쓰러졌다. 그때 윤 대주교는 착한 사마리아 사람에 대한 성경의 비유를 떠올리며 '저걸

33 당시 가톨릭센터는 금남로에서 가장 높은 빌딩이었으므로 유동 3거리까지의 거리 상황을 관찰하기에 매우 유리했다.

34 1989년 5월 3일 윤공희 대주교 집무실에서 이루어진 좌담에 윤공희 대주교, 이영수 신부(교구 사목국장), 김성용 신부(남동성당 주임), 박상수 신부(교구 관리국장), 정규완 신부(북동성당 주임), 조철현 신부(계림동성당 주임), 장용주 신부(독일 유학 중), 신 고르넬리오 신부(학동성당 주임)가 참석했다(괄호 안은 5월민중항쟁 당시의 직책). 윤공희 외, "오월민중항쟁을 돌아보며", 『저항과 명상』, 171-172면 참조.

보고도 내려가지 못하니 내가 강도당한 동족을 외면하는 제관이 아닌가'라고 자책했다.[35] 윤 대주교는 다른 곳에서 "나 자신 무서움이 들어 감히 쫓아 내려가 만류하지 못했어요…. 성직자로서 지금도 가슴 아프고…. 나는 그때의 일을 두고 수없이 참회하고 하느님께 용서를 빌었습니다"[36]고 말한다. 김수환 추기경도 윤 대주교가 5월 19일 "괴로운 심정"과 "양심의 가책"을 자신에게 고백했음을 증언하고 있다.[37] 정규완 신부(당시 북동성당 주임)는 자신이 없는 사이에 군인들이 성당까지 쫓아와 학생들을 찾으려고 뒤졌다는 보고를 받고 "내가 만약 그 자리에 있었다면 [두려움을 이기고] 앞장서서 그 사람들을 막을 수 있었을까, 혹시 아무 말도 못하고 안에 들어가서 구경이나 하고 있지 않았을까"[38] 하고 반성한다.

인간성을 완전히 부인하는 공수부대의 미친 폭력에 대해 분노와 공포를 체험한 5월민중과 사제들은 동시에 공포를 느끼는 자신에 대해서도 모멸감과 부끄러움을 느낀다. "아, 이렇게 살아야 하는가? 이게 바로 인간인가? 개다, 도야지다"라는 김성용 신부의 고백은 바로 이런 반성이다. "6·25 때도 이러지 않았다", "인민군이 쳐들어와서 마구 사람을 죽인대요", "이북사람들이 내려온다고 해

---

35 같은 책, 13, 41, 172면 참조. 이어지는 윤 대주교의 진술은 이때의 상황이 어떤 정도였는지 짐작하게 한다. "[그 때] 이영수 신부가 창 밖으로 '악! 악!' 하고 소리를 질렀어요. 그래서 뒤편에서 '소리 지르지 말라' '따라와서 잡아가겠다'고 말하고 끌어당겼는데 함께 있던 직원들이 모두 울었던 적이 있습니다": 같은 책, 172면.

36 현대사사료연구소, 『5·18민중항쟁사료전집』, 풀빛출판사, 1990, 386면.

37 『구술자료』 1, 42면. 윤 대주교는 당시 서울 교구청에서 개최된 주교회의 상임위원회 참석을 위해 상경했다.

38 정규완, "큰 아픔에 작은 참여", 『저항과 명상』, 121면.

도 그 정도는 안 할 것이다" 등의 표현은 곧 '국가가 우리에게 이래도 되는 거야?'라는, 국가의 역할에 대한 의문이었다.[39]

(2) 목숨을 건 투쟁을 통해 공포를 극복하다: '생명공동체'의 연대감이 가장 고조되다 (5월 20-21일)

20일 오후부터 공동체적 투쟁이 본격화되었다. 20일 밤 시위에 영업용 택시와 버스, 트럭 등 약 200대의 차량과 20만 명의 민중이 참여했다. 당시 광주 인구가 73만 명이었으니 집 보는 사람, 노약자 등을 제외하면 거의 모든 시민이 거리에 쏟아져 나온 셈이다. 이 날 야간 시위를 도청 옥상에서 목격한 동아일보 김충근 기자의 취재기는 당시 상황과 5월민중의 정서를 생생하게 표현하고 있다.

> 나는 우리의 대표적 민요 아리랑이 갖는 그토록 피끓는 전율을 광주에서 처음 느꼈다. 단전단수로 광주전역이 암흑천지로 변하고 방송국, 파출소 등이 불타 시내 곳곳에서 검은 연기가 치솟는 가운데 광주 외곽으로부터 도청 앞 광장으로 손에 손에 태극기를 흔들며 모여드는 군중들이 부르는 아리랑 가락을 깜깜한 도청 옥상에서 혼자 들으며 바라보는 순간, 나는 내 피 속에 무엇인가 격렬히 움직이는 전율을 느끼며 얼마나 하염없이 눈물을 흘렸는지 모른다. 아리랑은 애잔한 음률이 전하는 서정보다 더 강렬한 욕구와 울분, 그리고 불타는 전의를 함축하고 있음을 처음 느꼈다.[40]

---

39 윤공희 외, 앞의 책, 70, 150, 48, 112면 참조.

40 한국기자협회 외, 『5·18특파원 리포트』, 풀빛, 1997, 215-216면.

20일 밤 5월민중은 신비스런 '공동체의 잔치'에 초대되었다.[41] 그 잔치는 민중 스스로 목숨을 바쳐 준비한 것이었다. 5월민중은 자신을 "개나 도야지"로 만든 원시적 공포에 처절하게 맞섰다. 5월민중은 공포에 결코 완전히 굴복한 것은 아니었다. 그들은 인간이 되기 위해, 스스로에게 인간임을 인정받기 위해 연대하여 싸웠다.[42] 1980년 5월 25일, 김성용 신부의 미사 강론의 일부는 당시 상황과 시위에 나선 5월민중의 정서를 잘 보여준다. "이제야말로 우리는 결단의 때를 맞았다. 비굴해져서 짐승같이 천한 생명을 유지할 것인가, 그렇지 않으면 인간다운 민주시민으로서 살기 위하여 생명을 걸고 싸워야 할 것이다." 이날 시위는 밤을 새우며 계속되었다.

(3) 부끄러움과 무력감으로 고뇌하던 사제들, 시위를 기도하다 (5월 21일)

21일 아침 도시 외곽에서 골목별, 동네별로 시민군에 대한 지원이 활성화 되면서, 시위는 광주 전역에서 전 민중이 참여하는 항쟁으로 발전되었다. 이 날 오전, 광주 지역 본당 사제들 대부분이 호남동 성당에 모였다.[43] '신도들이 사제들을 책망'했다. "이런 곤란한 시기에 교회가 무엇을 하느냐. 민중의 지도자로서 신부들이 앞장서줘야 하지 않느냐. 한시라도 빨리 대주교님을 모시고 플래카

---

41 이 공동체의 모습에 대해서는 최정운, 앞의 책, 261-276면 참조.

42 천주교광주대교구 정의평화위원회 편, 『광주여 우리나라의 십자가여: 천주교회의 활동을 중심으로』, 광주의거자료집 1, 빛고을출판사, 1988, 59-60면 참조.

43 당시 광주시 성당은 12곳이었고 사제는 시내 본당 7명, 교구청 근무 2명이었다. 따라서 광주시내에 근무하는 사제 수는 9명이었다. 여기에는 외국인 사제 1명이 포함된다.

드를 선두로 수습에 나서야"한다고 요구했다. 김성용 신부는 당시의 심정을 "부끄러운 일이다. 쥐구멍이라도 있으면 들어가고 싶다. …너무나 무기력하고 초라한 나 자신을 돌아다 본다"[44]고 표현했다.

마침내 부끄러움과 무력감을 떨치지 못하고 고뇌하던 사제들은 평화로운 수습을 위해 더 적극적으로 나서기로 결의했다.[45] 윤공희 대주교의 재가도 받았을 뿐 아니라, 윤 대주교 자신도 여기에 합류하기 위해 학운동의 숙소에서 호남동 성당으로 떠날 채비를 하고 있었다. 사제들은 공수부대의 만행을 인정할 것과 그에 대한 사과를 요구할 작정이었다. 그들은 분노한 민중과 공수부대 사이를 중재하는 역할을 자임했지만 사실상의 시위를 기도한 셈이다. 이 시위는 계엄군에 의한 헬기에서의 기총소사와 도청 앞 공개 발포로 무산되고 말았다. 군사반란세력의 의도대로 사태를 통제할 수 없게 될 상황이 임박한 만큼,[46] 이를 무산시키려고 발포했을 가능성도 있다. 이처럼 중재자로서 교회의 최초 시도는 계엄군이 거부함으로써 좌절되었다.

---

44 김성용, "분노 보다는 슬픔이", 『저항과 명상』, 51면.

45 사제들은 5월민중과 군인들의 대치선 사이에서 장백의(신부가 미사시 착용하는 흰색 예복)를 입고 프랑카드를 들고 사태의 평화로운 전환을 위해 노력하기로 의견을 모아 대주교에게 알렸다. 윤공희, "유혈참극은 피해야 한다", 『저항과 명상』, 15면 참조.

46 당시 전남북 계엄분소의 계엄 사무에 관한 주요 결정권은 중앙의 군사반란세력 권력 핵심에서 직접 통제하고 있었다.

(4) "이해할 수 없을 정도로" 분노가 고조되다: 계엄군의 공개 발포와 무장(5월 21일)

한편 사실상 사제들의 시위 기도가 좌절된 시점인 오후 1시경, 계엄군은 금남로 도청 앞에서 시위 군중을 향해 공개적으로 발포했다. 5월민중은 군용 장갑차, 무기, 다이너마이트 등을 탈취하여 계엄군에 맞섰다. 30만 명의 민중이 거리로 쏟아져 나왔다. 대치선에서 민중은 계엄군과 백병전과 다름없는 시가전을 벌였다. "고래가 [정어리 떼를] 사냥하듯이" 시체 또는 부상자들을 끌고 골목으로 흩어진 시민들은 다시 거리로 모여들고 다시 총격이 가해지면 또 흩어졌다 모이길 반복했다. "이해할 수 없을 정도로 분노가 고조"되었다. 시민들은 "총! 총! 총!을 외쳤"다.[47]

다음 한 시민군 이세영의 증언을 보자. "내가 지금 군인들 상대로 하고 있는 일[총으로 군대에 대항하는 것]이 잘한 일인가라는 의심이 있었다. 내가 해도 되는 일인가 하는 꺼리는 마음이 있었다. [시민들이] 자발적으로 지원, 호응하는 모습을 보며 그 [꺼리는] 마음이 사라졌다. 우리가 지금 이렇게 하는 일이 나쁜 일은 아니구나, 정확히 무엇인지는 몰라도…."[48]

계엄군의 끔찍한 폭력을 겪으며 형성된 '국가가 우리에게 이래도 되는 거야?'라는 의문은 무장을 계기로 '우리가 국가에 대해 이래도 되는 거야?'라는 의문으로 전환되었다. 이 증언은 시민들의

---

47 양선희, "기억을 기억하라: 5·18민중항쟁 그 10일간의 기록"(HD다큐, 제작: 다큐코리아), 5·18기념재단, 2005(곽형열, 김효석, 이광호, 김영택의 증언 종합).

48 같은 자료.

인정을 통해 무장에 대한 의문이 확신과 긍지로 바뀌고 있음을 보여준다. 5월민중은 투쟁을 통해 공포와 자기 모멸감을 극복하게 된 것이다.

5월민중은 목숨을 바치는 결단을 통해 이룩한 공동체를 자기 자신으로 체험했다. 자기중심적으로 타자화된 일상의 삶을 사는 평범한 민중은 국가폭력이 강요한 부조리한 현실에 대한 전면적 투신·투쟁을 통해 절대적인 국가의 폭력을 물리칠 능력이 있음을 인식했다. 5월민중은 하나됨의 신비와 자신이 그 일부가 된 공동체의 힘을 깨달았다. 이것은 민중 자신의 전 존재를 건 투신 곧 죽음의 공포를 극복하는 성스러운 노동과 투쟁을 통해 도달한 해방과 평등한 세상에 대한 깨달음이었다.[49] 이제 민중이 죽음의 공포 앞에서 느낀 자기모멸감과 부끄러움은 목숨을 건 투쟁 과정에서 이룬 공동체적 환희의 체험을 통해 긍지로 전환되었다.

5월 22일: 공수부대가 물러간 '해방 광주'에서 시민 자치가 구현되었다.

5월 24일: 사제들이 광주대교구장인 윤공희 대주교의 승인을 받아 도청 수습대책위에 전격적으로 참여했다. 남동성당에서 사제들과 모여온 재야 인사들도 여기에 합류했다.

---

49 김두식, "5·18에 관한 의미구성의 변화과정과 지역사회의 변화", 『5·18민중항쟁과 정치·역사·사회 1: 5·18민중항쟁의 의의』, 5·18기념재단 편, 5·18기념재단, 2007, 504면. "진정 나와 함께 모든 것을 나눌 수 있는 나와 전혀 다를 바 없는 진짜 인간들이 모여 사는 높낮이 없는 세상을 보았던 것이다. 이 얼마나 신명나는 세상인가? 그들이 언제 한 번 이렇게 박수받고 환영받으며 살아본 적이 있었던가?"

(5) 사제들이 무기 회수와 시민군 무기고 사수에 참여하다 (5월 21일-26일)

계엄군과 협상을 위해 또 부분적으로는 안전상의 이유로 무기 회수가 이루어졌다. 조철현 신부와 남재희 신부가 직접 무기 회수에 참여했다.

5월 25일: 사제들이 TNT를 사수하기 위한 결사대를 조직하는데 참여했다. 도청 지하에 있는 TNT를 포함한 시민군의 무기고를 지키기 위해 김성용 신부가 남동성당에서 2명, 조철현 신부가 계림동성당에서 1명을 모집하여 청년 3명을 도청 무기고에 배치했다.

(6) 사제들, '죽음의 행진'을 결행하다 (5월 26일 낮)

5월 26일 오전: 새벽 상무대에서 탱크가 농성광장으로 진격 중이라는 급전을 수신하면서 도청은 공황상태에 빠졌다. 함께 밤을 새웠던 수습위원들은 극도로 당황했다. 김성용 신부가 탱크를 저지하기 위한 "죽음의 행진"을 제안하고 수습대책위원 17명 전원이 찬동했다.[50]

사제들을 포함한 수습위원들이 앞장을 섰고 수백 명의 시민이 뒤를 따랐다. 진격한 탱크가 도로를 차단 중인 농촌진흥원 앞에는 더 많은 시민이 모여들었다. 아침 9시였다. 김성용 신부는 '총 맞아 죽을 각오로 죽음의 행진에 참여했다'고 말한다.[51]

5월 26일 오후: 마지막 협상이 실패했다. 이 협상의 결렬로 중재 노력은 파국을 맞았다. 계엄군을 설득하러 갔던 사제들을 포함한

---

50 김성용, "분노 보다는 슬픔이", 『저항과 명상』, 59면 참조.

51 같은 책, 188-189면 참조.

수습위원들은 되돌아와 무기회수를 위해 시민군을 설득하러 나서게 되었다. 계엄군은 처음부터 사제들이 포함된 수습위원회의 중재 노력을 인정할 의도가 전혀 없었다. 그들은 시간을 끌면서 공포 분위기를 조성하여 시민과 시민군을 분리시키는 한편, 시민군의 저항의지를 약화시키고 시민군 내부의 분열과 이탈을 기다리고 있었다. 뉴욕타임즈 심재훈 기자의 말처럼 "광주는 대한민국이라는 바다에 외로이 떠있는 고도"[52]였다.

목숨 바쳐 이룬 생명공동체의 환희는 오래 가지 못했다. 죽음의 공포가 지배하는 현실에서 5월민중은 무장과 최후의 결전을 선택하면서 다시 분열을 경험했다. 무장을 계기로 총기를 나누고 그 사용법을 가르치는 사람들에게 지금까지 보지 못했던 다른 모습이 나타났다. "사람들은 돌연 그 곳에서 계급(class)을 보았다."[53] 무장한 민중은 대부분 항쟁 이전에 이 도시에서 언제나 주변으로 밀려나 있던 노동자 계급에 속했다. 무장이 시작되자 이전에 이 도시의 주인이라 느꼈던 계급은 주춤거리고 있었다.[54] 이 분열의 과정에서 부끄러움은 죄책감과 부채의식으로 심화되었다.[55]

---

52 한국기자협회 외, 앞의 책, 67면.

53 최정운, 앞의 책, 274면.

54 같은 책, 275면.

55 5월항쟁기와 그 이후의 분열에 대해서는 다음을 참조: 최정운, 앞의 책; 김두식, 앞의 책; 김두식, "광주항쟁, 5월운동, 다중적 집단정체성", 『민주주의와 인권』, 3(1) 전남대학교 5·18연구소, 2003, 99-132면.

(7) "살아남은 자들은 부끄러워 고개를 들지 못했다": 마지막 가두방송[56] 과 최후의 저항(5월 26일 밤-27일 새벽)

5월 26일 17시: 시민군 대변인 윤상원은 외신 기자들과 마지막 인터뷰에서 침착하게 말했다. '우리는 최후까지 싸울 것입니다.'[57] 19시 10분 시민군은 계엄군이 당일 밤 침공할 가능성이 크다고 공식 발표하고 어린 학생과 여성들을 귀가시켰다. 이날 밤 24시, 광주 시내의 전화가 일제히 두절되었다. "우리가 여기서 싸우다 죽으면 어차피 씻겨 줄 사람도 없을 텐데, 일단 목욕이나 하자. 죽음을 각오하고 목욕하고 속옷을 갈아입고 차분히 마지막 전투를 맞이했다."[58]

5월 27일 새벽: 아무도 잠들지 못했다. 아니, 차라리 잠들고자 했다. 죽음도 어차피 잠자는 것이니까….[59] 도청 앞으로 모여주기를 호소하는 여성의 애끓는 가두방송은 칠흑 어둠이 뒤덮은 이 거리, 저 거리에서 메아리쳤다.

> 갑자기 여자의 목소리가 정적을 깨뜨렸다… 그녀의 목소리는 캄캄한 도시에 울려 퍼지고 있었다. 이 아가씨가 애띤 목청으로 소리치는

---

56 5·18 당시 직업, 역할, 주거 위치상 광주 시내 각지의 다양한 시민들과 외신기자들까지 가두방송을 들었으며 그들은 동일한 심정을 표현했다.

57 한국기자협협회 외, 앞의 책, 134-135면 참조.

58 양선희, 앞의 자료(당시 시민군 오기철의 증언).

59 일부 시민군들은 총을 들고 전투를 기다릴 때 "도저히 견딜 수 없는 졸음"이 쏟아졌다고 한다. 거의 일주일 동안 잠을 제대로 자지 못한 시민군들은 매우 지쳐 있었다. 한편 이길 수 없는 전투를 목전에 두고 엄청난 공포에 직면한 상황에서 잠 속으로 도피하고 싶은 심리도 작용했을 것이다. 같은 자료(김태종·김효석의 증언 종합).

> 동안 울려 나온 말들은 동일하게 반복되면서 하나의 비명, 하나의 부르짖음이 되어…끊임없이 이어졌다. 무슨 말일까? 지금이 마지막이다! 골자는 틀림없이 이것이었다…시민들에게…합류하라고 호소하는 내용이…아닐까? …나는 귀를 기울였다. 그리고 기다렸다. 열리는 문소리, 길거리를 내닫는 발소리는 전혀 들리지 않았다. 광주 사람들은 다 어디로 간 것일까? 집안에 들어앉아 문을 걸어 잠그고 있었다. 문고리를 푸는 소리, 거리에 걷는 발자국 소리는 어디에서도 들리지 않았다…. 아무것도….[60]

"'시민 여러분 도와주세요! 공수부대가 오늘 밤 도청을 함락합니다'라는 가두방송을 듣는데 가슴이 찢어지는 느낌이었다."[61] "전투를 하면서도 빨리 날새기를 기다렸다. 날이 밝으면 시민들이 모여들고 그러면 계엄군이 진입하지 못할 것이다. 내 생애에서 가장 긴 밤이었다."[62] "잠을 들지 못했다. …도청쪽에서 방송이 들려왔다. '시민들은 나와달라! 계엄군이 광주시내로 진입하고 있다'는 말을 들을 때 뛰어나갈 용기가 나지않아…."[63]

"'도청 청년들 최후다. 그들은 모두 죽는다' 엉엉 울었다. 신자도 울고 나도 울고…탈진하여 사제관에서 잠이 들었다 다시 깼고, 마지막 가두방송을 들었다. '시민 여러분! 계엄군이 탱크를 앞세우고

---

60 한국기자협회 외, 앞의 책, 43-44면. 이는 헨리 스코트 스톡스(Henry Scott Stokes) 뉴욕타임즈 서울특파원의 기사이다.

61 양선희, 앞의 자료(당시 교사 박행삼의 증언).

62 같은 자료(당시 시민군 상황실장 박남선의 증언).

63 박상수, "가톨릭 센타 앞의 공방전", 『저항과 명상』, 140(당시 광주대교구 관리국장 박상수의 증언).

광주에 진입하고 있습니다. 시민 여러분은 도청으로 모여주십시오. 어서 도청으로 모여 총을 나눠서 도청을 사수합시다….'"[64] 새벽 3시경 시민군 가두방송을 들었다. "광주시민 여러분! 광주시내 전역에 비상이 걸렸습니다. …계엄군이 시내로 들어오고 있습니다. …우리 학생들을 살립시다." …뼈를 깎는듯한 애절한 절규를 들은 시민들은 흐느꼈다.[65]

"5월 26일 가두방송차량 운전원이 고향인 목포에 데려다 주겠다고 했지만 사양했다. 설마 모두 죽이기야 하겠느냐고 생각했다. 칠흑 어둠이 뒤덮은 거리를 승용차로 돌며 방송했다. '시민 여러분! 도청 앞으로 모여주세요. 계엄군이 쳐들어옵니다 우리를 죽이려고 합니다'라고 다급하게 호소했다. 나는 이미 며칠간 밤낮으로 헌혈을 호소하는 가두방송을 계속해왔고, 시민들의 반응도 뜨거웠었다. 시민들은 내 목소리를 알고 있었다. 방송을 듣고 많은 시민이 모일 것이라고 확신했다. 어쩌다 주택가 창문으로 새어 나온 불빛이 꺼지는 것을 보며 '집 밖으로 나오기 위해 불을 끄고 있구나'라고 생각했다. 하지만 도청에 돌아와 아무도 모이지 않았음을 확인했을 때, 살 떨리는 배신감을 느꼈다. 감당하기 어려울 만큼 외로움과 막막함, 허전함이 밀려왔다."[66]

---

64 『구술자료』 1, 279, 284면(당시 계림동성당 주임 조철현 신부의 증언).

65 윤공희 외, "광주사태의 진상(제2발표문)", 『저항과 명상』, 157-158면. 이 진상보고 발표문은 1980년 7월 이영수 신부, 김재영 신부, 노완석 신부 등이 기록한 것으로 발표되기 전에 보류되었다.

66 은우근, "이경희 인터뷰"(2012. 5. 10.). 이경희는 당시 21세의 대학 휴학생이었다. 그녀는 헌혈하기 위해 차량에 탑승했다가 21일부터 주로 헌혈 가두방송에 참여했고, 26일 밤과 27일 새벽 가두방송을 맡았다. 당시를 회상하기가 너무 고통스럽

계엄사는 새벽 3시 30분 군 병력을 광주 전역에 투입하여 5시 10분 경 시내 일원을 완전히 장악했다. 만일 20만 명의 시민이 10일 간 금남로에 계속 모일 수 있었다면, 5월민중항쟁의 결과가 바뀌었을지도 모른다. 하지만 시민들은 '도청에 나가야 하는데, 그 사람들 지금 죽어가고 있을텐데, 내가 나가야 하는데…' 라고 마음속에서 외쳤을 뿐 집을 나설 수는 없었다.[67] 5월 27일 새벽 가두 방송이 거리에서 울려 퍼질 때, 문을 걸어 잠그고 이불을 뒤집어쓰고 어둠 속에서 숨죽이고 있었던 민중은 마지막 순간 예수를 부인한 베드로의 심정이었다. '살아남은 자들은 부끄러워 고개를 들지 못했다.'[68] 순수하고 순결했던 생명공동체, 하지만 그것은 결코 완전하거나 영원한 것이 아니었다.

5월민중은 두려움 속에 있었다. 하지만 그 두려움을 떨칠 수 있었다. 왜? 하나가 되었기 때문이다. 하지만 여전히 두려울 수밖에 없다. 왜? 하나됨이 영원히 지속될 수 있는 것은 아니니까. 현실은 두려움이 지배하고 있었다. 5월민중은 목숨을 건 투쟁을 통해 공포를 극복하고 하나됨의 신비와 환희를 체험했지만 죽음의 두려움을 완전히 극복하진 못했다. 생명공동체적 연대의 감격과 환희가 강렬했던 만큼 부끄러움과 죄책감, 부채의식도 더 강하게 자각되었다.

다며 한사코 인터뷰를 사양하는 그녀를 가까스로 설득할 수 있었음을 밝힌다.

67 계엄군은 25일 도청에서 일어난 '독침사건'에서 보듯이 오열(五列)을 침투시켜 민중 내부에 불신과 공포를 극대화시키는 고도의 심리전을 전개하고 있었다.

68 김준태의 시 "아아, 광주여! 우리나라의 십자가여!" 참조. 이 시는 5월민중항쟁이 진압된 직후인 6월 2일에 지어졌다.

5월 26일 밤-27일 새벽 사이의 시민군 가두방송은 5월민중의 집단 정서로서 죄책감의 형성에 아주 커다란 영향을 미쳤다.[69] 5월 민중이 80년 5월 22일 공수부대를 시내에서 몰아내고 공유했던 해방감과 환희는 죄책감으로 변화되었다.

(8) "광주사태는 아직 끝나지 않았다"

5월민중의 장엄한 싸움은 일단 패배했으나 완전히 패배한 것은 아니었다. 우리와 함께 싸우다 우리를 대신해 죽은 열사들에 대한 하나된 부끄러움과 죄책감 그리고 부채의식으로, 또 함께 투쟁했던 긍지 안에서 이미 싸움을 계속하고 있었기 때문이다.

5·18 구속자 가족들이 1981년 가장 먼저 외쳤다. "광주사태는 결코 끝나지 않았다. …이 나라에 진정한 양심과 정의가 살아있는 양심의 공화국이 세워지지 않는 한 양심과 정의, 자유와 민주주의가 제도와 권력의 폭압 밑에서 공공연하게 살해당하고 있는 한 광주사태는 아직도 계속되고 있는 것이다."[70] 1982년 5·18을 맞아 천주교 광주대교구 사제단은 '광주사태는 아직 끝나지 않았다'고 선언했다.[71] 더 나아가 함세웅 신부는 1985년 5·18 추도미사에서 "광주는 끝난 것이 아니라, 이제 새로 시작 되어야 한다"[72]고 주장했다.

---

69 가두방송은 아주 중요한 사건이었지만 지금까지 5·18 연구에서 비중있게 다뤄지지 않았다.

70 광주사태 구속자 가족 일동, "광주사태 구속자의 구명과 석방을 위하여"(1981.1), 『5·18 광주민주화운동자료총서』 제2권, 광주광역시 5·18사료편찬위원회, 1997, 182면. 5·18 구속자 가족들은 이 호소문을 전국에 배포하고 서명 운동을 전개했다.

71 천주교 광주대교구 정의평화위원회 편, 앞의 책, 77면 참조(천주교 광주대교구 사제단, "광주사태 2주기를 맞아: 광주사태는 끝나지 않았다").

2) 부끄러움 또는 질문

5월민중과 사제들에게 나타난 부끄러움은 단순하고 일시적인 느낌(feeling)이 아니었다.[73] 감정과 이성의 전통적 이분법에 따를 때 감정은 도덕적 판단과 아무런 상관이 없는 것으로 간주된다. 하지만 감정·정서는 이성의 표현이다. 도덕 판단에서 감정 이입이 매우 중요하다. 감정 이입은 단순한 느낌이 아니다. 그것은 도덕적 판단 능력을 구성하는 본질적인 능력, 곧 "감정이입적 이해력"(empathic understanding)이다.[74] 이 점에서 부끄러움은 하나의 도덕 의식을 반영한다. 감정이입적 이해력은 타자의 고통을 나의 고통으로 받아들일 수 있는 능력으로서 공동체적 연대·사랑의 능력과 직결된다.

80년 5월 19일, 가톨릭센터 6층 집무실에서 윤공희 대주교가 느낀 가책은 미친 폭력의 만행에 대한 공포와 무력한 자신에 대한 역사 앞에서의 부끄러움이었다. 사제로서는 신 앞에서의 부끄러움이기도 했다. 자의식으로서 이 부끄러움은 자신에 대한 질문이면서 동시에 신과 역사가 던지는 질문이었다.[75]

---

72 같은 책, 52면(함세웅, "5·18광주의거 5주기 추도미사 강론").

73 여기에서 흄(David Hume, 1711-1776면)과 같은 이성과 감정의 차이에 대한 전통적인 서양철학의 이분법적인 설명에 구애받지 않는다.

74 윌리엄 J. 탤벗, 『인권의 발견: 어떤 인권이 보편적인가 도덕적 제국주의와 도덕적 상대주의 넘어서기』, 은우근 역, 한길사, 2011, 324-325면 참조.

75 "다카우 정치범 수용소에서 학살 당시에도 하느님의 응답은 없었다. 예수께서도 '엘리 엘리 레마 사박타니'하고 절규했지만 '하느님 왜 저를 버리시나이까'라고 하셨다. 그 질문은 나에게 해야 하는 것임을 깨달았다. '너는 어디에 있었느냐?' 그래서 역사 안에서 우리가 깨어있지 않으면 십자가에 못박혀 돌아가신 예수를 눈앞에 두고도 다른 데서 예수를 찾을 수 있다": 『구술자료』 1, 72면(김

5월민중과 사제들은 국가폭력의 잔인성을 날것으로 목격하며, 역사를 정면으로 마주하고 있었다. 그리고 역사의 질문을 스스로에게 던지고 있었다. 그것은 '지금 어떻게 행할 것인가?'라는 물음이었다. 그 질문은 삶 전체로, 때로는 박관현(1953-1982), 김의기(1959-1980), 김태훈(1959-1981), 신영일(1958-1988)[76] 등에서 보듯이 생명을 바쳐 응답할 것을 요구했다.

5월민중항쟁의 진상을 알리기 위해 5월 26일 광주를 '탈출'하는 김성용 신부 역시 같은 질문을 안고 있었다. "이 순간 이 장소를 뜨면 도망하는 것이 아닌가. 시민들이 어떻게 생각할까. 비겁한 신부, 아무것도 하지 못하는 무력한 교회라고 비판받을지도 모른다"[77]라고. 그는 김수환 추기경을 비롯한 여러 사제들에게 5월민중항쟁의 진상을 전하며 같은 질문을 늘 간직했다. 여러 차례의 사제단 성명서와 강론 등에 나타나듯이 투옥되거나 연행되지 않은 다른 많은 사제도 이 질문을 항상 품고 있었다. 이 가톨릭 사제들에게 역사 앞의 부끄러움과 신 앞의 부끄러움은 분리되지 않았다.[78]

이 부끄러움은 매우 고통스러웠다. 80년 전남대 총학생회장이었던 박관현은 "그 날… 거리에 있지 못하고 광주에서 빠져나가, 나

용해 신부의 증언). 김 신부는 5·18 당시 전남대학교 재학생이었고, 현재는 서강대 교수이며 생명문화연구소장이다.

76 노동운동가이며 전남대 학생운동 지도자. 박관현과 같은 시기에 광주교도소에서 함께 단식투쟁을 하다 건강이 극도로 쇠약해져 출옥한 후 사망했다.

77 김성용, "분노 보다는 슬픔이", 『저항과 명상』, 64면.

78 "당신은 어디 계셨나요? 라는 질문은 하느님을 대상으로 해야 할 질문이 아니라 나를 대상으로 해야 할 질문으로 우리들에게 인류를 향해서 던져야 할 우리의 과제임을 깨달았다": 『구술자료』 1, 74-75면(김용해 신부의 증언).

혼자만 살고자 했다는 사실을 학생들의 부름을 받은 총학생회장으로서 심히 부끄럽게 생각하며, …죽어 간 영령들에게, 또 죄없이 끌려가 고문을 겪은 선배·동료·후배들에게 부끄러운 마음으로 책임을 다하지 못한 총학생회장으로서 참회하는 마음으로…", "항쟁의 거리를 빠져나간 부끄러움을 간직한 제가", "구천으로 떠나가 아직도 너무 원통해 두 눈을 감지 못하고 있을 내 동포, 내 형제들의 영령들에게 부끄럽지 않게"라고 부끄러움을 거듭해서 토로하고 있다.[79] 같은 시기 전남대 총학생회 총무부장이었던 양강섭은 "내 친구들이 공수부대의 잔악한 만행에 쓰러져 가고 있는데, 나는 이렇게 살겠다고 도망치는 모습에 심한 혐오감이 생겨서 견딜 수가 없었다. …고통스러움과 죄책감…" 속에 있었다고 고백한다.[80]

80년 가을 필자는 광주지역에서 예비군 훈련에 참여했다. 첫날 자기소개 시간에 한 예비군이 30여명의 소대원들 모두에게 대뜸 큰소리로 "비겁한 사람들! 살아있으니까 만나네요"라고 말했다. 그는 공수부대 하사관 출신으로 30대 초반으로 보였다.

죄책감은 이처럼 5·18 이후 사제들과 민주화운동가 그리고 평범한 민중 사이에 공유되었다. 이처럼 자발적인 반성적 의식으로서 부끄러움이 집단적으로 출현했으며, 그것이 지식인 또는 민주화운동에 참여했던 사람뿐 아니라 기층 민중에게 일반화되었고

---

79 임낙평, 『광주의 넋, 박관현: 그의 삶과 죽음』, 故 박관현열사 추모사업회 편, 사계절, 1987, 151, 153-154면(박관현의 법정최후진술). 박관현은 들불야학에 함께 참여했던 동지 윤상원(1950-1980), 박용준(1956-1980)이 5월 27일 새벽 도청과 YWCA에서 산화했기 때문에 훨씬 강한 죄책감을 간직했을 것이다.

80 한국현대사사료연구소, 『광주5월민중항쟁사료전집』, 풀빛, 1990, 529면.

장기적으로 유지되었다. 5월민중의 정서로서 부끄러움은 다음의 몇 가지 점에서 의미 있는 자기의식이라고 할 수 있다. 첫째, 우연적인 것이 아니고 5월민중항쟁에서 국가폭력의 폭압적인 행사를 겪으면서 특정 시기에 집단 정서로 형성되었다. 둘째, 일시적인 것이 아니고 10여년 이상 장기간 지속되었다. 셋째, 억압에 대한 저항과 좌절, 고립이라는 민중의 집단적 체험 과정에서 부채의식, 죄책감 같은 연관된 정서로, 한편 자부심과 긍지 같은 일견 모순된 정서로 표현되었다.

신진욱은 테일러(Charles Taylor)의 연구를 토대로 도덕 감정이 "강한 도덕적 가치판단" 곧 고도의 도덕적 의식의 산물이고, "성찰성", "심층성", "사회적 배태성(胚胎性)"이라는 세 가지 특성을 지니고 있다고 요약한다.[81] 성찰성은 반성 능력과, 심층성은 개인 및 집단의 정체성과, 사회적 배태성은 사회·문화적 자산과 연계되어 있다고 할 수 있다.[82] 5월민중이 함께 지녔던 부끄러움과 죄책감은 바로 이런 종류의 것이다.

부끄러움은 심리적으로는 우리의 자아를 반성하는 의식으로서 하나의 자기의식(self-consciousness), 자기에 대한 의식이다. 자기를 객관화·대상화시킨, 자기를 되돌아보고 반성하는 의식이다. 자기를 반성하는 의식은 곧 자신의 현재 삶의 정당성에 대한 자기 질문이기도 하다. 이 질문 자체는 외부의 권력으로부터 강요된 것이 아니므로 자발적인 것이다. 부끄러움을 지니게 된 계기는 외적 조

81 신진욱, 앞의 책, 236-237면 참조.

82 같은 책, 236면 참조.

건, 곧 국가폭력과 같은 외적 강제에 의해 마련될 수 있겠지만, 부끄러움이라는 질문 그 자체는 외적 권력에 의해 강요될 수 없다. 이것은 인간의 가장 근본적이고 본질적인 반성 능력에 속하기 때문이다.

현실에서 대개 우리는 분열되어 있고 분열 속에서 나를 인식한다. 에덴 동산에서 아담과 하와의 부끄러움은 하느님의 명령을 어김으로써 신과 유대가 단절된 자신을 발견한 자의식이다. 참혹한 역사의 현장에서 사제와 민중의 부끄러움은 공포로 인해 공동체와 유대가 단절된 스스로를 발견함으로써 생기는 '집단적' 자의식이다.[83] 전자가 신에 대한 또는 신을 마주한 자기의식이라면, 후자는 역사에 대한 또는 역사를 마주한 자기의식이었다. 전자가 신의 명령을 어김으로써 신과의 유대가 단절된 것에 대한 반성이었다면, 후자는 공포로 인해 타자의 절박한 호소를 외면함으로써, 공동체와의 유대가 단절된 것에 대한 반성이다.

하나됨을 유지하지 못한, 공동체와의 분열을 경험하는 가운데 느끼는 부끄러움과 죄책감 그리고 부채의식이 5월민중의 집단 정서의 공통분모이다. 이 부끄러움은 하나의 역사의식이다. 역사의식이란 어떤 사회적 변화를 역사적 관점에 따라 파악하고, 그 변화 과정에 주체적으로 관계하려는 의식, 곧 역사적 변화에 대해 주체적 실천으로 관계하려는 의식이라고 정의할 수 있다. 당대의 시대

---

83 이 부끄러움은 "사회의 도덕적 규범이 훼손됨으로써 고통을 받고 있는 자가 나의 연대적 행동을 필요로 했으나 그러한 요청에 부응하지 못한 그런 상황"에서 생기는 것이다. 같은 책, 225면.

적 과제인 민주주의 실현을 염원한 민중과 그리고 타자의 고통과 함께 하고자 한 민중과 사제들의 역사의식이 부끄러움, 죄책감, 부채의식 등으로 발현한 것이다.

3) 부끄러운 자들을 위한 연대

5월민중은 분노와 부끄러움을 함께 간직했다. 부정의에 대한 분노도 부끄러움과 마찬가지로 자의식이 살아있다는 증거이다. 분노가 "외향적인 부정적 도덕감정"이라면 부끄러움은 "내향적인 부정적 도덕감정"이다. 5월민중에게 이 두 감정은 "동전의 양면"처럼 서로 의존했다.[84]

5·18 이후, 부끄러움은 5월민중에게는 죄책감과 자부심의 정서로, 광주 바깥 사람들에게는 부채의식으로 자리 잡았다. 죄책감이 5월민중항쟁과 직접적으로 관련된 사람들의 정서였다면,[85] 부채의식은 간접적인 관련자들의 정서로 민주화 의식을 가진 사람들이 공유한 집단 정서였다. 도덕적 감정으로서 부끄러움은 "나 자신이 타인에 대한 직접적인 가해자이기 때문이 아니라, 고통받는 타인과의 공감과 연대라는 규범적 기대를 스스로 충족시키지 못했다"[86]는 반성에서 생겨난다. 부채의식 또한 군사반란세력의 5·17

---

84 같은 책 참조.

85 천주교 광주대교구 정의평화위원회 편, 앞의 책, 52-55면 참조(함세웅, "5·18 광주의거 5주기 추도미사 강론"). "81년 2월, 충북 수안보에서 신부들의 모임이 있었는데, 광주사태 얘기가 나오자 광주 신부들이 그 얘기는 하지 말자면서 울었다": 같은 책, 84면.

86 신진욱, 앞의 책, 226면.

쿠데타에 맞서 5월민중과 함께 저항하지 않았다는 생각에서 비롯했다.

이미 언급한 최윤의 소설은 5월민중의 마음의 상처로서 죄책감 또는 부채의식을 그리고 있다. 아무도 주인공 소녀의 절망을 이해하지 못한다. 그녀는 단지 미친 사람으로 간주될 뿐이다. 소녀는 바로 5월민중이다. 죄책감과 부채의식을 계속 지니고 있다면 삶을 지속할 수 없다. 그 죄책감이 직접적이라면 소녀처럼 미칠 수도 있다. 현실의 민중은 미치지 않았지만 부끄러움과 죄책감이 가슴 깊이 자리 잡았다.

부끄러움과 부채의식, 죄책감을 지녔더라도 꾸역꾸역 밥은 먹어야 한다. 살아가야 하니까. 산다는 것은 당연한 권리이고 신성한 것이니까. 광주의 시인들은 5월민중항쟁이 진압된 이후의 죄책감을 다음과 같이 표현했다. "…아아, 우리들의 피와 살덩이를/삼키고 불어오는 바람이여/속절없는 세월의 흐름이여/아아, 살아남은 사람들은/모두가 죄인처럼 고개를 숙이고 있구나/살아남은 사람들은 모두가/넋을 잃고 밥그릇조차 대하기/어렵구나 무섭구나/…."[87] "…많은 사람들 쓰러져 죽었고/갇힌 사람과 쫓겨난 사람들의/낭자한 오열이 흐르는/이 시대의 비극의 대명사/동지를 잃은 우리들은/모두 다 하나의 죄인이 되었구나…."[88] 김성용 신부는 1985년 5월 18일 신학생들에게 행한 강론을 "그때 살아남은 부끄러움 때문에 죄인의 심정으로…"[89]라는 말로 시작하고 있다.

---

87 김준태, "아 아, 광주여! 우리나라의 십자가여!", 5면.

88 문병란, "송가", http://blog.daum.net/kjy77kjy/12610446(검색일: 2012. 6. 6.).

5월민중의 항쟁이 무참하게 진압되던 5월 27일 새벽 가두방송의 애절한 호소를 듣고도 집 밖으로 나올 수 없었던 5월민중은 함께 간직한 죄책감 안에서 다시 하나가 되었다. 5월민중은 배움의 길고 짧음, 재산의 많고 적음을 떠나 죽은 자에 대한 죄책감을 공유하고 있었다. 그들이 서로의 부끄러움을 고백했을 때, 살아 있는 자들은 죽어간 자들과 그리고 그것을 함께 간직한 다른 살아있는 자들과 서로 연결되었다. 서로의 죄책감을 확인함으로써 다시 일어설 용기를 갖게 되었고 죄책감을 긍지로 전환시킬 연대를 형성했다.

가공할 국가폭력의 공포와 그것을 이기려는 투쟁 안에서 5월민중의 역사의식이 부끄러움으로 깨어난 것이다. 그리고 공유된 부채의식과 죄책감은 민중을 역사 앞에서 깨어 있게 만들었다. 부끄러움과 죄책감조차도 함께 가질 때 역사를 밀고 나가는 힘이 된다. 부끄러움의 힘은 인간을 변화시킴으로써 역사도 변하게 만들었다. 80년대 민주화운동의 동력은 바로 5·18에서 비롯한 이런 역사의식이었다. 교회와 민중이 행한 시대별 실천의 여러 사례가 그 점을 보여준다.

> …광주시민항쟁의 현장에서…다른 지역에서도 호응이 있기를 바라는 소망과 밀접한 관련이 있는 이 유인물은 차라리 통곡이요, 피맺힌 절규인 것입니다. …이렇게 광주시민항쟁이 외롭게, 외롭게 진행되고 있었습니다. …광주시민항쟁은…처참한 종말을 맺은 후,…많

---

89 윤공희 외(김성용), "사막의 체험", 『저항과 명상』, 67면.

> 은 사람들로 하여금… 새삼스럽게 놀라고 분노하게 하였으며 '이럴 수는 없다'고 자신을 결단하게 하였습니다.[90]

"외롭게, 외롭게" 진행된 5월민중의 항쟁은 패배했지만 1980년 6월 한신대 신학생 류동운(1961-1980)[91]의 추모식 시위를 시작으로 대학가에서 용기있는 저항들이 다시 나타났다. 80년대에서 90년대 초 사이 민주화운동의 개별 사건에서 발표된 수많은 성명에서 5월민중항쟁은 죄책감과 때로는 긍지와 자부심 그리고 비장한 다짐의 표현과 함께 언급되고 있다.

1980년 5월 30일 서강대학생 김의기는 5월학살 만행을 규탄하고 봉기를 호소하는 "동포에게 드리는 글"을 서울 종로5가 기독교회관에서 뿌리다 추락하여 사망했다.[92] 김의기의 죽음과 관련한 하종강은 다음과 같이 고백한다.

---

90 천주교 광주대교구 정의평화위원회 편, 앞의 책, 53면(함세웅, "5·18 광주의거 5주기 추도미사 강론").

91 류동운은 친구의 형이 비참하게 죽음을 당하는 현장을 목도하고 시민군에 적극 참여했다. 광주시내 교회의 목사인 아버지가 26일 도청까지 와서 그를 귀가시켰지만 목욕 후 집을 나와 다시 총을 잡았다. 그는 5월 27일 복부 관통상을 입고 도청에서 최후를 마쳤다. 홍인기, "탄압받는 민중과 함께한 한신대학교 수유캠퍼스", http:// www.kdemo.or.kr(검색일: 2012. 6. 6.) 참조.

92 김의기열사추모사업회 편, 『동포여! 우리는 지금 무엇을 하고 있는가』, 1985, 75-79면 참조. 다음은 김의기의 성명서("동포에게 드리는 글") 일부이다. "동포여 우리는 지금 무엇을 하고 있는가. 무참한 살육으로 수많은 선량한 민주시민들의 뜨거운 피를 뜨거운 5월의 하늘 아래 뿌리게 한 남도의 봉기가 유신잔당들의 악랄한 언론탄압으로 왜곡과 거짓과 악의에 찬 허위선전으로 분칠해지고 있는 것을 보는 동포여, 우리는 지금 무엇을 하고 있는가!": 같은 책 80-81면.

> '동포에게 드리는 글'에서 그는…광주에서는 수백명의 시민이 죽고 있는데, 동포라는 당신은 도대체 어디에서 무엇을 하고 있느냐고 물었다. …내가 그 질문에 뭐라고 답할 수 있을까? 나는 원미동 골목의 석유가게에 잘 숨어 있었다. …나는 그렇게 대답할 수밖에 없는 내가 한없이 부끄러워 울었다. …그것이 80년대 십 년 동안 나의 가슴속에 살아있던 화두였다. …나는 무엇을 하고 있었는가…그 부채감이 80년대 10년 세월 동안 나를 비롯한 많은 운동권 학생들을 가위눌리게 했다. 수만 명의 학생들이 붙들려 고문을 당하고 징역을 가면서도 학생운동에 매진할 수밖에 없었던 이유의 최소값은 그 부채감이었다. …인간이라면 그 부채감에 답할 수 있는 삶을 살아야 한다는 것….[93]

1981년 5월 27일에는 서울대학생 김태훈[94]이 "내 작은 몸뚱이를 불싸질러 광주시민들과 학생들의 외로운 넋을 위로해드리고 싶습니다"라고 주장하면서 도서관 5층에서 투신했다.

1983년 천주교 광주대교구 정의평화위원회는 다음과 같이 5·18 영령을 추모하면서 '죄인'으로서의 '부끄러움'을 고백한다.

> …가신 님 앞에선 모두 죄인인 우리들은 오늘 명복을 비는 추념의 자리를 빌어서…그날의 사태를 유발한 장본인들에게 속죄를 촉구하며,…이런 기본적인 문제가 해결된 다음이라야 명복을 빌 수도 있고

93 하종강, "김의기에 대한 나의 특별한 부채감"(2007. 5. 18.), http://www.hadream.com (검색일: 2012. 6. 5.). 하종강은 2012년 11월 현재 성공회대학교 노동대학 8대 학장을 맡고 있다.

94 광주 출신인 경제학과 4학년 김태훈은 "전두환 물러가라"를 세 번 외친 후 투신, 사망했다.

> 위로도 할 수 있고 추모의 기도도 올릴 수 있을 것입니다. …위대한 광주의 정든 거리를 지키고자 싸우다 가신 꽃다운 혼들이시여! 지금 우리는 부끄럽게 살아남아…이 자리에 모여 고개숙여 추모의 미사나마 올리고 있습니다. …광주는…세계의 것이며, 인류의 것이며, 양심과 정의의 본향이며, 위대한 민족의 성지임을 자부합니다. …이 미사나마 겨우 갖게 됨을 무한히 부끄럽게 생각하며….[95]

또 1984년 김근태와 민주화운동청년연합은 "5월의 참담했던 패배는 그 이전까지 우리가 쌓아올렸던 역량의 한계를 일깨워 줌과 동시에 민주화운동에 보다 넓은 지평을 열어 주는 계기…"[96]이며 "광주는 죽지 않았다. …우리는 80년 5월의 불꽃 속에서 투혼을 안고 태어난 광주의 아들딸들이어야 한다"[97]고 주장했다.

이처럼 5월민중의 영웅적 투쟁은 80년대 사회 운동에서 도덕적 반성 기제의 핵심 요소였다. 80년대 민주화운동에 참여한 사람들은 5월민중에게 빚졌고 그 정신을 계승해야 한다고 생각했다. 매년 5월 수만 명이 광주를 찾았으며, 전국에서 매년 수십만 명이 5월민중항쟁을 기억하기 위해 투쟁했다. 민주화운동은 한층 치열해졌고, 과감해졌다. 5·18은 87년의 민주주의 체제를 만드는 데 결정적인 밑불이자 거름으로 작용했다.

---

95 천주교 광주대교구 정의평화위원회 편, 앞의 책, 85면(천주교 광주대교구 정의평화위원회, "광주의거 3주기에 부쳐: 영원히 살아있는 혼들에게").

96 김근태, "창간사: 민주화운동의 깃발을 들며", 『민주화의 길』, 창간호·2호 합본, 민주화운동청년연합, 1984. 2.

97 민주화운동청년연합, "5·18 추모성명"(1984. 4. 28.), 『민주화의 길』.

4) '생명공동체'의 깨달음

군사반란세력은 민족사의 질곡을 강요해온 분단 체제를 규정하는 폭력의 직접적 담지자였다. 5월민중의 시위는 애초의 민주화 요구로부터 국가폭력 자체와의 대결로 발전했다. 이 과정에서 형성된 공동체는 5월민중항쟁에서 가장 중요한 특징적인 요소이다.

5월민중항쟁 당시 가장 처참한 상황에서 가장 많이 외친 구호는 '죽여라! 모두 같이 죽자!'였다. 5월민중은 피와 밥을 함께 나누었다. 피와 밥은 성경적 의미에서 생명의 상징이다. 민중은 헌혈에 기꺼이 참여했고, 골목마다 자진하여 김밥과 주먹밥을 만들어 시민군에 전했으며 함께 나누었다. 많은 택시 기사들이 공수부대의 공격으로 자신의 전 재산, 곧 '밥줄'인 택시가 부서지는 것을 두려워하지 않고 시동을 걸고 대기하다가 도망치는 시위대를 도왔다. 많은 5월민중이 총격에 쓰러진 생면부지의 타인을 구하려다 재차 가해진 총격에 스러지기도 했다. 당시 광주기독병원 간호사의 증언에 따르면, 여고생 박금희 양은 농성동 집 부근에서 헌혈 가두방송을 듣고 수 킬로미터 떨어진 양림동 기독병원까지 가서 헌혈하고 귀가하다 잠복 중인 공수부대의 총격에 절명했다.[98] "몸이 약해서 보기에 그 헌혈하시면 안 되겠다고 그러면 막 화를 낸 거예요. 내가 죽어도 이럴 때 내가 피 한 방울도 안 주면 내가 시민이 아니지 않냐. …어떤 사람들은 부상자를 살리기 위해서 자기는 정말

---

98 안성례, "그 말이 너무 쟁쟁해 눈물이 나더라고", 『구술생애사를 통해 본 5·18의 기억과 역사 2』, 123면 참조. "헌혈을 하고 간 그 애가 다시 이렇게 시체로 돌아오니까…. 진짜 그 어린 여학생의 시체를 보면서 또 한 번 모두가 울었죠": 같은 책.

죽어도 좋다, 그러니까 피를 더 많이 빼라. …그 때 인간으로 태어나서 가장 슬펐고, 또 가장 인간으로서 감동적인 순간들을 너무 많이 체험을 한 거죠."[99] 이밖에도 생명을 걸고 타자의 목숨을 구하려고 노력한 많은 사례가 있다.

이처럼 5월민중은 피와 밥뿐 아니라 실제로 생명을 나누었다. 자신의 전 존재를 위협하고 인간성을 송두리째 부인 당한 모욕과 공포를 극복하는 과정에서 생명을 건 위대한 사랑을 실천했다. 이 절대적 사랑의 순간에 자기와 타자는 구분되지 않았다. 5월민중이 이룩한 생명공동체 안에서 자신의 인간성에 대한 긍정은 동시에 타자에 대한 사랑과 통일되었다. 이 위대한 사랑의 실천은 특별한 사람들이 이룬 것이 아니었다. 평범한 일상의 시민들이 그 실천에 참여했고 공동체의 환희와 신비를 체험했다.

한국의 대중은 2002년 월드컵 4강 진출 당시에도 일시적으로 공동체적 일체감을 경험한 적이 있었다. 하지만 이 일체감을 깨달음이라고 할 수 없다. 이런 종류의 일체감은 자기도취 속에서 자기 상실을 경험하는 일시적인 흥분 상태이다. 따라서 지속 가능성이 없으며, 자칫하면 파괴적 난동으로 발전할 수 있다. 또 이것은 지배 구조에게 위협이 되지 않고 오히려 국가주의적 동원 기제로 이용될 여지도 있다.

1980년 5월민중의 공동체적 일체감은 완전히 다른 종류였다. 공수부대의 잔인한 폭력이 인간성을 부정했지만 5월민중은 무지막지한 폭력에 대한 공포와 그 공포로 말미암은 부끄러움을 극복하

---

99 같은 책.

는 과정에서 가장 순수한 공동체를 함께 체험했다. 민중은 자신을 공동체의 일부로 재정의했다. 5월민중의 공동체는 하나밖에 없는 목숨, 자신의 전 존재를 걸고 자기 인정과 타자에 대한 인정을 위한 투쟁과 사랑을 통해 이룩한 것이었다. 이 공동체의 깨달음과 실천을 인권 개념으로 설명하기에는 구체적이지 않을 뿐 아니라 불충분하다.[100] 도시 전체의 민중이 동시에 역사 앞에서 자신의 모든 것을 내던져본 경험·실천은 앞으로 몇 세기 동안에도 갖기 힘들 것이다. 이것이 5월민중의 정체성과 자부심의 근원이다. 이 점이 여타 민주화운동과 5·18의 가장 중요한 차이이다. 필자는 이 공동체를 "생명공동체"로 명명한다.[101]

이것은 불가해(不可解)한 체험이었다. 김준태 시인은 5월민중항쟁의 투쟁과 공동체에서의 환희의 체험과 그 체험 속에서 발견한 희망을 "나는 하느님을 보았다"고 썼다.[102] 황지우 시인은 이 체험

---

100 인권 개념이 역사적으로 계속 발전하고 있지만, 원래 서구적 인권 개념은 자유롭고 행복할 개인적 권리를 중심으로 구성된 것이다. 따라서 일부 공동체주의자는 정의를 주장하면서도 인권 개념을 거의 주목하지 않는다. 일부 마르크스주의자나 우리나라 독자들의 주목을 끌었던 대표적인 공동체주의자, 하버드대학교 교수 마이클 샌델의 경우가 바로 그렇다.

101 5월민중이 목숨 바쳐 이룩한 공동체를 다양한 시각에서 정의하고 해석함으로써 5·18의 더 깊고 다양한 의미가 드러날 수 있을 것이다.

102 "1980년 7월 31일/저물어가는 오후 5시/동녘 하늘 뭉게구름 위에/그 무어라고 말할 수 없이/앉아 계시는 하느님을/나는 광주의 신안동에서 보았다/…/나는 정말 하느님을 보았다/나는 정말 하느님을 느꼈다/…/그런 뒤로 가슴이 터질 듯 부풀었고/세상 사람들 누구나가 좋아졌다/내 몸뚱이가 능금처럼 붉어지고/사람들이 이쁘고 환장하게 좋았다/이 숨길 수 없는 환희의 순간/…/아아 나는 절망하지 않으련다/아아 나는 미워하거나 울어버리거나/넋마저 놓고 헤매이지 않으련다/…/사람이 만든 것이라면 하찮은 물건이라도/입맞추고 입맞추고 또 입맞추고 살아가리라/…"(김준태, "나는 하느님을 보았다", 『나는 하느님을 보았다』, 한마

을 "시인의 접신(接神)!"이라고 규정했다.[103] 시인은 신에 접속(access)했다. 그러나 김 시인만 하느님을 본 것이 아니었다. 5월민중이 함께 접신했다. 이것이 5월민중항쟁의 비의(秘意)다.[104] 5월민중은 죽음을 무릅쓴 비장한 실천 속에서 하나됨의 신비한 환희를 체험했다. 이 체험은 곧 하나의 깨달음으로서 인간을 변화시켰다. 이 변화된 인간이 역사를 밀고 갔다.

5월민중은 목숨 바친 실천으로 사랑을 다시 정의했다. 이 사랑은 너를 나로 간주하는 것, 네가 가장 사랑하는 네 목숨을 함께 사랑하는 것, 그 목숨을 걸고 너를 사랑하는 것이었다. 생명공동체는 압도적 폭력 앞에서 죽음의 공포를 물리치고 이룩한 신비하고 위대한 사랑의 공동체, "살과 뼈로 응어리진 깃발"[105]이었다.

하느님은 어느 날 느닷없이, 우리의 아무런 노력 없이 우리 밖에서 오지 않는다. 5월민중이 군부 독재를 물리쳤던 힘은 바로 우리 안에 신이 있다는 그 깨달음이었다. 민중이 집단적으로 신과 역사를 만난 체험, 5·18이 다른 민주화운동과 결정적으로 다른 점은

당 출판사, 1981). 이 시를 쓰던 당시 김준태 시인은 종교를 갖고 있지 않았다. 이 시에서 시인이 인식한 하느님은 사람들에 대한 희망과 분리되지 않는다.

103 김준태, 『金準泰 제2詩集: 나는 하느님을 보았다』, 한마당출판사, 1981에 황지우 시인이 쓴 발문의 한 구절.

104 5월 22일 "공수부대가 물러가자 첨예한 문제는 그 투쟁의 날들을 체험해보지 않은 사람들, 집에서 숨어 지내던 사람들, 광주가 해방되자 그제서야 도청에 나온 사람들, 그들은 그 투쟁, 그 절대공동체를 겪어 온 사람들을 결코 이해할 수 없었다는 것이다. …용사들 또한 그 날의 그 체험을 다른 사람들에게 말로 전달해 줄 수도 없었고, 무엇을 위해 왜 다시 목숨을 바쳐 광주를 지켜야 하는지 결코 설득시키지 못했다": 최정운, 앞의 책, 284-285면.

105 김준태, "아아 광주여! 우리나라의 십자가여!", 4면.

바로 이것이다.

5) 새로운 국가의 건설을 향한 각성: 무장

5·18에서 무장을 계기로 형성된 민중의 의식 각성에 주목해야 한다. 무장은 분단 체제를 지탱시키는 국가의 대리자인 군대와 맞선 행위이다. 이는 지배이데올로기로서의 민중의 국가의식에 변화가 생겼음을 뜻한다. 민중의 의식 각성은 무기, 군대, 국가 등에 대한 평소 절대적인 것으로 인식된 고정관념의 경계를 넘어선 실천으로 나타났다. 앞에서 이미 살펴 본 이세영의 증언은 '총을 들어도 될까'라는 의심이 시민들로부터의 인정을 통해 확신으로 바뀌고 있음을 보여준다. 이것은 총을 든 시민군의 공통된 체험이다. 도시의 일상에서 주체·주인으로 인정받지 못하고 소외되었던 민중은 무장을 통해 자신의 능력과 가능성을 확인했다. 무장은 잔인한 국가폭력의 담지자인 국가에 대한 민중의 근원적 문제 제기, 곧 현존하는 국가에 대한 잠재적 부정으로, 나아가서 새로운 공동체, 새로운 국가를 만들어야 한다는 의식의 잠재적 각성으로서 읽혀야 한다.

시민군의 무장을 평가할 때, 다음의 측면을 고려해야 할 것이다. 첫째, 무장은 마지막까지 저항을 포기하지 않은 사람들의 죽음의 의미를 규정한다. 둘째, 비폭력 운동의 성공을 위한 최소한의 조건에 관한 것이다. 비폭력 저항은 억압자의 폭력성을 드러냄으로써 저항 주체가 도덕적 지지를 확보하는 전략이다. 간디의 비폭력 저항이 성공할 수 있었던 것은 영국의 공정하고 자유로운 언론과 양심 세력과 같은 잠재적인 도덕적 지지자들이 지켜보고 있었기 때문이다. 곧 비폭력 저항이 성공하기 위해서는 이해관계로부터 자유로운 도덕적 공감자의 존재가 필수적이다.[106] 당시 인도나 영국은 계엄 상황이 아니었다. 하지만 5월민중에 대한 군사반란세력의 학살은 완전히 폐쇄된 곧 도덕적 공감자인 관객이 없는 '사악한 폭력극장'[107]에서 연출된 것이었다. 5·18 당시 "군부의 언론통제는 광주시민들을 지원할 타 지역 국민들의 도움을 받지 못하게 했을 뿐 아니라 폭력적 대결 외에 비폭력의 선택의 여지를 없애버렸다."[108] 셋째, 저항 주체가 폭력 또는 비폭력을 선택할 여지가 있는가를 고려해야 한다. 또 선택할 여지가 있었다면 그 상황의 구체적 맥락을 참고해야 한다. 비폭력 상태에서 민중이 자신의 생명과 도덕적 가치를 수호할 수 있었을지 곧 최소한의 자위적 무장이 없더라도 폭력을 물리친 해방광주가 가능했을지 검토해야 한다.

결론적으로 폭력·비폭력은 역사적 조건과 맥락 안에서 상대적으로 판단되어야 한다. 폭력과 비폭력을 가르는 명확하고 절대적인 기준을 설정하기 어려울 뿐 아니라,[109] 폭력 또는 비폭력을 절

---

106 "억압에 대한 비폭력 저항으로서 간디와 킹의 전략이 성공하기 위해서는, 억압에 대항하여 비교적 작은 희생을 선택하면서 보도 금지 압력에 굴하지 않고 그것[그 억압]을 보도할 비교적 자유로운 언론과 그 보도에 반응할 상대적으로 비편파적 공감자가 있어야" 한다: 윌리엄 J. 탤벗, 앞의 책, 305면.

107 최정운, 앞의 책, 253, 278면 참조.

108 같은 책, 278면.

109 어디까지가 폭력인가? 몽둥이, 투석, 부지깽이, 연탄집게는 폭력이 아니고 화염병이나 죽창은 폭력일까? 중무장 헬기, 전차, 전투기와 30여 년 전에 사용된 카빈, M1 소총을 동일한 폭력으로 평가할 수 있는가.

대화할 경우 역사적 실천의 의미를 제대로 포착할 수 없기 때문이다.

5·18에서 비폭력 저항이 이뤄질 수 있는 두 상황을 가정할 수 있다. 첫째, 5월 21일 사제들과 민중이 함께 한 시위가 실제로 이뤄졌고 그 행렬에 계엄군이 무기를 사용하지 않았을 경우이고 둘째, 5월 27일 새벽 수많은 민중이 죽음의 공포를 이기고 거리에 쏟아져 나왔을 경우이다. 하지만 이는 군사반란세력으로서는 결코 받아들일 수 없는 상황이었다. 당시 군사반란세력은 교묘한 심리전으로 공포를 극대화하여 시민들과 시민군을 분리시키고 여론을 두려워할 필요가 없는 학살 작전을 전개하고 있었다. 김성용 신부 등의 주장처럼, 군사반란세력이 무력 진압 곧 "제2의 학살"의 불가피성이라는 명분을 확보·축적하기 위해 일부 무기의 피탈을 방조했을 가능성이 매우 크다.[110] 무장이 무력진압의 명분 쌓기에 이용되었을 가능성이 있지만 무장하지 않았다 하더라도 군사반란세력이 무력 진압과 보복을 포기했을 가능성은 전혀 없다. 따라서 무장은 5월민중의 불가피한 선택이었음을 인정해야 할 것이다.[111]

"…자폭하자는 의견도 있었으나, 한 청년이 눈물을 주먹으로 씻으며 말했다. '…여기야[우리야] 사살되거나 다행히 살아남아도 잡혀 죽겠지만, 여기있는 고등학생들은 반드시 살아남아야 한다. …역사의 증인이 되어야 한다. …미래를 위해, 항쟁의 마지막을

110 윤공희 외, "오월민중항쟁을 돌아보며", 『저항과 명상』, 182면 참조.

111 한편 5월민중항쟁의 무장 투쟁 자체에 대해 과도한 의미를 부여한 변혁운동 노선의 일부는 80년 이후 민주화운동의 전략을 잘못 설정하는 결과를 빚었다고 보인다.

자폭으로 끝내서는 안된다….' 장내는 숙연해졌고, 수류탄을 움켜쥐고 있던 고등학생들은 흐느껴 울었다."[112]

이 증언에서 보듯이 무장 시민군이 무기 회수를 거부한 것은 폭력을 선택했다기 보다는 순교를 선택했다고 봐야 할 것이다. 총을 들어서 자신의 목숨조차 지킬 수 없음을 확인한 상황에서도 저항을 포기하지 않았기 때문이다. 우악스런 야수적 폭력으로부터 생명을 지키기 위한 동기 곧 자위를 목표로 시작된 시민군의 무장은 순교로 끝을 맺었다.[113]

"5·18 때 시민들이 힘들더라도 무기를 들지는 말았어야… 비폭력, 평화적인 방법의 모범을 보일 수 있지 않았을까… 총을 안들었다면 희생이 더 적지 않았을까? 생각하지만 많은 희생 때문에 민주화의 대의가 살아난 것이 아닌가 생각"[114]한다는 윤공희 대주교의 증언은 교회 지도자로서 비폭력 저항을 지지하면서도 무장 시민군이 자신들의 희생을 통해 5월민중항쟁의 대의를 수호했음을 인정한 것이라고 여겨진다.

---

112 위성삼, "죽은 자가 산 자에게 말한다", 『국민신문』(1988. 10.), 전남대학교 5·18 연구소: http://www.518.ac.kr(검색일: 2012. 6. 5.).

113 "순교자는 권력을 피해가는 것이 아니라 그것과 최후의 순간까지 대결한다. 여기에서 뭔가 독특한 것이 생겨난다…. 그것은 극도로 무력한 상태로부터…생겨나는 대항권력이다. 권력자는…그를 죽일 수는 있지만, …그의 '생과 사를 관장하는' 지배자일 수는 없다": Heinrich Popitz, *Phänomene der Macht*, Tübingen: J.C.B. Mohr(Paul Siebeck, 1992, 59면)를 신진욱, 앞의 책, 224면에서 재인용. 김병인도 시민군의 선택이 절대적으로 불리한 상황에서 "스스로 맞이"한 순교라고 간주한다. 김병인, "5·18과 죽음 그리고 학생운동과 정치적 복권", 『5·18민중항쟁과 정치·역사·사회 3』, 538면 참조.

114 『구술자료』 1, 186면.

무장에 가장 적극적이었던 계급이 노동 계급이라는 것은 새삼 강조할 필요가 없을 것이다.[115] 마지막까지 총을 포기하지 않은 사람들은 죽음을 통해 5월민중항쟁의 가치를 지켰으며 그 죽음에 대한 민중의 부끄러움은 죄책감과 부채의식으로 남았다. 매년 5월, 부끄러움을 통한 역사의 질문을 확인하고자 수십만이 망월동을 찾았다.

짓밟혀도 일어설 줄 모르는 국민, 억압당하면서도 분노할 줄 모르는 국민에게 민주주의는 없다. 5월민중은 그냥 당하지 않았다. 5월민중은 군부 독재의 폭력을 몸과 몸의 부딪힘, 몸의 으깨어짐을 통해 거부했다. 폭압에 그냥 당하면 안돼! 맞서서 싸워야 해, 끝까지. 싸우다가 진다면 지더라도 진 것이 아냐! 왜? 싸움이 아직 안 끝났으니까! 이것이 5·18의 진리다.[116]

부끄러움과 죄책감, 부채의식을 간직하고 5·18이 계속되고 있다고 외치는 민중 안에서 5월민중의 항쟁은 언제나 아직 끝나지 않은 현재였다. 따라서 5월민중항쟁은 미완의 혁명이다. 5월민중은 분단을 규정하는 군사 폭력과의 대결에서 일시적으로 승리했고, 결국 패배했지만 처절하게 끝까지 싸운 그 정신으로 6월항쟁을 비롯한 그 이후 민주화운동의 동력을 마련했다.

---

115 참조: 황석영, 『죽음을 넘어 시대의 어둠을 넘어』, 전남사회운동협의회 편, 풀빛, 1985, 121-122면; 현대사사료연구소, 앞의 책, 1549-1553면.

116 "폭력 앞에 놓인 자가 죽음을 두려워하지 않는다면 폭력수단의 보유자는 그를 죽일 수는 있을지언정 그에 대해 권력을 행사할 수는 없다": 신진욱, 앞의 책, 224면. 이것은 73년 마사다에서 로마군에 맞서 끝까지 항전하다 패배가 임박하자 전원 자결을 택한 유대 저항군의 투쟁을 떠올리게 한다.

3. 반성능력의 회복: 결론을 대신하여

1) 질문은 계속되어야 한다

80년 5월민중항쟁에서 공수부대의 잔혹하고 끔찍한 몽둥이 찜질과 대검 난자질이 유발시킨 민중의 공포와 자기 모멸감은 부끄러움, 죄책감, 부채의식으로 발전했고 이것은 하나의 역사의식을 형성했다. 5월민중은 부끄러움을 계기로 역사 주체로서 집단적·공동체적 깨달음에 도달했다. 이 부끄러움은 개인의 일시적 감정이 아니라, 역사적 주체의 자기반성의식이며, 주체의 성숙·교양화를 가능케 한 집단적 역사의식이었다.

5월민중은 국가폭력의 만행에 짓밟히며 지배 구조에 대한 역사적 깨달음에 이르렀고, 목숨을 건 저항의 과정에서 타자에 대한 절대적 사랑을 실현하고 자신들의 내부에 잠재한 신비로운 공동체의 힘을 확인했다. 5월민중은 국가, 군대, 미국 등 분단 체제를 작동시키는 기제를 단번에 깨달았다. 야수적인 국가폭력은 민중의 어깨에 잔혹하게 내리 꽂힌 죽비(竹扉)였던 셈이다. 민중이 이런 집단적 깨달음에 도달할 때 역사가 변화한다. 이런 깨달음과 그것의 확산은 지배 구조를 위협한다. 그 위험성 때문에 군사반란세력은 5월민중항쟁의 진실을 철저히 은폐하고 호남을 고립시켰다.

5월민중항쟁은 타자에 대한 감정 이입적 이해 능력·공감 능력이 대중들 사이에 최고로 고조된 공동체의 체험이었다. 이 공동체적 결속은 군사반란세력의 폭압을 일시적으로 극복했다. 그것이 신비로운 공동체의 실현 곧 해방광주다. 해방광주에서 민중은 잠재된 능력을 스스로 확인했다. 따라서 해방광주는 하나의 깨달음이자 깨달음의 실천이었다.

하지만 죽음의 공포 때문에 그 실천은 오래가지 못했다. 부끄러움은 죄책감, 부채의식으로 남았다. 하지만 죄책감과 부채의식이라는 역사의식을 지닌 민중은 다시 하나가 되었다. 민중은 한 덩어리로 싸우면서 긍지와 자부심을 형성했다. 그 근거는 역설적이게도 부끄러움이었다. 그것이 80년대의 민주화운동이었다. 5월민중항쟁 이후 10년이 지난 90년까지도 부채의식이 살아 있는 한, 5·18은 계속되는 현재였다.

5월민중의 부끄러움은 반성 능력으로서의 자의식이 살아있다는 증거이다. 내가 최선을 다하지 못해 그들이 나 대신 죽었다는 의식이다. 부끄러움이라는 도덕 감정은 일종의 도덕적 염치 곧 도덕적 반성 능력을 강화시켰다. 부끄러움을 느낄 때 우리는 적어도 겸손해질 수 있기 때문이다. 신의 시선 앞에서 자신의 치부를 가리고 숨은 아담과 하와처럼, 부끄러워 할 줄 아는 인간은 신과 역사 앞에서 뻔뻔해지지 않는다. 부끄러움을 메꾸고자, 부족함을 반성하고 향상을 위해 노력할 것이기 때문이다. 5월민중은 나 안에서 부족함을 발견했으므로 겸손할 수 있었고 그것을 메우기 위해 서로 연대했다. 부끄러움은 역사의식으로 작용한 것이다.

5월민중은 5·18의 고난을 통해 역사 앞에서 부끄러움을 가진 인간, 반성적 성찰이 가능한 인간, 역사의식을 가진 인간으로 거듭났다. 그 민중 대다수는 특별한 변혁적 사상, 이념의 체계로 무장한 것이 아니었다. 인간이 다른 인간의 슬픔, 고통, 절망을 깊게, 함께 느낄 때 역사는 전진한다. 타자의 고통을 함께 느낄 수 있는 인간, 그 고통을 끝까지 끌어안으려는 실천이 역사를 앞으로 가게 만들 수 있다. 5월민중의 위대한 항쟁은 그것을 증명했다.

군사반란세력의 억압은 궁극적으로 실현될 수 없었다. 억압 당하는 민중이 자신의 내면에서 자신의 삶과 자신이 속한 공동체에 긍지와 자부심을 가졌기 때문이었다. 부끄러움, 죄책감, 부채의식이라는 오래 유지된 역사의 질문이 인간을 변화시켰고, 우리 사회를 민주주의로 구원한 것이다. 역사의 변화와 인간의 변화는 상호 규정한다. 민주주의는 민주주의를 누리는 주체의 각성과 그에 따른 실천의 수준만큼 전진한다. 역사의 발전은 인간의 성숙이라는 변화를 동반해야 한다. 각성된 새로운 인간형이 역사 발전의 주체이다.

오늘의 문제는 80년대 5월민중이 공유했던 그 의식이 실종되었다는 것이다. 열사들을 망월동 묘역에 묻고, 국가 기념일을 만들고, '임을 위한 행진곡'을 부르면서 부끄러움과 부채의식, 죄책감조차도 모두 함께 묻어버렸다. '죽은 자 앞에서, 역사 앞에서 최선을 다 했는가'라고 스스로 물었던 죄책감도, 그 질문에 답하는 실천 속에서 형성된 긍지도 사라졌다. 역사의 질문은 30년 이상 세월의 흐름 속에서 이제 빛이 바랜 것인가? 과연 우리의 현실과 삶은 완벽한가? 세계는 정의롭고 평화로우며 우리는 신과 역사 앞에 완전한가? 5월민중이 목숨 바쳐 지키려 했던 가치는 이미 충분히 실현되고 있는가? 그래서 아무런 질문도 남아 있지 않은 것인가? 한때 긍지와 자부심으로 넘쳤던 이 도시는 과거를 파는 천박한 곳으로 전락해버린 것이 아닌가? 긍지도 염치도 사라진 자리에는 지금 무엇이 들어서 있는가?

5월민중항쟁과 그 이후 10여년 간 우리가 물리쳐야 할 대상은 우리 밖에 명확히 존재했다. 과거 80년대에 사회의 민주적 발전의 장애가 우리 밖에 있었다면, 이제 그 한계가 상당 부분 우리 안에 있을 수 있음을 자각하는 도덕적 반성 능력의 회복이 필요하다.

역사의식을 가진 민중은 항상 역사 안에서 살아있는 현재를 체험하고 질문을 찾아낸다. 5·18 이후 5월민중은 부끄러움, 죄책감, 부채의식을 통해 이 질문을 함께 지니고 있었지만, 어느새 이런 역사의 질문이 휘발되어버렸다. 신과 역사 앞에서 내가 떳떳한가라는 물음이 중단될 때 반성과 갱신도 불가능할 것이다. 이것이 우리 안에서 실종된 5·18이고, 우리가 다시 5·18로 돌아가야 할 이유이다. 5월민중항쟁을 단지 미화하거나 추상화하는 것은 참다운 계승이 아니다. 이것은 현실의 반성과 결부되지 못하며 따라서 미래를 향한 질문과 과제를 과거 안에서 발견하지 못하기 때문이다. 우리는 5·18로 돌아가되, 5·18에 머물러선 안된다. 5월민중항쟁에서 이룩한 아름다운 공동체는 우리가 함께 만들어 나가야 할 미래에 있다. 역사는 "단지 돌아보고, 회상하기 위해" 있는 것이 아니고 "그것을 통해 미래를 바라보며, 미래에 어떤 방향성을 부여할 것인가라는 질문 속에서 역사를 재해석"[117]하는 것이기 때문이다.

---

117 『구술자료』 1, 79면(김용해 신부의 증언).

2) '경계'는 어디에 있는가?

한계(limit)는 곧 경계(boundary)[118]다. 우리가 너와 나를 구별해서 인식하는 것은 경계 때문이다. 우리는 구별하는 인식을 통해 나의 정체성을 형성한다. 경계는 나와 너, 나와 우리 그리고 나와 신 사이를 구분 짓는다. 따라서 나와 나의 타자가 서로 만나기 위해 경계는 우리가 넘어야 할 한계이기도 하다. 죽음의 공포, 이기심, 게으름 등 무엇이 경계를 구성하든지 간에 그 경계를 넘어서지 못하는 한 우리는 경계에 갇혀 있는 것이다.

80년 5월 27일 해방광주의 마지막 새벽, 5월민중 모두가 함께 지켜야 할 가치를 위해 죽음을 불사한 사람들, 그들은 대부분 노동자 계급에 속했다. 이 도시에서 단 한 번도 주인으로 행세하지 못했던 사람들이 주인으로서 마지막 의무를 다 한 셈이다.[119] 5월민중항쟁 초기인 5월 18일 이후 며칠 동안, 5월민중은 공수부대의

---

118 김용해 신부는 "경계를 넘어야 하느님을 영접할 수 있다"고 말한다: 같은 책, 79-80면. 라틴어 finis는 경계와 한계라는 두 의미를 함께 지닌다. 김용해 신부가 제시한 '경계'라는 개념은 5월민중항쟁에서 민중과 교회의 부끄러움이라는 정서적 체험의 핵심에 해당된다고 여긴다. 이 경계 개념은 5·18과 교회의 과거의 '관계' 뿐 아니라 미래의 '관계'에 대한 질문이 될 수 있다. '경계' 개념을 중심으로 이 논문을 끝맺음한 것은 5월민중항쟁이 끝나지 않은 미완의 운동, 여전히 진행 중인 운동으로서 역사 앞에서 나와 우리 사회에 대한 끝없는 질문으로서 제기되어야 함을 말한 것이다.

119 5월항쟁의 진행과정과 분야별 역할에 따라 참여주체와 지도주체의 구성이 달라지는 점이 있지만, 대체로 시민군의 수적인 구성이나 투쟁의 헌신성에서 넓은 범위의 노동자 계급 곧 기층 민중계급의 주도성이 부각되었다는 것은 분명하다. 강현아, "5·18항쟁의 성격·주체: 연구사적 측면에서", 『5·18연구 회고와 전망』, 5·18 24주년 기념학술대회 자료집(19-22면), 전남대학교 5·18연구소, 2003, 12-23면 참조.

압도적 폭력이 유발한 죽음의 공포라는 절대적 한계를 넘어서 생명공동체를 이룩했다. 그러나 5월 27일 새벽, 어둠 속에 울리는 마지막 가두방송을 들으면서도 집 밖으로 나올 엄두를 내지 못한 5월민중은 공포라는 한계 안에 갇힌 자신을 다시금 발견했던 것이다.

5월민중의 자부심은 바로 이 한계를 한 때나마 넘어서 이룩한 신비로운 생명공동체에 대한 긍지였으며, 동시에 그들의 부끄러움은 이 한계를 온전히 넘지 못함으로서 동지의 긴급한 연대의 호소를 외면한, 경계 앞에 선 자신에 대한 반성의식이었다.

누가 이름 없이 죽어간 전사들의 죽음을 깊이 간직하고 있는가? 그들이 속한 계급은 여전히 이 도시에서 배제되고 있지 않은가? 우람한 규모의 기념탑이 망월동 국립묘지에 우뚝 서 있는 지금 이 도시의 진정한 주인은 누구인가? 5·18 당시 우리가 넘지 못한 경계는 무엇인가?[120] 역사의 진보가 시대의 '경계를 넘어서는 실천'을 통해 이룩된다면, 지금 우리가 넘어야 할 경계는 무엇이며, 어디에 있는가? 이 질문에 대답하는 노력 속에서 5·18의 영성화의 실마리도 잡히지 않을까.*

---

120 5월민중항쟁의 한계를 성찰하기 위해서는 다음을 참조: 최정운, 앞의 책; 김두식, 앞의 책; 이광일, "지구화시대 한국의 진보운동과 5·18민중항쟁의 현재적 재구성", 『5·18민중항쟁과 정치·역사·사회 1』, 183-210면.

제2장

◆ ◆ ◆

지금, 우리의 5·18*

1. 글머리에

한국 사회가 요동치고 있다. 괴이하고 엽기적으로 여겨질 정도의 스캔들에서 시작된 박근혜-최순실 일당의 범죄에 대한 국민대중의 분노가 하늘을 찌르는 기세다. 현 시국은 우리 사회에 대해 복합적으로 성찰할 것을 요청한다. 5월학의 가능성과 관련한 담론도 이런 정치사회적 상황에 대한 논의와 연관되어 있다고 여긴다. 두서가 없을지라도 자유롭게 얘기를 풀어 보겠다.

필자는 광주에서 자랐고 대부분의 학교를 마쳤다. 평생 5·18에서 자유로울 수 없었다. 5·18기념재단에 기획위원장으로 3년 반 정도 참여했던 경험이 있고 5·18과 관련한 연구도 진행한 적이 있다. 하지만 필자에게 5월학/광주학이라는 학제적인 성격의 주제에

* 2016년 문학들 겨울호에 기고한 '지금 우리의 5·18' 원고 내용을 일부 수정했음.

관한 깊이 있는 담론을 리드할 만큼 성숙한 문제의식이 있다고 생각하지 않는다. 이 원고를 청탁받은 시점에 5·18 대학교재 연구를 진행 중이었고 그 안에서 필자는 두 편의 원고를 담당하고 있었다. 청탁하는 편집위원께서도 그 사정을 이미 알고 있었다. 학문적 능력도 부족한데다 시간에 쫓기는 필자가 유익한 담론을 제기할 수 있을지 걱정스러웠다. 하지만 5·18과 지역사회에 관련한 평소의 여러 생각을 비교적 자유스럽게 말씀드릴 계기라고 생각되어 겁없이 원고청탁을 수락하고 말았다.

이 글은 필자의 여러 여건상 논증과 인용의 근거를 정확히 주석을 통해서 밝히는 논문 형태로 서술하지 못함을 양해해주시기를 바란다.

2. 5·18은 무엇인가?

5·18은 분단체제의 수호자로서 폭력화된 국가와 인간의 대결이었다. 즉 폭력적 국가주의에 대한 저항이었다.

1) '시시한' 사람들의 실패한 봉기

5·18은 한국사회 주변부에서 일어난 실패한 민중봉기였다. 5·18 대학교재 연구에 참여한 김정한 교수가 뽑은 가제목에 '시시한 사람들의 봉기'라는 구절이 있었다. 5·18은 어쩌면 '시시한' 땅, 전라도에서 일어난 '시시한' 사람들의 처절한 봉기였다. 그것은 결국 처

참하게 실패했다. 최정운 교수가 일컬은 '절대공동체'를 형성한 자들은 아비규환의 상황에서 절규했다. 먼저 겁 없이 총을 쥔 것은 '시시한 사람들'이었고 그들의 일부는 대의를 위해 순교했다. 총을 잡았던 그들은 특별한 사상이나 이념을 갖지 않았다. 그들은 임박한 죽음, 이길 수 없는 싸움이라는 것을 뻔히 알면서도 끝까지 총을 놓지 않았다. '시시한' 땅에서도 주인으로 대접받지 못한 '시시한' 자들이 끝까지 주인으로서의 역할을 다했던 셈이다.

2) 한반도 민중의 산 제사

5·18에 대한 딱 한마디의 가장 적절한 정의를 들라고 한다면 '5·18은 민주주의를 위한 한반도 민중의 산 제사'[1]라는 것이다. 김성용 신부가 5·18 이후 신학생 대상의 강론에서 내린 정의이다. 이 정의는 신학적이면서도 사회과학적 통찰을 담고 있다고 보인다.

5·18은 한국 민주화 과정에서 분단체제의 산물인 장기간의 군사독재를 극복하기 위해 바쳐진 민중의 희생이었다. 즉, 분단체제 한반도에서의 인간 해방을 위해 생명을 바쳐 드린 민중의 '제사'였다. 5·18은 분단체제 국가권력의 폭력적 대리자로서 군부독재와 맨주먹 민중의 최초의 정면대결이었다. 그 분단체제는 오늘도 여

1 김성용 신부는 5월민중의 희생을 한국 민주주의의 발전을 위해 바쳐야 하는 '제사'로 언급했다. 김성용, "사막의 체험: 1985년 5월 18일 광주가톨릭대학 신학생들에게 행한 신앙간증", 『저항과 명상: 윤공희 대주교와 사제들의 오월항쟁 체험담』, 오월민중항쟁자료집 6, 빛고을출판사, 1989, 68-70면 참조. 졸고, "부끄러움 또는 질문하는 역사의식: 5월민중항쟁과 광주·전남 가톨릭교회" 193면 참조(2012. 겨울).

전히 한국 민주주의의 숨통을 조이고 있다. 죽음의 공포를 극복한 민중은 분단체제 관리자로서 절대적인 국가의 무력을 상대화시켰다. 민중은 한 때 결국 그 무력이 내뿜는 죽음의 공포에 굴복했던 것 같지만 결코 완전히 굴복하진 않았다.

3) 성숙한 인간의 출현

역사주체의 각성과 역사적 변화의 관계는 역사철학의 고찰 대상이다. 역사의 진전은 인간의 성숙을 동반한다. '민주주의는 성숙한 사람들을 요구한다'는 아도르노의 말처럼, 성숙한 인간이 역사를 발전시킨다. 동유럽 사회주의 체제는 왜 그리 쉽게 붕괴되고 말았을까? 사회주의 체제에는 사회주의적 인간형이 없었다. 독일이 통일되기 전 서독보다 동독에서 인종주의가 더 강했다는 지적이 있다. 서독이 월드컵에서 승리했을 때, 동독지역의 터키인 거주지역에서 동독사람들은 승리감에 취해 터키 이주민들을 공격하고 주거지에 방화하는 난동을 부렸다. 이는 국제사회에 큰 충격을 주었다. 사회주의 체제의 몰락과 더불어 옛 동독 지역에 신나치주의와 인종차별주의가 등장한 현상은 우연이 아니다. 애국주의와 체제 유지의 수단으로 이루어진 동독의 과거청산작업은 국민 대다수의 내면적 성찰에 기여하지 못했던 것이다. 이것은 그즈음 개최된 88서울올림픽에서 미국 대 소련의 농구 경기를 관람하던 한국인들이 소련팀을 응원했던 것과 선명하게 대조된다. 서울 시민들은 공산주의를 지지해서 소련팀을 응원한 것이 아니었다. 소련팀이 해당 경기장에서 소수, 약자이기 때문이었다.

5·18을 통해서 도덕적으로 성숙한 인간이 집단적으로 지역사회에 출현했다. 부끄러움의 정서를 통해 도덕적 자각이 심화되었고 전국적으로 확산되었다. 그 힘은 마침내 6월항쟁을 통해 민주주의를 이루어냈다.

5월민중항쟁은 민중의 새로운 역사적 각성이 이루어진 실천이었다. 5월민중항쟁의 실천 과정에서 새로운 인간형이 출현했다. 역사의식으로 각성한 인간이 집단적으로 등장한 것이다. 5·18 당시 민중의 부끄러움은 반성의식, 즉 역사와 이웃 앞에 선 자신에 대한 질문이다. 그 인간은 한 때 죽음의 공포를 극복하고 '생명공동체'를 이룩했었지만, 완전히 두려움을 떨칠 수는 없었다. 하지만 5월민중은 죽어간 자들에 대한 부끄러움과 죄책감 속에서 성숙하여 다시 하나가 되었다. 부끄러움의 연대를 형성한 민중의 도덕적 힘은 5·18 이후 한국 민주주의를 발전시켰다.

5월민중은 5·18의 고난을 통해 역사 앞에서 부끄러움을 가진 인간, 반성적 성찰이 가능한 인간, 역사의식을 가진 인간으로 거듭났다. 그 민중 대다수는 특별한 변혁적 사상, 이념의 체계를 가진 것이 아니었다. 인간이 다른 인간의 슬픔, 고통, 절망을 깊게, 함께 느낄 때 역사는 전진한다. 타자의 고통을 함께 느낄 수 있는 인간, 그 고통을 끝까지 끌어안으려는 인간의 실천이 역사를 앞으로 가게 만들 수 있다. 5월민중의 위대한 항쟁은 그것을 증명했다.

5·18은 동학혁명과 3·1운동 이후 민중의 에너지가 가장 대규모로 분출된 변혁운동이다. 5·18은 지식계급과 기층 민중이 함께 참여했다는 점에서 동학혁명 및 3·1운동과 상당한 공통점을 지니고

있다. 운동의 결과에서도 세 변혁운동이 모두 당대에 좌절로 끝났다는 점에서 유사한 점이 있다. 5·18은 동학혁명과 3·1운동을 잇는 민중의 집단적 공동체적 실천이었다. 한국전쟁 이후 변혁운동에서 5·18처럼 기층 민중이 지식인과 연대하여 헌신적으로 집단적으로 참여한 적이 없었다.

5·18과 마찬가지로 갑오농민혁명, 3·1운동 등 대규모의 대중이 참여한 변혁운동에서도 인간의 자각과 성숙이 이루어졌으리라 여긴다. 비참한 패배를 겪으면서도 역사가 전진하는 것은 바로 그 패배 속에서 인간의 성숙이 이루어졌기 때문이다. 갑오농민혁명의 좌절은 대한제국 말기의 제2차 의병전쟁(1906~07)으로 발전했으며, 3·1운동의 좌절은 대한민국 건국과 임시정부 수립, 그리고 민족주의, 사회주의, 무정부주의 등 다양한 사상적 입장의 무장독립운동으로 발전했다. 5·18 항쟁의 좌절에서 형성된 부끄러운 자들의 연대는 6월항쟁을 예비했다.

역사의 변화와 인간의 변화는 상호 규정한다. 민주주의는 민주주의를 누리는 주체의 각성과 그에 따른 실천의 수준만큼 전진한다. 역사의 발전은 인간의 성숙이라는 변화를 동반해야 한다. 각성된 새로운 인간형이 역사 발전의 주체이다.

4) 저항하는 민중의 능동성

지배세력의 힘은 대개 지배받는 민중을 압도한다. 하지만 민중은 패배 속에서도 저항의 과정에서 새롭게 태어난다. 각성한 민중은 옛사람이 아니다. 성숙한 민중은 인간해방을 위한 새로운 싸움을 준비한다. 따라서 이러한 역사 속에서 능동적인 존재는 언제나 저항하는 민중이다. 봉건관료지배계급, 일제와 친일부역세력, 독재세력도 성숙한 민중에 대항하여 변모를 꾀하지만 근본적으로 그들은 수동적일 수밖에 없다.

5) 깨달음의 공동체

5·18은 깨달음이었다. 5월민중은 국가폭력의 만행에 짓밟히며 지배 구조에 대한 역사적 깨달음에 이르렀다. 목숨을 건 저항의 과정에서 타자에 대한 절대적 사랑을 실현하고 자신들의 내부에 잠재한 신비로운 공동체의 힘을 확인했다. 5월민중은 국가, 군대, 미국 등 분단 체제를 작동시키는 기제를 단번에 깨달았다. 야수적인 국가폭력은 민중의 어깨에 잔혹하게 내리 꽂힌 죽비(竹扉)였던 셈이다. 민중이 이런 집단적 깨달음에 도달할 때 역사가 변화한다. 이런 깨달음과 그것의 확산은 지배 구조를 위협한다. 그 위험성 때문에 군사반란세력은 5월민중항쟁의 진실을 철저히 은폐하고 호남을 고립시켰다.

5월민중항쟁에서 공수부대의 잔혹하고 끔찍한 몽둥이찜질과 대검 난자질이 유발시킨 민중의 공포와 자기 모멸감은 부끄러움, 죄책감, 부채의식으로 발전했고 이것은 하나의 역사의식을 형성했다. 5월민중은 부끄러움을 계기로 역사 주체로서 집단적·공동체적 깨달음에 도달했다. 이 부끄러움은 개인의 일시적 감정이 아니라, 역사적 주체의 자기반성의식이며, 주체의 성숙·교양화를 가능케 한 집단적 역사의식이었다.

5월민중항쟁은 타자에 대한 감정 이입적 이해 능력·공감 능력이 대중들 사이에 최고로 고조된 공동체의 체험이었다. 이 공동체적 결속은 군사반란세력의 폭압을 일시적으로 극복했다. 그것이 신비로운 공동체의 실현 곧 해방광주다. 해방광주에서 민중은 잠재된 능력을 스스로 확인했다. 따라서 해방광주는 하나의 깨달음이자 깨달음의 실천이었다.

죽음의 공포 때문에 그 실천은 오래가지 못했다. 부끄러움은 죄책감, 부채의식으로 남았다. 죄책감과 부채의식이라는 역사의식을 지닌 민중은 다시 하나가 되었다. 민중은 한 덩어리로 싸우면서 긍지와 자부심을 형성했다. 역설적이게도 그 근거는 부끄러움이었다. 부끄러움의 집단정서에 의해 추동된 싸움이 80년대의 민주화운동이었다. 5월민중항쟁 이후 10년이 지난 90년까지도 부채의식이 살아 있는 한, 5·18은 계속되는 현재였다.

5월민중의 부끄러움은 반성 능력으로서의 자의식이 살아있다는 증거이다. 내가 최선을 다하지 못해 그들이 나 대신 죽었다는 의식이다. 부끄러움이라는 도덕 감정은 일종의 도덕적 염치 곧 도덕적 반성 능력을 강화시켰다. 부끄러움을 느낄 때 우리는 적어도 겸손해질 수 있다. 신의 시선 앞에서 자신의 치부를 가리고 숨은 아담과 이브처럼, 부끄러워 할 줄 아는 인간은 신과 역사 앞에서 뻔뻔해지지 않는다. 부끄러움을 메꾸고자, 부족함을 반성하고 향상을 위해 노력할 것이기 때문이다. 5월민중은 나 안에서 부족함을 발견했으므로 겸손할 수 있었고 그것을 메우기 위해 서로 연대했다. 부끄러움은 역사의식으로 작용한 것이다.

군사반란세력이 5월민중을 억압할 수는 있었지만 그들의 지배는 궁극적으로 실현될 수 없었다. 억압당하는 민중이 자신의 내면에서 자신의 삶과 자신이 속한 공동체에 긍지와 자부심을 가졌기 때문이었다. 부끄러움, 죄책감, 부채의식이라는 오래 유지된 역사의 질문이 인간을 변화시켰고, 우리 사회를 민주주의로 이끈 것이다.

6) 5·18 인식을 위한 몇 가지 제안-5월학의 가능성

5월민중의 투쟁은 분단체제, 지역, 군대, 공동체에 대한 여러 복합적인 질문을 제시했다. 숨은 질문의 의미를 찾아내서 응답하는 것이 필요하다고 본다.

① 5·18을 동북아 근현대사와 연관 지어 한국사의 맥락에서 인식하는 것이 필요하다. 5월민중은 직접적으로는 72년 유신독재 체제로 의해 성립된 국가주의의 폭력에 저항했다. 그 국가는 53년 체제-휴전을 통해 분단 구조가 고착화된, 즉 해방과 단독정부 수립을 초래한 얄타체제-의 결과물이다.

5월민중은 분단을 지탱시킨 구조 속의 극우기득권 세력에 저항했다. 5·18은 이승만, 박정희, 전두환 등 극우독재 기득권 세력과 한국 민중의 대결이라는 역사적 맥락에 위치한다. 이점에서 5·18은 4·19와 부마민중항쟁, 유신독재 반대운동을 계승한다. 한편 맨주먹 민중이 군부독재집단과의 직접적인 대결함으로써 비약이 이루어졌다. 이 맥락에서 4·19와 5·18의 차이를 인식할 필요가 있다. 4·19 민중이 이승만 독재를 지탱하는 경찰폭력과 맞섰다면,

5월민중은 첨예한 군사적 대결의 분단체제를 지탱했던 한층 강력한 박정희 군부독재의 폭력에 맞섰다.

② 5월민중의 저항은 어느 한 시기, 한 특정 집단의 이질적인 사건이 아니라 한국사회를 만들고 지탱시킨 구조 안에 깃들인 요소의 필연적인 분출로서 봐야 한다. 5·18을 특수한 사람들이 특별한 상황 속에서 겪은 우연적인 것으로 파악하는 것은 학문적 태도가 아니며 다른 문제를 야기시킨다. 5·18이 전두환 일파 등 악의 화신으로서 일부 사악한 군인집단에 의한 특별한 행위가 될 때, 박정희와 전두환 독재에 복종하고 동조했던 시대에 대한 반성이 이루어질 수 없을 것이다.

③ 5·18 뿐 아니라 4·19 또는 6월항쟁, 갑오농민혁명 등 변혁운동에서 등장하는 역사 주체의 각성에 대한 역사철학적 연구가 필요하다. 김상봉, 박구용 등의 연구가 있고 필자도 이 글에서 인용된 졸고를 통해 이 주제와 관련한 논의에 참여했지만, 아직 충분하지 않다고 여긴다.

④ 5·18은 매우 다양한 민중적 실천과 각성이 이루어진 운동이다. 학살에 대한 대응으로서 시민군의 무장 등에 대한 평가를 이 자리에서 논하기는 어렵지만, 무장자체보다 무장의 과정에서 이루어지는 억압적 분단체제의 관리자로서 국가에 대한 대중의 인식의 변화에 주목해야 한다.

⑤ 죽음의 공포에 맞선 항쟁 가운데 형성된 생명공동체가 여타 민주화운동과 구분되는 5·18의 가장 중요한 특징이다. 참여, 나눔,

연대의 미덕으로 형성된 생명공동체는 5월민중항쟁의 핵심 가치를 구성한다. 이른바 '5·18의 전국화'는 단지 공간의 문제가 아니라 5·18의 보편적 의미와 가치, 나아가 실천의 문제이다.

⑥ 5·18은 민중의 공감능력이 가장 극대화된 사건이다.[2] 공감능력은 공감적 이해능력이다. 그것은 반성능력, 즉 도덕적 능력의 가장 중요한 기초이다. 야만적 국가폭력에 맞서 싸우는 가운데 도덕적으로 성숙한 새로운 인간이 집단적으로 출현했으며 그 인간의 도덕적 힘이 민주화를 이끌었다. 이러한 5·18에 대한 평가는 문화예술의 창작에서 참고할 여지가 크다고 여긴다.

3. 5·18은 어떻게 죽었는가? - 5월학의 필요성

> "우리는 과거를 잊고 싶어 한다. 당연한 일이다, 과거의 어두운 그림자 밑에서는 살아갈 수가 없으니까. 죄와 폭력이 또 다시 죄와 폭력으로 갚아진다면 과거의 끔찍함은 끝이 나지 않을 테니까. 하지만 과거를 잊는 일은 또한 부당하다. 왜냐하면 우리가 벗어나고 싶어 하는 그 과거는 오늘에도 생생하게 살아 있으니까, 나치즘은 오늘에도 여전히 살아남아 있으니까." (아도르노, '과거 청산이란 무엇인가')

1) 만연된 과거에 대한 권태

어떤 연구자들은 아직도 5·18을 연구대상으로 삼아야 하느냐

---

[2] 졸고, "부끄러움 또는 질문하는 역사의식"(2012), 『가톨릭과 5·18』 123-172면, 5·18기념재단

묻는다. 세간에 상당히 진보적으로 알려졌던 원로학자가 5·18 관련 학술 행사에서 뜬금없이 화해를 언급하는 것을 보았다. 이명박 정권 출범 초기에 5·18은 세계사에서 만날 수 있는 권력이 저지른 수많은 잔혹한 사건 가운데 하나라고 했던 유명 작가의 발언도 있다. 구체적 역사적 실천을 가해-피해 관점에서 단순한 데이터로 환원해버릴 때, 역사적 고난에서 겪어야 했던 인간의 고통과 그 고통을 통한 인간 공동체의 변화와 성숙, 그 과정에서 이루어지는 역사의 진보를 포착하지 못할 것이다.

국가폭력에 의한 대량 학살은 어느 시대, 사회나 있었다는 주장에서 역사적 고통 속에서 변화된 새로운 인간형, 새로운 시대로 나아가려는 고민을 발견하기 어렵다. 피해자의 숫자에 집착하는 태도는 세월호 참사를 우연적인 교통사고에 비유하는 태도와 유사하다. 이는 역사적 고통에 대한 무감각이 일반화되고 있음을 보여준다.

부끄러움과 죄의식의 사회적 상실은 집단적인 이상심리를 초래한다. 인간이 역사가 초래한 고통을 무시할 때 도덕감정이 둔화된다. 도덕감정이 약화된 인간은 타인의 감정에 이입할 수 없다. 애도할 수 있는 능력의 결여, 곧 감정이입에 관한 무능이 사회적으로 일반화 될 것이다.

2) 퇴행적 역사 인식과 반성/성찰 없는 용서·화해 담론

정치인들은 대개 과거 문제를 정치적 통합과 화해의 장애물로 인식한다. 역사적 상처로서 5·18을 부담스럽게 여기는 것이다. 김대중은 전두환·노태우를 국민화합의 명분으로 사면했고, 5·18 특별법 제정 당시 김영삼은 5·18 진상규명은 역사에 맡기자고 발언했다. 또 대선을 앞둔 2012년 즈음 박지원과 김무성 등 여야 정치인이 민주화세력과 산업화 세력의 화해를 운운하며 김대중과 박정희의 묘소 또는 기념관을 교차 참배하는 장면을 연출했다.[3]

이런 태도에는 과거는 끝난 것이라는 몰역사적 인식이 깔려있다. 뿐 아니라 이것은 교만한 태도이다. 산업화나 민주화의 주체는 개별 정치인 또는 정치세력 따위가 아니라 이 땅의 민중이다. 잘못된 과거에 대한 반성이 없는 가운데 일부 정치세력이 추진하는 이른바 '화해'라는 것은 정치세력 상층 간의 정략적인 통합에 불과할 뿐이다.

퇴행적 역사 인식과 반성·성찰 없는 용서·화해 담론에는 가해자-피해자의 이분법적 사고가 자리 잡고 있다. 과거문제는 단지 가해자-피해자 양자만의 문제도 아니며 해당 시대에 국한된 것도 아니다. 과거와의 진지한 대면을 통해 과거를 극복함으로써 사회구성원 모두의 통합과 화해가 가능하다.

개발독재로 통칭되는 민중의 고통 속에 이루어진 산업화는 지양의 대상이지 화해의 대상이 아니다. 이런 정략적 화해 코스프레는 극우적 역사바로세우기에 협력하는 결과를 초래할 수 있다. 이른바 뉴라이트로 통칭되는 우익세력은 건국 ⇒ 산업화 ⇒ 민주화

---

3 2013년 12월에 결성된 '동서화합포럼'이 이 일을 주관했다. 이 모임은 동서화합, 국민대통합을 명분으로 새누리당 경북지역 국회의원 15명과 민주당 전남지역 국회의원 10명으로 결성되었다.
http://m.ohmynews.com/NWS_Web/Mobile/at_pg.aspx?CNTN_CD=A0001964272#cb

⇒ 선진화 등 한국현대사를 단계별로 재구성하고자 한다. 이를 통해 과거 매국과 독재의 역사를 정당화하는 것이다. 역사적 행위에 대한 반성과 용서와 화해는 정치인 개인의 몫이 아니다.

일제 잔재, 박정희 유신독재, 전두환의 철권통치에 대한 철저한 반성이 없는 채 잘못된 과거가 정치적 청산으로 마무리됨으로써 그 후과가 극우세력에 의한 역사 왜곡으로 나타나고 있는 것이다. 진지한 반성 없이 어떻게 용서가 가능한가? 과거와의 어정쩡한 타협으로써 거짓용서와 화해는 역사의 퇴행을 초래한다. 이런 정치적 타협으로서 용서와 화해 때문에 한국 민주주의가 질곡 속에 있다.

김영삼과 김대중 시대에서 독재자 또는 그 협력자들은 정권 창출을 위해 또는 정치적 화합의 이름으로 쉽게 용서받았다. 단지 쉽게 용서받은 것만이 문제가 아니라 사회 전체적인 반성의 기회를 놓치고 반성을 구조화하지 못한 것이 문제이다.

3) 매너리즘에 빠진 5·18 묘사

5·18 상업주의가 지역에서 일반화된 지 오래다. 5·18 항쟁의 정신은 단지 정치적 수사 안에서만 살아있는 듯하다. 지역사회에서는 주로 선거 시기에 맞춰 '광주정신'을 요란스레 외친다. 국가적으로나 지역에서도 5·18과 민주주의는 그저 장식에 불과한 것이 돼버렸다. 5·18과 민주, 인권, 평화를 앵무새처럼 너무 쉽게 얘기하며 부패를 저지르고, 홍성담 화가의 '세월오월' 전시 거부 사건이 보여주듯이 표현의 자유를 침해한다.

5·18의 도시에서 어떻게 민주주의적 공동체를 구체적으로 진전시킬 것인가에 대해 성찰이 필요하다. 2010년 지방선거 때 광주시장 선거에서 인권도시 만들기 공약이 있었다. 이후 국가인권위원회가 인권도시 표준조례안 제정을 전국지방자치단체에 권고함으로써, 인권도시육성은 서울을 비롯한 전국의 여러 자치단체에서 유행이 되다시피 했다. 오늘 인권도시만들기는 운동이 아니라 자치단체의 전시용 사업으로 전락한 측면이 있다. 인권도시에 관심을 가졌던 필자는 인권도시가 인권과 민주주의의 심화와 구체화를 위해 기여할 수 있다고 보았다. 지방자치는 민주주의의 학교가 되어야 한다. 인권도시 만들기 운동이 궁극적으로 5·18 공동체의 재생(5·18 르네상스)으로 나아가야 한다고 여겼다. 하지만 많은 자치단체는 인권도시 사업을 정치적으로 소비해버린 측면이 있다.

4. 우리는 어디에 있는가?-5월학의 가능성

1) 복합수용소 사회, 헬조선

"2009년 1월 새벽, 용산에서 망루가 불타는 영상을 보다가 나도 모르게 불쑥 중얼거렸던 것을 기억한다. 저건 광주잖아. 그러니까 광주는 고립된 것, 힘으로 짓밟힌 것, 훼손된 것, 훼손되지 말았어야 했던 것의 다른 이름이었다. 피폭이 아직 끝나지 않았다. 광주가 수없이 태어나 살해되었다. 덧나고 폭발하며 피투성이로 재건되었다."(한강 『소년이 온다』 207면).

5·18 이후에도 한반도에서 국가의 폭력적 성격은 변하지 않았다. 5·18 광주에서 군사반란세력이 만들었던 '폭력극장'은 용산참사 뿐 아니라 최근 많은 의문의 사건들에서도 다른 형태로 재현되었다.

한국 현대사에서 한반도형 수용소 사회가 실현되고 있다. 헬조선은 분단체제와 결합된 신자유주의 경쟁의 산물로서 복합수용소 사회이다. 이것은 신자유주의적 경쟁과 전체주의의 기묘한 결합이 실현된 결과물이다.

박정희 유신독재는 분단(북의 위협)을 핑계로 '병영국가'를 구축하고 전체주의를 추구했다. 전두환 시대에 교복자율화, 컬러텔레비전, 통금폐지, 프로야구 도입, 88올림픽 등을 실행, 추구했다. 이것은 대중들로 하여금 독재에서 벗어나 자유롭다고 착각하게 만들고, 광주학살을 망각하도록 하기 위한 기만적인 사회·문화정책이었다. 김영삼 정권의 IMF 사태 이후 신자유주의 경쟁은 더욱 격화되었고 양극화가 심화되었다. 박근혜-최순실 일당의 어처구니없는 범죄 행각은 박정희 군사독재의 망령이 이 시대를 여전히 지배하고 있음을 실감케 했다. 이 점에서 한국사회는 일제 강점과 분단을 이용한 독재 그리고 신자유주의 생존경쟁이 만든 복합 수용소 사회이다.

한반도형 수용소 사회는 분단 이후 국가폭력에 의해 자행된 민주주의 유린과 인간성 말살에서 비롯했다. 보도연맹 사건, 4·3항쟁, 여순사건, 한국전쟁과 최근 용산 참사, 천안함 사건, 가습기 살균제 사건, 세월호 참사, 여기에 국정원 합동신문센터에서의 간첩 조작에 이르기까지. 국정원과 사이버사령부의 불법 대선 개입과 국정원의 해킹 사건, 그리고 테러방지법 제정을 고려하면 마치 거대한 수용소, 감시사회를 방불케 한다. 한반도형 수용소 사회는 때로 아주 느리지만 가혹하게 구축되어 왔다. 2016년 11월의 시민혁명을 통해 이 절망적인 복합수용소에서의 해방은 가능할까?

2) 매카시즘과 신자유주의

매카시즘과 경쟁주의는 복합수용소 사회의 이데올로기이다. 매카시즘은 민주화 이후에도 박홍 서강대 전 총장의 발언, 김일성 사망 후 조문 발언 파동, 권영해 전 안기부장 등의 북풍 사건과 최근 천안함 사건과 극우세력의 5·18왜곡·폄훼 소동에 이르기까지 지속적으로 영향을 미치고 있다. 극우세력은 공포와 의심의 마케팅을 통한 대중 선동과 대중 심리 조작의 수법을 활용한다. 매카시즘은 대중의 이성과 비판능력을 마비시킴으로써 반지성적 동일성을 강요하는 전체주의를 지향한다.

한나 아렌트가 말하는 악의 평범성 개념은 인간이 전체주의와 독재 체제에서의 순응하고 억압에 동참하는 과정을 설명한다. 전체주의 체제는 개인의 자유를 억압하고 인간으로서의 보편적인 판단 능력을 앗아간다. 전체주의 체제에서 악은 비범한 형식이 아니다. 인간의 비판적 능력을 거세해버린 전체주의 체제는 순응적인 인간형을 만들어 인종학살과 같은 범죄에 대해 무관심하게 만든다. 사회의 억압적 분위기와 권력과 부 등 지배적 가치에 물든 인간은 손쉽게 악에 협력한다.

우리는 최근 헬조선에서 부패특권계급의 인격장애를 목도하고 있다. 박근혜와 그 주변 부패특권세력의 인격은 전체주의적 인간형을 보여준다. 이들은 도덕의식이 없는 소시오패스와 유사하다. 이런 인간형이 국가 최고권력에 접근하는 것은 위험한 일이다. 김기춘의 경우 박정희 때 이미 길들여진 자이고 박근혜를 길들인 자이기도 하다. 영화 <자백>에서 그의 간첩 조작 관여 행위를 추궁하는 최승호 감독에 대한 뻔뻔하고 천연덕스런 반응은 그의 인격적 장애를 드러내고 있다. 같은 영화에서 원세훈이나 간첩 조작 증거 위조에 관여한 검사들도 정도의 차이는 있겠지만 마찬가지로 인격장애자들임을 알 수 있다. 이 나라는 이런 위험한 인격장애자들이 권력을 장악한 위험한 사회가 되어버렸다. 이들이 권력의 자리에 쉽사리 접근하게 된 사회 조건이 구조화된 이유를 반성할 필요가 있다.

근본적으로 일제 강점과 이승만, 박정희, 전두환 독재 등 과거사에 대한 일회성이 아닌 지속적이고 철저한 반성(과거 대면과 극복)이 철저하지 못했던 점, 그리고 박정희 시대 이후 학벌주의-입시몰입 경쟁-교육 시스템이 이런 인간형의 양산을 불러왔고, 궁극적으로 사회 전체를 망가뜨리는 불행한 결과를 초래했다.

아도르노는 『아우슈비츠 이후의 교육』[4]에서 단지 나찌의 반인륜적 만행에 대한 고발만이 아니라, 나찌를 가능케 한, 그 만행을

---

4 『아우슈비츠 이후의 교육 Erziehung nach Auschwitz』(1966)은 독일 국가와 사회의 과거를 돌아보고 앞으로 나아가야할 길을 원리적으로 제시한 기념비적 저작이다. 이 글은 독일인 스스로가 저지른 미증유의 반인도적 범죄에 대해 성찰하고 고민한 결과였다.

방조한 독일 사회에 대한 총체적 반성의 필요성을 역설했다. 아도르노는 과거청산이 제도적·인적 청산에 그쳐서는 안 된다고 주장했다. “과거청산의 본질적인 문제는 드러내놓고 극우적인 집단에 있는 것이 아니라, 민주주의 ‘속’에서 살아남아 민주주의를 내부로부터 위협하는 권위주의적인 성격에 있다”고 보았기 때문이다.

권위주의적 성격을 극복하기 위해 그가 강조한 것이 ‘반권위주의 교육’과 ‘비판교육’이었다. 권위 앞에서 쉬이 순종하는 ‘약한 자아’가 민주주의에 가장 위협적인 요소이기에, 학생들의 비판의식을 고취해 강한 자아를 가진 시민으로 길러내는 것이 민주주의 교육의 요체라는 것이다. 그는 호르크하이머와 함께 부당한 권력에 굴종하지 않고 맞서는 능력을 키워줄 ‘저항권 교육’을 특히 강조했다. 상명하복의 문화, 위계적 관료제, 토론이 없는 교육 등이 나찌의 야만을 잉태했다는 것이다.

아도르노가 말한 권위주의의 극복과 아렌트가 설파한 ‘악의 평범성’이라는 개념은 우리 안의 파시즘에 대한 성찰을 요청한다. 우리 안에 자리 잡은 파시즘은 수십 년간의 오랜 독재 시기 뿐 아니라 최근 신자유주의의 양극화 속에서 더욱 강화된 경쟁교육에 깊이 뿌리내리고 있다.

한국 사회에서 형식적 민주화 이후 1인당 평균 국민소득은 올라갔지만, 사회적 불평등은 훨씬 심화되었다. 각종 지표에서 드러나는 교육에서의 성취 또한 전례 없이 양극화되었다. 교육시설과 기술의 현대화, 정보화가 이루어졌지만 학생들의 역사의식, 비판적 사회의식은 오히려 무디어졌고 공동체의식은 실종되었다. 교육에서 취업과 경쟁력의 이름으로 탐욕적인 자본의 요구를 충실히 수용하고 분단체제하 억압적인 국가 권력에 순종적인 체제 내적 인간을 육성하려는 시도가 본격화 되었다. 초중고 학교교육은 맹목적인 경쟁교육에 갇혀 있으며, 취업지상주의의 대학 사회는 비판의식이 실종된 상태이다. 경쟁 중독에 빠진 억압적이고 획일적인 학교 교육이 내면화 시킨 탈락의 공포와 절망은 학교폭력과 왕따를 부른다. 1등을 강요하는 경쟁교육은 지극히 억압적이고 획일적이다. 이런 교육은 학생들에게 분노와 절망을 잉태시킨다. 이 억눌린 분노와 절망이 바로 학교폭력의 씨앗이다.

경쟁교육체제는 한마디로 수용소형 인간, 전체주의적 인간형을 대량 생산하는 공장이다. 동일화/동일성 원리에 기초하는 경쟁교육은 본질적으로 규격화된 인간을 추구한다. 전체주의 교육과 일맥상통한다. 일제의 황국신민화 교육, 박정희의 유신독재와 병영체제 학교 문화, 전두환 집권 이후 오늘에 이르기까지 경쟁교육에 대한 근본적인 반성이 없었다.

5·18 이후 개인주의적 생활양식과 문화가 전면화되었다. 개인통신 기기(휴대폰), 해외여행 자유화, 아파트 주거문화, 승용차 등이 그것이다. 이러한 개인의 외적 자유가 확대되었지만, 시민의식의 성숙과 사회적 연대 의식이 발전하지 않은 채 경쟁만 격화되었다. 맹목적인 경쟁 속에서 어떻게 사는 것이 바람직한지 생각하지 못하게 하는 사회, 획일적인 가치, 달리 생각하고 말하고 행동하는 것을 금기시 여기는 사회, 다양성을 질식시키는 평균화된 인간을 만드는 교육 현실은 구조화된 수용소 사회의 한 측면을 보여준다.

경쟁만능 신자유주의 원리에 따라 획일적 가치를 주입시키는 전체주의적 교육을 통해 민주주의 주체의 성숙이 이뤄질 수 없다. 또한 주체의 성숙이 없는 사회에서 형식적, 제도적으로 민주주의가 갖추어졌다 해도 사회의 발전에 한계가 있다.

일제 식민주의 교육과 이승만-박정희-전두환 시대 교육은 권력에 대한 비판적인 인간이 아닌 순종형 인간을 미화했다. 그래야 생존할 수 있을 뿐 아니라 나아가 출세할 수도 있기 때문이다. '생존'과 '출세'가 과거의 친일독재 교육과 지금 학벌주의-입시몰입 경쟁교육이 추구하는 공통된 가치이다. 그런데 공통점이 또 하나 있다. 그것은 '획일성'이다. 획일주의는 비판능력을 가진 인격의 양성을 배제한 교육에서 필연적으로 나타날 수밖에 없다. 획일주의는 전체주의와 직결된다.

가만히 있어라, 복종해라, 중간만 있어라, 모난 돌이 정 맞는다. 모두 한국사회를 수용소에서 통용되는 명령문들이다. 우리는 먹고 살기 위해 어쩔 수 없이 복종해야 한다고 여긴다. 먹고사니즘의 권력이 우리의 삶을 좌우할 때 평범한 사람은 악마가 된다. 먹고사니즘을 숭배하는 전체주의의 수용소 안에 갇혀 있는 것이다.

경쟁몰입교육은 교육주체를 파편화하고 소외를 전면화시킬 뿐 아니라 학습자의 가치체계를 황폐화시키고 획일화시킴으로써 역사의식의 형성을 방해한다. 경쟁교육을 지양하고 교육을 혁신하려는 교사단체와 일부 교육감들의 노력은 쓸데없는 일로 간주되거나 심지어 불온시되었다. 박근혜 정권은 초기에 인문학 교육의 강화를 내세웠다가 최근 인성교육에 주력했다. 인문학 교육이 본질적으로 비판적 지성의 함양과 직결된다는 것을 인식했기 때문이다. 인성교육은 일제와 유신체제, 군사독재 하에서 일관되게 강조된 수신(修身) 교육과 연결된다. 비인간적 경쟁몰입교육에 더하여, 학습자에게 지배적 가치를 내면화시킴으로써 본격적으로 체제 순응형 인간 양성을 위한 길들이기 교육이라고 할 수 있다.

몇 년 전부터 여당 일각에서 교육감 직선제를 폐지하겠다는 구상을 제시했다. 교육과 지식·사상에 대한 지배권력의 이데올로기적 통제를 강화하고자 하는 매우 불순한 의도였다. 더욱 한심한 것은 여기에 일부 철없는 야당의원들조차 동조했다는 것이다.

국사교과서 국정화는 바로 이런 흐름의 연속선상에 있다. 한국사 교과서의 국정화 시도를 전체주의적 기획으로 규정하는 지적이 아니라 해도 이미 우리 교육은 매우 심각하게 획일화된 몰역사적인 가치에 의해 지배되었다.

5. 과거를 어떻게 극복할 것인가? – 5월학의 현실성

시민 정치교육으로서 5·18 교육의 목표는 복합수용소 사회에서의 인간해방을 모색하는 데 있다. 인간성을 말살하고 민주주의를 유린한 악(국가폭력)의 구조를 통찰할 수 있도록 해야 한다. 5·18 교육을 통해 과거에 대한 반성을 어떻게 구조화시켜야 할 것이다. 필자의 최근 연구와 관련된 5·18 교육을 중심으로 5월학에 대한 논의를 마무리하겠다.

역사 서술적 이론 위주, 즉 시간의 흐름에 따른 상황과 사건의 전개 중심으로 구성된 종래의 5·18 학습 방식을 개선할 필요가 있다. 물론 역사 고찰에서 이런 방식이 필요하지만, 시간적 순서에 따른 사건 중심으로 편중될 때, 과거 회고적 고찰이 되어 현재적 문제의식이 실종될 수 있다. 5·18 학습에서 탐구할 질문은 다음의 논증으로 구성해 보았다.

전제 1 ➡ 사실적 인식에 머무르지 않고 새로운 해석적 인식을 추구하며 나아가서 해방적(변화지향적·실천적) 인식으로 나아가야 한다. 역사교육은 여기에서 출발한다.[5]

전제 2 ➡ 5·18은 한국 현대사에서 국가(폭력)에 대한 민중의 가장 근원적인 문제 제기(질문)이자 민중 스스로 답을 추구했다. 그 민중이 생명을 바쳐 추구한 질문과 답을 찾아야(놓치지 말아야) 한다.

위의 전제로부터 연역된 질문은 다음과 같다.

가) 5·18 이후 36년 째, 한반도에서 인간(민중)은 해방되었는가? 해방의 조건은 얼마나 성숙했는가? 5·18 당시 민중의 일시적 해방은 무엇으로부터 해방이며 어떻게 가능 했는가? 그리고 다시금 어떻게 갇혀 있는가?

나) 분단체제에서, 국가란 무엇인가?

---

5 이 전제는 하버마스가 제시한 역사적 인식·관심의 3단계를 참고한 것이다.

국가의 실체는 무엇인가? 국가의 정당성은 무엇에 근거하는가?

다) 어떤 국가(공동체)를 형성할 것인가?

새로운 해방은 무엇이며 어떻게 추구할 것인가?

제3장

촛불혁명과 호남정치*

나라가 바뀌고 있다. 이 나라 권력을 장악했던 세력의 사악한 음모와 추악한 권력 남용의 실체들이 속속 드러나고 있다. 이 변화의 시원과 그 동력은 지난 대통령 선거에서 국가권력을 교체시킨 촛불시민의 힘이다. 내년 지방선거가 다가오고 있고 지방분권과 선거제도 등을 포함한 헌법 개정 논의가 활발해지고 있다. 이 시점에서 지역에서의 민주주의 심화와 내실화에 대한 철저한 반성이

---

* 한겨레신문 칼럼(2017. 9. 6.).
이 칼럼의 논지는 10여년 전 조선대에서 열린 교수연구자 모임에서의 내 발표에서 비롯했다. 이 발표에서 대립적 의존구조가 영호남 양지역에서의 정치적 기득권을 재생산하고 있음을 주장했다. 많은 이론가들이 지금 한국 정치에서 다원성의 결여를 '적대적 공생관계'로 설명한다. 그런데 적대적 공생관계는 대립적 의존구조의 파생물이다. 2010년 광주 서구 국회의원 재보궐선거에서 민주노동당의 오병윤 전 국회의원이 지역 시민사회의 지원을 받아 출마했을 때 후원회장을 맡았던 나는 선거 캠프 출범식에서 정치 개혁을 위해 한국 정치를 규정하는 대립적 의존구조에 균열을 내야 한다고 주장했다. 그 후 2011년 안철수 씨가 처음 대선에 출마했을 때 그의 '진심 캠프' 페이스북 게시판에서 여러 번 같은 주장을 했고 나중에 최장집 교수나 김민전 교수를 비롯한 안 캠프 측 이론가들이 거듭 인용한 것을 보았다.

필요하다고 생각한다.

얼마 전 삼성그룹의 실세에게 전해진 낯뜨거운 문자메시지들은 언론과 국가정보원 등 권력기관이 삼성과 어떻게 유착하고 있는가를 적나라하게 보여주었다. 그런데 유사한 일들이 지역에서는 없을까. 지역 토호 자본가, 정치인, 사법권력, 언론 사이의 부적절한 유착이 없다고 단언할 수 있을까? 한 정치인의 연구소 개소식에서 대선 후보였던 호남 출신 정치인이 한 말을 또렷이 기억한다. 그는 "이제는 지방자치를 반성해봐야 한다는 주장이 있습니다"라고 했다. 적지 않게 놀랐다. 지방자치가 시행된 지가 꽤 지났음에도 매우 참신한 제안처럼 말하는 것으로 들렸기 때문이다. 개혁적이라고 평가받는 정치인조차 중앙정치 중심적 사고를 하는 것 같아 씁쓸했다.

이렇듯 정치, 경제, 사회, 문화, 교육 등 모든 부문에서 심각하게 중앙 중심적이다. 민주화운동도 중앙집권적인 독재에 대항해 민주-반민주 대립으로 형성된 구도에서 중앙권력의 변혁·변화를 지향해왔다. 어쩌면 당연했다. 국가권력의 비민주성이 중앙과 지역을 막론하고 사회 발전의 핵심적인 걸림돌이었던 탓이다. 돌이켜보면 한국 민중은 부패한 독재자들이 유린한 민주주의를 원상회복하기 위한 노력을 끈질기게 거듭했다. 호남대중은 거의 언제나 이 행진 대열의 선두에 섰고 그 희생은 민주주의를 향한 역사의 변혁, 국가적 차원의 변화를 가져왔다.

그런데 중앙권력이 민주화되는 수준만큼 지역의 민주주의와 지방자치에서 혁신과 변화가 이루어졌을까? 호남대중은 '뒤늦게' 깨닫고 있다. 민주적인 중앙권력을 획득했다고 지역에서 민주주의가 저절로 심화·발전하는 것이 아님을! 영호남 지역에 기반한 극한적 대립의 양당제 구도에서 호남대중은 중앙권력의 획득을 위해 동원되는 '졸'처럼 여겨졌던 것이다. 나는 이를 87년 체제의 지역적 유산이라 간주한다.

일부 정치인들은 중앙에서는 독재적 국가권력을 비판하는 흉내를 내면서도 지역에서는 부패한 토호 지배권력과 한통속이 되었다. 그들은 정치의 모든 문제를 호남이 아닌 다른 지역에 기반한 정치세력이나 또는 중앙권력을 장악한 세력의 탓으로 돌림으로써 자신들의 정치적 오류와 타락을 쉽게 은폐해왔다. 그들은 때로 '호남정치의 복원', '호남을 위한 정치'라는 그럴듯한 주장을 한다. 그런데 자세히 보면 자신들의 정치적 기득권이 위협당할 때의 선동인 경우가 많다. 지역의 민주주의를 혁신할 비전과 대안을 제시하지 않은 채 중앙권력의 지역 지분에만 초점을 맞추고 있다. 그 지분이 사실은 자기들에게 돌아올 것이기 때문이다.

그들은 호남정치의 발전과 혁신을 위한 진솔하고 철저한 '자기반성'을 하지 않는다. 그 담론들은 상투적이고 진부할 뿐 아니라 기만적이다. 이렇게 87년 체제 이후 한국 정치를 특징지어온 대립적 의존 구조가 호남지역 '적폐 정치세력'의 놀이터가 된 셈이다. 이 구조의 오랜 수혜자들이 '적대적 공생관계'의 정치를 타파하자는 대열에 서 있는 것도 우스꽝스러운 아이러니다.

내년 지방선거를 앞두고 사회·정치적 기득권을 연명하기 위한 온갖 그럴듯한 주장이 난무하겠지만 이전처럼 효과를 발휘할 수 없을 것이다. 대중이 호남의 적폐 정치세력이 퍼뜨린 허구적 논리의 환상에서 깨어났기 때문이다. 호남 촛불시민의 동력으로, 지역에 누적된 모든 모순과 부조리가 남김없이 드러나고 지역 민주주의의 혁신을 위한 멋진 경쟁이 펼쳐지길 간절히 기대한다.

원문 보기 http://www.hani.co.kr/arti/area/area_general/809885.html#csidxfda9bd2545ed96ea1e0bc6a766e800a

제4장

◆ ◆ ◆

'도가니' 깨기가 5·18의 정신*

공지영의 소설 <도가니>는 광주인화학교에서 청각장애 아동을 대상으로 저질러진 구타와 성폭행을 다뤘다. 여기에서 지배자들의 끔찍한 인권유린은 쉽게 드러나지 않고 처벌받지 않는다. 학교의 지배자들과 경찰, 교육청, 시청, 심지어 교회까지 연결된 지역의 기득권 세력이 구축한 범죄 은폐의 시스템은 도가니로 상징된다.

대한항공 지배자 일가가 저지른 불법과 인권유린에 대해 가면으로 얼굴을 가린 채 항의하는 상황은 도가니를 떠올리게 한다. 그 뿐이랴. 삼성그룹의 노조 탄압에서 보는 도가니, 전 육군대장 박찬주 사건처럼 군에서 드러난 도가니, 최근 문제가 된 비리 사학의 지배자들과 교육부 간부가 유착하여 만든 도가니도 있다.

2차대전 종전 이후 한반도에서도 거대한 도가니가 만들어졌다. 동북아 국제질서를 규정한 분단체제가 그것이다. 전승국들은 피억

* 한겨레신문 칼럼(2018. 5. 9.).

압 민족이 아니라 자신들의 이해관계에 따라 분단체제를 설정했다. 그 안에서 집단학살(제노사이드)과 인간성 유린을 정당화했다. 제주 4·3사건과 그에 이은 한국전쟁, 그 와중의 보도연맹사건, 양민학살을 상기해보라.

분단체제의 도가니는 독재 시대에 민중의 삶을 총체적으로 억압했다. 분단체제의 최대 수혜자, 도가니의 지배자인 독재자들은 수많은 간첩 조작과 북풍 공작으로 독재를 정당화하고 민주주의를 유린했다. 온갖 거짓으로 적색 공포를 조장해 도가니 안에 민중을 가두고 권력과 부에 대한 탐욕을 실현했다. 2018년 남북정상회담 이후 그렇듯 강고한 분단체제와 그를 떠받치는 세력이 붕괴할 조짐을 보여주고 있다.

5·18은 이 '도가니 체제'의 가장 극악한 관리자인 타락한 군부집단과 민중의 정면 대결이었다. 최정운 교수는 '폭력극장'과 '절대공동체'의 개념으로 당시 광주에서 만들어진 도가니 상황을 묘사했다. 전두환 일당은 5·18 이전에는, 일본의 내각 정보조사실(미국 CIA에 해당)의 첩보를 날조해 북의 남침 위협을 조작함으로써 5·17 비상계엄을 전국으로 확대할 명분을 만들었다. 또 북한 특수군 침투설 유포, 간첩 사건 조작 등의 수법을 활용했다. 그들은 광주를 분단체제라는 도가니 안의 고도(孤島)로 만들었다. 38년 만에야 터져 나오는 5월여성들의 미투는 5월민중이 겪은 참혹한 고통의 일부를 짐작케 한다.

맨주먹의 5월민중은 군사폭력으로 국가를 장악한 세력에게 처참하게 패배할 수밖에 없었지만, 한때 승리했고 위대한 공동체를 이룩했다. 장엄한 민중의 항쟁은 분단이 강요한 도가니의 폭력적 본질을 드러냈다. 그리고 한없이 연약하게 보이는 민중이 한 덩어리로 뭉칠 때 억압의 도가니에 균열을 낼 수 있음을 입증했다.

세월호와 용산 철거민의 비극은 이런 도가니가 어떻게 다른 형태로 재현될 수 있는지를 보여줬다. 촛불 이후 우리는 도가니 체제 지배자들의 거짓과 게으름과 부패와 교활함과 무능을 목도했다. 이 땅에는 깨어져야 할 도가니, 알려져 있지 않은 도가니가 많다. 그 지배자는 다양하며, 도가니의 억압으로부터의 해방을 외칠 때 받을 불이익에 대한 두려움도 여전하다.

5·18 당시 시민 속에 침투한 감시자들 때문에 일부의 시민군들도 복면을 쓸 수밖에 없었다. 대한항공 직원들의 가면은 도가니를 지배하는 권력과 그들이 구축한 감시와 처벌의 시스템이 살아있음을 보여준다. 사실 가면을 쓰고서 부정, 비리를 고발할 수밖에 없는 상황에 대해 법원, 검찰, 경찰 등 모든 사법 분야 종사자들은 부끄러움을 느껴야 한다.

촛불 이후 도가니들이 드러나고 있고, 그것들이 연쇄 붕괴를 일으키고 있음이 분명하다. 그러나 도가니로부터의 해방은 저절로 일어나지 않는다. 자신의 삶을 옥죄고 있는 도가니의 실체를 깨닫고 그에 맞설 때 시작한다. 그것이 바로 5·18 정신이다.

원문보기 http://www.hani.co.kr/arti/area/area_general/843860.html#csidx17b897edf0f92e0bfe9054f92d2eed3

제5장

◆ ◆ ◆

광주에 5월이 오면, 거리에서 신발을 벗어야 한다

— 505 보안부대 옛터에서

1. 보안사, 권귀(權鬼)의 소굴

정치군인의 서식처 보안사,[1] 정치군인은 너무 점잖은 네이밍이다. 그들은 인권을 유린하고 민주주의를 파괴한 권귀(權鬼)다. 보안사는 권귀의 소굴이었다.

5·18민중항쟁 사적 26호, 505보안부대 옛터. 이 부대는 2005년 광주 31사단으로 이전했다. 2014년 광주시는 국방부로부터 부지를 이전받았다. 38,459 제곱미터, 만평이 훌쩍 넘는 규모다. 아직

---

[1] 특무대 또는 방첩대(1949~1967), 육군 보안사령부(1968), 국군 보안사령부(1977), 기무사령부(1991) 군사안보지원사령부(2018) 등 수십년간 여러 이름의 변화가 있었다. 1968년부터 보안사라는 이름을 사용했다. 이 글에서는 보안사 또는 기무사로 통칭한다.

은 제 기능을 하는 철문을 열고 위병소를 지나 폐허로 방치된 본관 건물 안으로 들어갔다. 곧장 지하로 내려가면 어둠 속에서 크고 작은 7개의 공간을 만난다. 6개의 감옥과 욕실 겸 화장실이다.

505는 알려져 있지 않은 공간 또는 알고 있지만 드러내놓고 말하지 못하는 공포의 공간이었다. 과거는 어떻게 남아 있는가. 폐허가 된 채 방치된 가해자들의 공간의 이미지는 무엇을 말해주는가.

권귀들이 행한 정치공작의 핵심이 베일에 가려져 있는데, 공간을 돌려받고 복원한다는 것이 무슨 의미가 있을까? 악을 행한 권귀들의 공간이 사라지면 그 악도 더불어 사라질까?

보안사의 원조는 국군 방첩부대이다. 1949년 방첩부대장을 맡았던 김창룡은 일제 관동군 헌병 밀정 출신. 수십 개 항일독립운동 조직을 파괴하고 수많은 독립투사들을 고문, 살해한 민족반역자다. 김구 선생 암살의 유력한 배후이며 보도연맹 학살을 주도했다. 이승만의 절대적인 신임을 배경으로 온갖 정치공작에 관여했다. 이처럼 보안사는 그 출발 자체가 사악했다.

박정희 집권 이후 1960년~80년대 보안사의 권력이 막강해졌다. 중앙정보부만이 보안사를 견제할 수 있었지만, 이마저 무력화되었다. 전두환이 등장한 것이다. 영화 '남산의 부장들'이 묘사하듯이 그는 김재규 중앙정보부장과 차지철 경호실장, 두 경쟁자가 동시에 사라지는 기회를 철저히 이용했다. 1980년 2월부터 보안사는 언론공작을 실행했다. 언론통폐합 및 언론인 강제해직, 야당인사 정치활동규제, 민주정의당 창당, 심지어 국회의원 선거 공천까지 주도했으니 국가를 불법적으로 운영한 셈이다.

1979년 3월 48세에 박정희에게 보안사령관으로 발탁된 전두환은 80년 4월 중앙정보부장 서리, 81년 3월 50세에 체육관 선거를 통해 대통령에 취임했다. 보안사령관 취임 2년 만에 대통령 권좌를 차지한 것이다. 보안사는 전두환 시기에 최전성기 권력을 행사했다. 1990년 윤석양 씨가 보안사의 민간인 사찰을 폭로했다. 당시 폭로된 사찰 대상은 무려 1,300여 명, 심지어 당시 집권당 대표인 김영삼도 포함되어 있었다. 이후 1991년 1월 1일 국군기무사령부로 이름을 바꿨다.

2018년 노무현, 이명박, 박근혜 집권기에 저지른 기무사의 많은 악행이 드러났다. 촛불혁명의 결과 묻힐 뻔한 실상의 일부가 드러났다. 기무사는 노무현 대통령 재임 동안 대통령과 윤광웅 국방부 장관과의 통화를 도청했고, 심지어는 2007년 제17대 대통령 선거에서 당시 야당인 한나라당 후보였던 이명박을 지원했다. 보수우익의 집권을 위한 정치공작이었다. 세월호 참사 보름 뒤인 2014년 5월초 반정부 시위가 악화될 수 있으니 계엄령을 조기 검토해야 한다는 문건을 작성했다. 박근혜 탄핵 전 친위쿠데타를 모의했다. 보안사 정치공작의 가장 큰 수혜자는 박정희, 전두환, 노태우 등 군부독재의 수괴들이다. 이명박, 박근혜 정권도 기무사 정치공작의 도움을 받아 권력을 창출하고 유지했다.

2018년 8월 3일, 문재인 대통령은 기무사의 해체를 결정했다. 군사안보지원사령부로 이름이 바뀌었고 대대적인 개혁이 시행되었다. 그러나 보안사, 기무사의 정치개입과 여론 조작, 국민 감시의 전모는 여전히 밝혀지지 않은 상태이다. 친위쿠데타를 모의한 주범, 조현천 전 기무사령관의 행방은 여전히 오리무중 아닌가.

2. 광주 인권과 민주주의 역사에서 보안사, 505보안부대

보안사는 5·18 민주화운동에서 민중 학살, 역사 왜곡과 날조에 가장 큰 책임이 있다. 전두환 일당은 1980년 5월 17일 계엄을 전국으로 확대하면서 광주/전남을 주요 타깃으로 삼았다. 20년 군사독재 기간 동안 전국 어느 곳보다 차별과 억압에 대한 분노가 가장 강하게 축적되어 있었기 때문이다.

5·18 직전, 전두환은 북의 남침설을 날조하여 5·17 전국 계엄 확대의 구실을 만들었다.

5·18 동안, 보안사는 전 국민을 대상으로 심리전 공작을 펼쳤다. 그 목표는 전국적으로는 광주를 고립시키고, 광주 안에서는 시민과 시민군을 분리시키는 것. 민간인 차림으로 위장한 편의대는 유언비어 유포조, 장갑차 탈취조, 무기고 탈취조 등으로 나뉘어 시위를 교란시키는 특수 임무를 수행했다. 보안사는 시민군 본부에서 일어난 독침 사건을 날조하고 간첩 사건을 조작했다. 이는 모두 5월 27일의 진압 작전을 준비하는 공작이었다. 이 공작은 보안사가 직파한 홍성률(대령, 광주일고 출신)이 맡았다.

5·18 이후, 보안사는 수사를 전면적으로 조작했다. 5월민중의 항쟁을 김대중이 사주한 내란으로, 북한을 시위의 배후로 날조했다. 민주화운동가들에게 사형, 무기 등 형량을 정하여 군 재판부에 통보했다. 군사재판은 민중학살과 잔인한 진압을 정당화하는 요식 행

위에 불과했다.

1) 505로 끌려간 인사들

보안사는 전국 주요 도시에 상설부대를 설치, 운영했다. 주민 거주 지역에 회사의 외양을 갖춰 위장했다. 1980년 광주에 505보안부대 본대가 있고, 여수, 목포에 '분견대', 강진, 순천은 '반'을 두고 대공 분야 등에 대한 정보를 파악, 수집하는 평상 업무를 수행했다.

5·18 이전에 505보안부대는 스스로를 노출하지 않았다. 시민들은 물론 민주화운동가들도 그 위치를 몰랐고 존재를 느끼지 못했다. 505는 중앙정보부 광주분실 부근에 있었지만 그 곳에서 조사받은 사람은 없었다.[2] 505는 악명 높은 5·17 예비검속을 통해서 최초로 존재를 드러냈다. 보안사, 중앙정보부, 경찰로 구성된 수사관들은 자정 무렵 일제히 안방에 들이닥쳐 권총을 들이대고 민주화운동가들을 505로 연행하여 학생, 교수, 재야로 분류했다. 수많은 지역 인사들이 보안대를 거쳐 갔다. 학생, 정치인, 종교인, 시위 참여 시민 등은 남녀 불문하고 505에서 1차 조사를 받고 다른 수용 시설로 분산 수용되었다. 남성들은 예외 없이 잔혹한 구타와 몽둥이 세례를 받았다. 어떤 사람들은 실신할 때까지 맞았다. 아래

---

2 1977년 '민중문화연구소' 활동과 관련하여 김상윤, 박형선 등이 중앙정보부 광주분실로 연행되어 조사를 받았다. 민주화운동가들이 정보부로 연행된 것도 이례적이었다. 두 사람은 5일 동안 잠을 재우지 않는 고문을 당했다. 그들은 505의 존재를 전혀 알지 못했다. 녹두서점에서 김상윤과 함께 기거하던 김남주 시인은 이후 오랜 도피 생활로 들어갔다.

505에 갇혔던 일부 인사들이다.

재야 인사 : 홍남순, 조아라, 이영생, 김천배 등
성 직 자 : 강신석 목사, 조비오 신부, 김성용 신부, 현덕 스님,[3] 의연 스님, 이광영 스님[4] 등
교 수 : 명노근, 송기숙, 이홍길, 김동원, 노희관, 민준식,[5] 박용준,[6] 정익섭,[7] 이방기, 안진오, 김정수 등
교 사 : 박행삼, 김준태(시인), 송희성[8] 등
학 생 : 김상윤, 정동년, 박형선, 김운기, 문덕희, 윤목현, 박선정, 박상규 등
시 민 군 : 김종배, 차명숙, 양기욱, 이삼자, 이성전,[9] 문건양, 김길자 등 (무순)

사람들은 낮에도 전등 없이는 얼굴도 잘 보이지 않을 만큼 깜깜한 지하로 끌려갔다. 대부분 무조건 먼저 발길질과 몽둥이질을 당해야 했다. 홍남순 변호사와 아들 홍기섭은 바로 옆 공간에서 함께

---

3 5·18기간 중에 계엄군의 만행을 규탄하는 군중 연설을 했다. 유언비어 유포 혐의로 6월 3일 끌려갔다.

4 시위하다 쓰러진 시민을 부축하다 계엄군 저격수의 조준 사격으로 허리를 관통 당했다.

5 당시 전남대 총장.

6 당시 전남대 교무처장.

7 당시 전남대 교수협의회 회장.

8 당시 41세, 여고 교감. 여성 시민군으로 취사와 구호 활동을 했다. 그녀는 김대중으로부터 자금 수수를 시인하도록 요구하는 고문을 받다 혼절했다.

9 화순 주민. 당시 32세. 5·18 항쟁 동안 시민군에게 총기를 분배했다. 도청 앞 공개 발포 후에는 공수부대에 대한 다이너마이트 공격을 시도했다.

고문 받았다. 부자가 내지르는 비명과 신음 소리가 서로에게 들렸다. 송기숙, 명노근, 이홍길 교수[10]는 버드나무 몽둥이, 곡괭이자루 등으로 맞았다. 완전히 발가벗겨진 채 견딜 수 없을 만큼 아프게 음낭을 잡히는 치욕스런 고문을 당한 사람도 있다. '야구선수가 전력을 다해 공을 때리듯이 몽둥이로 구타 당하는 생지옥'이었다. (이삼자) 김상윤도 구타가 물고문, 전기고문 보다 더 두려웠다.고 한다. 김준태 시인[11]은 한 스님을 무릎 꿇린 채 까까머리를 군홧발로 짓밟아 버리는 모습을 보고 충격을 받았다. 김 시인은 지하감옥이 가득차서 급조한 옥상 감옥에 수용되었다. 그곳에서 한 지역 중소도시의 시장을 만났다. 그는 얼마나 맞았는지 몸을 가누질 못했다. 이런 고문과 구타의 목적은 5월민중의 항쟁을 '빨갱이 김대중'의 사주를 받은 것으로 조작하는 것이었다. 당시 광주 시민들 사이에서는 '보안사놈들이 광주 돈 다 쓸어 간다'는 말이 돌았다. 시민들은 연락이 닿지 않는 가족이나 지인 가운데 누가 어디로 끌려갔는지, 아니면 거리에서 시위하다 사망했는지 알 수 없었다. 모든 연줄을 동원하여 가장 힘이 세다고 알려진 보안사 군인들에게 연결하고자 했다. 생사를 먼저 확인하고 만약에 조사 중임을 알게 되면 한 대라도 덜 맞거나 고문을 당하지 않게 하려고 모든 수단을 동원했던 것이다.

보안사는 수사 뿐 아니라 수감 상황도 통제했다. 수백 명에게

---

10 보안사 수사관들은 세 교수를 김대중과 엮기 위해 혹독한 고문을 가했다. 이홍길 교수 인터뷰(2020. 2. 20.).

11 80년 6월 2일 전남매일에 실린 시 "아, 아 광주여 우리나라의 십자가여!" 때문에 6월 25일 연행되었다. 보안사 장교가 보도를 검열했다.

수십 명 분의 식사만을 제공했다. 투옥된 시민들을 의도적으로 굶겨서[12] 먹는 것에 집착하도록 만들었다. 5월 21일 부처님오신 날 절에서 군 감옥에 갇힌 시민들을 위해 많은 떡을 준비해 왔지만, 아주 조금만 넣어줄 수 있었다. 감금된 시민들이 인간으로서의 존엄성을 포기하고 비굴해지도록 만듦으로써 그들의 지시와 요구에 고분고분하게 따르도록 했던 것이다. 참으로 비열하고 비인도적인 행위였다.

2) 505 보안부대 철수와 확보 작전

5·17 예비검속으로 끌려온 김상윤, 박형선, 윤목현 등은 5월 21일 오후에 구타당한 후 상무대 헌병대 영창에 수감되었다. 5월 21일 금남로에서 계엄군의 공개 발포 후, 공수부대가 광주 외곽으로 철수함에 따라 505보안부대 전체가 이동하는 상황이었다.[13] 김상윤 등은 상무대 영창으로 옮겨지기 이전에는 5월민중의 죽음을 무릅쓴 항쟁을 전혀 알지 못했다.[14] 그런데 다음날 비극적인 일이 있었다. 20사단이 505와 그 인근에 자리한 중앙정보부 광주분실, 국군광주병원을 다시 확보하는 작전을 하면서 8명의 시민을 학살했다.

---

12 박형선의 증언(2020. 2. 13.).

13 505뿐 아니라 인근의 17육군통합병원, 중앙정보부 광주분실도 함께 이동했다. 505가 화정동에 자리잡은 후 철수한 역사는 5·18 때가 유일했다. 계엄군 20사단은 24시간이 안된 22일 국군광주병원 확보 작전을 실행했다. 이 과정에서 시민 8명이 학살당하고, 군인 1명 희생되었다. 그런데 이는 기만작전이었다. 5월 22일 국군통합병원 회복 작전은 사실상 반경 1킬로미터 이내의 505보안부대와 중앙정보부 광주분실의 확보를 위한 작전이었다.

14 김상윤의 증언(2020. 2. 13., 2020. 1. 27., 2020. 1. 24.).

3) 작전조언권과 지휘체계의 이원화

보안사는 작전조언권으로 군 부대를 통제했다. 군부대가 보안사에 작전 계획을 통보하면 보안사가 적합성을 검토하여 보안사령관이 작전조언권을 행사했다. 이 권한은 대통령령에 의해 보장되었다. 당시 보안사 소속 허장환 상사는 조언이란 명칭을 붙였지만 사실상 거부할 수 없는 최종 명령과 다름없었다.고 한다.[15]

보안사는 내부에서 지휘체계를 이원화시켰다. 보안사령관-505 보안부대장의 공식 지휘 체계와 별도로 비선 계통을 만들었다. 공작 기관 안에서 이중의 공작을 실행한 것이다. 5월 19일 보안사 회의에서 최예섭(준장, 기획실장)을 광주에 직파하기로 결정하고 같은 날 오후 비밀공작을 위해 홍성률(대령, 광주 출신)을 파견했다. 전두환-최예섭-홍성율로 이어지는 비선 조직을 운영한 것이다. 이로써 보안사 공식 지휘 계통 안에서도 전두환의 역할이 은폐되었다. 그러나 주지하다시피 당시 보안사는 군은 물론 중앙정보부, 검찰, 경찰 등 국가폭력 조직 전체를 장악했다. 실질적으로 보안사령관 전두환이 계엄군 작전의 최종 결정권자였다.

4) 은폐된 진상-발포 명령과 심리전 공작

5·18의 핵심 의문 사항들은 여전히 안개 속에 있다. 발포 명령, 암매장, 심리전 공작 등이 그것이다. 발포 명령 문제는 5·18 기간 동안 전두환의 역할에 대한 것이다. 미군 특수 정보요원 김용장과

---

15 허장환의 증언. https://www.nocutnews.co.kr/news/5261234 (검색일: 2020. 2. 19.).

505보안부대 수사관이었던 허장환은 전두환의 광주 방문을 목격했고 그 이후 발포가 이뤄진 점을 들어 전두환이 사살 명령을 내렸다고 증언하고 있다. 그러나 발포 명령의 물적 증거가 없기 때문에, 전두환은 작전 부대가 자위권 차원에서 독자적으로 시민을 향해 발포했다고 주장한다. 하지만 보안사가 국가 안에서 최상급의 정치 군사적 권력 우위를 점하고 있고, 이희성 계엄사령관이 사실상 허수아비나 다름없는 상황에서, 일선 작전부대 지휘관이 전두환의 지시 없이 독자적으로 발포 명령을 내렸다는 전두환의 주장은 말이 안된다. 심리전 공작, 편의대 운영의 실상은 최근에야 아주 조금씩 증언에 의해 추정할 수 있을 뿐이다.

5) 5·18 이후 지역사회와 505

광주에서는 1980~90년대 지역대책회의라는 실체 없는 모임이 있었다. 이 회의에는 505보안부대장, 중정지부장, 검사장, 전남도경찰국장, 전남도지사, 전남교육감 등 군, 검, 경, 행정, 교육 등의 주요 지역기관장들이 참여했다. 보안사 주도로 정치와 치안 등 지역사회 주요 현안들을 논의, 조율했다. 보안사는 이런 모임을 통해 지역을 관장했다. 주민들은 이런 모임을 알지 못했고, 언론에서는 단 한 차례도 다룬 적이 없다. 이런 사정은 전국의 다른 지역도 비슷했을 것이다.

'81년 당시 광주 지역 사립학교 설립자였던 한 인사는 505보안부대장으로부터 교육감을 제안 받았다.[16] 또 지역의 가장 유력한 언론사 사주는 골프장을 인수할 것을 권유 받았다고 알려졌다. 이처럼 5·18 진압 이후 10여년 동안 505보안부대는 지역 언론의 통폐합을 주도하고 이권에 개입하는 등 지역의 보이지 않는 핵심 지배 권력이었다.

보안사 요원들은 대학을 감시하고 각종 정보를 수집했다. 전남대 정문 앞 고층아파트에서 망원경으로 캠퍼스를 내려다보면서 학생들의 동태를 감시했다. 총장을 포함한 대학의 보직교수들을 무시로 접촉하였다. 전남대학교 총장 선출에도 개입했다. 민주화운동 참여 학생들의 학점 부여, 졸업장 수여 그리고 신원조회 등을 통해 취업에도 관여했다. 보안사 활동에 협조적인 경우 취업을 알선했다.

보안사 요원들은 5·18 유족을 포함한 5·18 관련자들을 집중적으로 감시했다. 보안사는 1982년 지역개발협의회라는 관제 단체를 만들어 망월동 5·18 희생자들의 묘지 이장 공작을 비밀리에 추진했다. 이장에 동의한 유족에게 2000만원을 주며 회유했다. 당시 이 돈은 중소형 아파트 한 채 값이었다. 그 때 송재구 전라남도 기획관리실장은 이 공작을 천주교광주대교구에 제보했다고 지목받아 좌천당했다. 보안사는 지역 기업들에게 이 관제 단체에 성금을 내도록 회유, 협박하는 등 다양한 정치공작을 위한 들러리로 활용했다.

---

16 당시 교육감은 선출직이 아닌 임명직이었다.

3. 공간의 의미와 기억

5·18 당시 보안사와 505의 역할은 지금까지도 베일에 가려져 있다. 보안사에 기반한 군사반란세력은 권력 탈취에 성공했고, 지배 기간이 매우 길었다. 노태우 집권 기간(1988. 2. 25.~1993. 2. 25.)을 포함하면 박정희 사후 13년간이다. 군사반란세력은 상당한 지지층을 확보하여 정치세력으로 잔존하고 있다. 보안사 정치공작의 전모가 은폐된 만큼 그 하부인 505보안부대의 공작도 드러날 수 없다. '88년 국회 5·18청문회 때부터 군 관련 자료의 열람이 가능했지만 아주 단편적이었고, 띄엄띄엄 공개되었다. 그 안에는 악의적으로 왜곡한 거짓 자료가 뒤섞여 있다. 1995년 국가가 5·18을 민주화운동으로 인정했고, 민중을 학살한 자들이 사법적 심판을 받았지만 진실은 여전히 묻혀 있다.

폐허로 변한 505보안부대의 공간에 기억은 어떻게 남아 있는가. 폐허의 공간을 복원하면 은폐해버린 역사, 잊혀진 기억이 복원되는가. 공간을 지배했던 권귀와 그 추종자들은 우리의 기억을 폐허화시켰다. 기억의 폐허화 결과 우리는 폐허에 대한 기억만 담을 수 있는 것 아닌가.

505의 건물과 시설을 침범한 이끼와 곰팡이, 잡초처럼 누구도 원하지 않았고, 허락하지 않았지만 그들은 보이지 않는 역사의 그늘에서 우리의 삶을, 민주주의를 침범하고 잠식했다. 부서진 건물 잔해, 폐허가 되어버린 공간에 뿌리내린 잡초와 곰팡이들은 여전히 살아 있는 악의 끈질긴 몸부림처럼 느껴진다.

군사반란세력이 군홧발과 탱크로, 헬기 기총사격으로 광주를 짓밟았지만, 5월민중은 단 하루였을지라도 505보안부대를 철수시켰다. 한국 역사에서 유례없는 일이었다.

한반도의 모든 땅과 거리가 억압자들의 지배 공간이었으며 동시에 민중의 거룩한 저항의 공간이다. 금남로를 비롯한 광주의 모든 가로와 그 위에 구르는 돌맹이, 부서진 벽돌은 모두 신성하다. 권귀에게 빼앗긴 공동체를 되찾으려는 항쟁에서 그 돌맹이와 벽돌은 시민들의 손에 쥐어졌고, 그 곳에 시민군의 피가 흘렀다. 인간해방을 위한 피와 눈물이 뿌려진 한반도의 대지, 모든 공간 모든 사물에 우리는 경의를 표해야 한다. 그래서 광주에 5월이 오면, 모든 거리에서 신발을 벗어야 한다. (2020. 3.)

제2부

인권과 정의

제6장 인권 거버넌스의 실현으로서 인권도시
– 광주광역시를 중심으로

제7장 인권도시의 도전과 성과

제8장 검찰개혁 운동에 참여하며(2019~2020)

제6장

◆ ◆ ◆

인권 거버넌스의 실현으로서 인권도시*

— 광주광역시를 중심으로

1. 글머리에

1987년 이후 다섯 번의 대통령 선거가 치러지면서 우리 사회에서 절차적 민주주의가 어느 정도 구현되었고, 2002년 국가인권위원회 출범 이래 인권에 대한 관심이 꾸준히 제고되어 왔다. 성, 출신 지역, 학력에 따른 차별과 여성과 아동에 대한 학대, 외국인에 대한 부당한 처우 등이 과거에 비해 대폭 개선된 것은 사실이다. 하지만 우리는 다음과 같은 의문을 던질 수 있다. 우리 사회 구성원 즉, 인권을 보장받고 실현해야할 주체는 인권을 향해 충분히 깨어 있는가? 인권 주체는 지역사회와 국가의 경제활동, 법집행, 문화, 교육, 주거, 의료 등의 분야에서 인간다운 삶의 조건을 충분

* 이 연구는 2009년도 광주대학교 연구비를 지원받아 수행했음.

히 보장받고 있는가? 그 주체의 자각을 위한 인권교육은 이뤄지고 있는가? 인권주체인 시민이 인권 가치의 실현을 위해 공동체와 지역사회에 참여할 수 있는 인권 거버넌스 시스템은 준비되어 있는가? 긍정적인 대답을 하기 어려울 것이다. 이 논문은 이러한 구체적인 문제의식에서 출발한다.

국가인권위원회 출범 이후에도 한동안 인권에 대한 국가적 인식은 여전히 시민적, 정치적 권리확보 측면에 치우쳐 있었다. 과거와 같은 정치적 억압의 실체가 모호해진 한국 사회에서 인권의 문제는 '지금'이 아닌 '과거'의 문제이며, '나'의 문제가 아닌 한때 정치적으로 억압받았던 시대의 '그들'의 문제로 간주되는 경향이 있었다. 이는 국가적으로 여론의 주목을 끈 주요 인권이슈가 아직 종결되지 않고 있는 과거사—의문사, 고문, 납치 등—에 집중되고 있었던 탓이며, 또한 전통적으로 검찰, 경찰 등 사법영역에서 상대적으로 인권침해가 더 많이 발생했기 때문이기도 하다.

그러나 인권을 권력으로부터 탄압받은 사람의 권리 또는 보호받아야 할 소수자와 약자의 권리일 뿐 아니라 만인의 인간다운 삶을 보장할 '보편적'인 권리로 인식한다면, 절차적 민주주의가 어느 정도 확립된 시기에 인권이 어떤 사회 시스템을 통해 보장되어야 할 것인가에 대한 의문이 생긴다. 즉, 사람다운 삶의 권리로서 인권이 '지금', '여기' '우리들' 삶의 한복판에서 인권 주체의 참여를 통해 '인간다운 삶을 어떻게 함께 실현할 수 있을 것인가'의 차원으로 다루어져야 한다는 것이다. 추상적, 정치적 권리일 뿐 아니라 경제·문화적 '삶의 방식'으로서의 인권이 생활 속에서 구체화되어야 할 것이다.

더욱이 이명박 정권의 집권과 함께 정부 안에서 국가인권위의 기능과 역할을 축소하고자 하는 시도가 매우 강력하고 끈질지게 이루어지고 있는데, 이것은 촛불집회, 용산 철거민 사망사건 등 정권의 정치적 이해관계가 걸린 사건에 대해 국가인권위의 판단과 정권의 입장이 상충하는 것을 계기로 나타났다고 볼 수 있다. 이런 상황은 모든 시민이 인간다운 삶의 권리를 누리고 보장받기 위해서 단지 정권을 향해 국가인권위원회의 독립성 보장을 주장하는 것에서 그칠 것이 아니라, 인권주체의 참여를 통해 지속가능한 인권공동체, 인권도시를 만들기 위해 고민할 때임을 반증하는 것이라고 여겨진다. 정권의 정치적 결정에 의해서가 아니라 인권주체의 노력에 의해 건설된 인권공동체는 단지 정권의 이해에 따라 쉽게 흔들리거나 파괴될 수 없을 것이기 때문이다.

이 점에서 한국의 인권 담론과 실천은 정치적, 법적으로 인권 기준을 준수하는 추상적, 소극적 차원을 넘어서야 하며 구체적, 적극적으로 인권주체의 참여에 의한 인권도시 개발과 인권교육의 결합이라는 새로운 인권활동을 중심으로 전개되어야 한다.

본 연구에서는 인권도시의 개념을 고찰하고, 인권도시 개발이 한국 특히 광주광역시에서의 인권담론과 실천에서 어떤 의미를 지니는가를 살펴볼 것이다. 이를 위해 한국의 인권정책과 광주광역시를 중심으로 이루어진 인권도시 개발과 연관된 인권담론과 실천을 간략히 검토하고 PDHRE라는 국제 인권단체와 이 단체가 추진하고 있는 인권도시 개발 활동을 간단히 소개할 것이다. 이를 통해 인권도시 개발의 당위성과 향후 이뤄질 국내 인권도시 연구의 단초를 제시하고자 한다.

2. 한국의 인권 담론과 인권 실천의 변화

여기에서는 우선 국가인권위원회에서 발간한 몇 가지 자료[1]와 국가인권위원회 권고안으로 제시된 '2007-2011 국가인권정책기본계획'(2006. 1.)[2]을 토대로 인권공동체 개발과 관련하여 한국 국가인

---

1 국가인권위원회, 연례보고서(2006-2008), 국가인권위원회 보도자료(2004. 11. 24.), 국가인권위원회 2007-2011 국가인권정책기본계획권고안(2006) 등 참조.

2 한국 국가인권정책은 국가인권정책기본계획에 의해 제시되고 규정되고 있다고 할 수 있다. 국가인권정책기본계획(NAP, National Action Plans for the Promotion and Protection of Human Rights)은 국가 인권정책의 청사진으로서 인권과 관련된 법·제도·관행의 개선을 목표로 하는 범국가적인 인권정책 종합계획이다. 이 계획은 인권 상황과 개선 조건에 대한 정확한 진단을 바탕으로 인권정책 목표와 추진과제를 제시하는 것이다. 이 계획의 수립은 국제인권기구의 권고를 비롯한 국제적 요구에 부응하는 것이다.
국가인권위 권고안으로 확정된 한국의 국가인권정책기본계획 목표와 주요과제의 개요는 다음과 같다.
- 사회적 약자·소수자의 인권 증진
  - 인권 취약계층의 객관적 실태조사 강화
  - 사회적 약자·소수자에 대한 인식 제고 및 인권 증진방안 마련
- 인권 옹호·증진을 위한 범국가적 인프라 구축
  - 인권 관련 법령 정비 및 제도 개선
  - 인권침해와 차별의 구제 활동 강화
  - 국가의 다른 종합계획과 연계망 강화
  - 철저한 모니터링 및 평가 체계 구축
- 인권 친화적 문화 형성
  - 정규/비정규 교육을 포함한 모든 교육 단계에서 인권교육을 확산하기 위한 기반 구축

권정책의 추이와 경향을 간단히 고찰하겠다.

설립 이후 인권위의 활동은 정책·법령 권고 및 인권현안 의견 표명, 국가공권력에 의한 인권피해자 구제 및 보호, 인권교육에 주로 집중되었다고 볼 수 있다. 국가인권위 인권보호 사업은 검찰, 경찰, 군대, 구금시설 등 다중 생활 시설과 사법기관에서 주로 이루어져 왔다. 인권보호의 대상은 초기부터 장애인, 아동, 청소년, 시설생활인, 여성 등 사회적 약자·소수자에 집중되었다. 2006년 이후에[3] 인권교육의 비중이 매우 커졌으며, 광주, 부산 지역사무소(2005. 10.), 대구 지역사무소가 개설(2007. 6.) 되면서 지역의 인권향상 요구에 밀착한 사업들이 전개되고 있다.

또 국가인권위원회와 일부 지방자치단체 간에 인권 증진을 위한 양해각시 체결이 이루어지고 있다. 국가인권위원회와 인권증진을 위한 양해각서를 체결한 자치단체들은 지금까지 광주광역시(2008. 10.), 경기도와 안산시(2008. 5.)가 전부이다. 국가인권위원회의 2008년의 사업목표[4]에서 인권공동체에 대한 언급이 있긴 하지

- 국가 및 지방 차원의 인권교육 프로그램 강화
- 학습자를 고려한 다양한 인권교육 자료 개발
- 대중매체를 적극 활용한 인권교육·홍보 강화
- 인권단체·국제사회와 인권 협력체제 구축

[3] 2006년 1월 공표된 '국가인권위원회 인권증진행동계획(2006～2008) 참조. 그 개요는 다음과 같다. "사람이 사람답게 사는 세상"-모든 사람의 인권을 보호하고 증진하는 국가인권위원회라는 비전을 제시하고, △사회적 약자와 소수자의 인권보호 강화 △국제적 수준의 인권제도 및 관행의 구축 △권리구제의 접근성 및 실효성 제고 △인권의식 함양을 위한 인권교육 강화 △위원회의 역량 강화.

[4] 2008년 국가인권위원회의 사업목표는 다음과 같다. 권리규제 효과성 강화, 인권친화적 정책 기반 강화, 인권교육의 효과성 제고, 인권공동체의 외연 확대, 국제인권사회에 대한 역할 및 기여 강화, 조직 역량 강화.

만, 양해각서 안에 인권도시 또는 인권공동체 개발이 명문화된 적은 없다.

이것은 인권도시 개발이 국가 차원의 일방적 요구에 의해서 이루어질 수 없기 때문일 것이다. 즉 인권도시의 개발은 인권 주체인 시민의 자발성이라는 아래로부터의 요구와 자치단체의 노력 및 국가인권위의 협력이 병행할 때 가능한 사업이기 때문일 것이다. 물론 그럼에도 인권위원회의 활동이 인권의식을 전 국민적, 전 국가적으로 제고시키고 있으며, 그 결과 인권도시 개발에 유리한 상황이 조성되었다는 것은 재론할 필요가 없을 것이다.

그런데 국가인권위에 접수된 진정사건 접수현황에 대한 최근 통계에는 매우 흥미로운 사실이 있다(이명재 2008, 16-17면).[5] 그것은

---

5 지자체 관련 인권 사안 급증세(이명재(2008)로부터 재인용).

<기관유형별 진정사건 접수현황>

(2008. 3. 21. 진정 접수 3만 건 기준) 강조는 필자

구분	2001	2002	2003	2004	2005	2006	2007	2008	합계
검찰	105	195(7.0)	173	164	214(3.8)	137(3.3)	227(3.6)	39	1,254
경찰	134	704(25.2)	702	688	937(16.7)	796(19.0)	1,116(17.8)	164	5,256
구금시설	89	1,027(36.8)	1,712	1,862	1,965(35.0)	1,433(34.2)	2,003(31.9)	320	10,414
군대		2		1	10	11	25	5	54
기타	1	2	3	3	7	30	65	7	118
다수인보호시설	9	25(0.9)	57	126	234(4.2)	254(6.1)	522(8.3)	121	1,381
지방자치단체	43	41(1.5)	104	155	321(5.7)	301(7.2)	586(9.3)	73	1,626
합계	803	2,790(100)	3,815	5,368	5,617(100)	4,187(100)	6,274(100)	1,159	30,013

지방자치단체 관련 인권 사안이 급증하고 있다는 것이다.[6] 기관유형별 진정사건 접수 현황(2008. 3. 21.)을 볼 때, 검찰, 경찰, 구금시설 등에 대한 진정은 2001년 이후 총 진정건수 중에서 차지하는 비율이 일정함에 비해, 지자체 업무와 관련한 진정건수와 비율이 큰 폭으로 증가하고 있다. 이것은 지방자치단체에서 인권침해가 늘고 있다기보다는 지자체 업무 같은 생활영역에서의 인권보장에 대한 국민적 관심이 고조되고 있음을 보여준다고 해석해야 할 것이다. 2001년 이후 5년 동안 인권위에 접수된 진정 사건에 대한 2006년의 통계에 대한 다음 자료에서도 인권 활동에 대한 새로운 차원의 요구가 나타나고 있다고 지적되고 있다.

> "인권위 출범 이후 그동안 접수된 진정 사건의 총수는 2만 1,598건. 이를 유형별로 보면 △국가기관에 의한 인권침해가 1만 7,263건으로 79.9% △차별 행위가 2,639건으로 12.2% △기타 법령과 제도 개선에 관한 것이 1,696건 7.9% 등으로 나뉜다. 국가기관에 의한 인권침해 비율이 여전히 높은 점이 특징이지만, 차별 행위에 대한 진정 건이 2005년부터 급증하고 있는 점을 볼 수 있다." 이에 대해 김형완 침해구제총괄팀장은 '국가기관의 권위주의적 관행을 감시하는 시스템이 강화되고 있는 추세에 비춰보면 앞으로 차별 행위 진정이 전체 진정 사건에서 차지하는 비중이 높아질 것으로 보인다'며 '인권을 정의 또는 심판의 문제로만 보는 관점을 뛰어넘어 사회 갈등을 예방하

---

[6] 지방자치단체와 관련한 진정 현황은 2001년 43건, 2002년 41건, 2003년 104건, 2004년 155건, 2005년 321건, 2006년 301건, 2007년 586건으로 비약적인 증가 추세를 보여준다. 이명재(2008), 17면 참조.

는 차원에서 다룰 필요가 있음을 보여주는 대목'이라고 말했다."(김창석 2006)[7]

이런 통계와 지적은 이제 국가적 차원의 인권 담론과 실천이 지역사회와 지방자치단체 등 국민의 생활영역으로 구체화될 필요가 있음을 입증한다. 물론 위의 대상(사회적 약자와 소수자)과 영역(검찰, 경찰, 교도소 등 사법집행기관)에서 인권 보호 활동은 기본적으로 지속되어야 할 것이다. 그러나 이제 인권 증진 사업은 단순히 국민을 보호대상이라기 보다 참여의 주체로서 설정해야 한다는 것, 즉 인권을 중심 가치로 사회를 변화시켜나가는 데 보다 다수의 국민이 참여하는 인권 활동이 지자체 단위에서 더욱 필요함을 시사한다고 보인다. 따라서 지금까지의 국내 인권 담론과 실천을 더욱 구체적으로 발전시키기 위한 대안이 필요하다. 시민의 참여하에 인권교육과 결부된 인권공동체 시스템을 형성, 운영하는 인권 거버넌스 정책, 즉 인권도시 개발정책이 필요한 것이다.

3. 인권도시의 개념

1) 인권도시란 무엇인가?

여기에서 잠시 인권도시와 관련한 국내외 논의를 살펴보고 인권도시 개념을 정의해보자. 한국에서 인권도시에 대한 학문적 논

7 김창석, "인권위 5년, 사회에 '인권'을 선물하다".(한겨레21 2006. 11. 29. 제637호)

의는 거의 없다. 국제적으로도 인권도시 개발에 대한 문헌이나 사례연구는 많지 않다. 국내에서 인권도시 개발과 연관된 문헌으로는 광주광역시에서 의뢰한 '세계적인 민주·인권·평화도시 육성 종합기본계획'(메타기획컨설팅, 2003. 11.)이라는 연구용역 보고서가 있다. 이 보고서 안에 세계 최초의 인권도시로 개발된 아르헨티나 로자리오(Rosario)시의 사례가 소개되었다. 하지만 이 보고서는 광주를 민주·인권·평화도시로 만들자는 방향 설정에도 불구하고 '민주·인권 학습도시'의 조성이라는 다소 어중간한 결론을 제시했을 뿐 교육, 행정, 사법, 기업 활동 등 도시생활의 구체적 영역에서 인권도시 시스템을 위한 정책대안을 제시하지는 못했다. 또한 2003년 성공회대가 주관하고 국가인권위가 주최한 세미나에서 한홍구·이대훈의 글 안에서 세계의 인권교육을 소개하는 가운데 유럽 최초의 인권도시 오스트리아 그라쯔의 인권교육 시스템에 대한 언급이 있다.[8] (이 글에서 인권도시에 대한 개념 정의는 없다.) 진주인권회의에서 주관한 논의들도 인권조례 제정에 집중되어 있으며, 김중섭(2007)이 인권공동체에 대한 국내외 논의를 아주 간략하게 소개하고 있지만 이것도 역시 인권조례 제정에 대한 논의가 중심이다. 이렇듯 국내에서 인권도시 개념이 학문적으로 정의된 적은 없다. 광주광역시 조례에 민주·인권·평화도시 육성과 관련된 규정이 있을 뿐이다. 국외에서는 세계 최초로 인권도시 개발 운동에 나선 PDHRE(The People's Decade for Human Rights Education)[9]라는

---

8 한홍구·이대훈.「국가인권교육계획의 세계적 맥락과 외국의 실태」. 116-117면 참조.

국제 인권 NGO가 인권도시를 정의하고 있다.

먼저 광주의 경우를 보자. '광주광역시 민주·인권·평화도시 육성 조례' 제2조는 민주·인권·평화도시를 정의하면서 "민주·인권·평화의 역사성과 정신을 계승 발전시키고 인간 존엄성의 가치를 구현해 나가며 이를 널리 전파하는 도시전형"으로 규정한다.[10] 이 규정은 5·18의 역사를 가진 광주광역시의 도시 정체성을 민주·인권·평화로 추상화시키는 가운데 인권도시를 상식적으로 규정하고 있을 뿐이다. 이것은 지나치게 포괄적, 선언적인 규정이며, 인권도시에 대한 내포적 정의가 거의 포함되어 있지 않아 인권도시 개념을 학문적으로 논의하기 위해 참고할 가치가 없다고 보인다.

그러면 인권도시 개념에 대한 PDHRE의 정의를 보자. 이 단체는 인권도시를 다음과 같이 정의하고 그 특징을 서술한다.(PDHRE, 2003. 3. 3-4면)[11]

---

9 People's Movement for Human Rights Education라고 표현하기도 한다. 본부는 뉴욕에 있다.

10 광주광역시가 도시 정체성을 민주·인권·평화도시로 선언한 것은 이 세 개념이 서로 연관성을 지니고 있다고 하더라도 지나치게 포괄적이라고 할 수 밖에 없다. 필자의 입장에서, 광주의 정체성을 평화도시로 규정하는 것은 역사적 근거가 미약할 뿐 아니라 현재의 도시 상황을 볼 때 적합하지 않다. 또한 도시 안에서 인권적 가치가 구현될 때 민주도시의 이념도 이루어질 수 있다고 여긴다. 즉 인권도시의 개념은 민주·인권·평화도시의 실현을 위한 기초 개념이다. 인권도시가 실현될 때, 민주, 평화도시도 실현될 수 있다는 것이다(은우근 2006, 181면 참조).

11 PDHRE, Human Rights Learning and Human Rights Cities, 2004-2007 Annual Reports of Achievements., http://www.pdhre.org/achievements-HR-cities-mar-07.pdf, (2007. 3.), 3-4면 참조. PDHRE의 홈페이지는 브리태니커로부터 컨텐츠의 정확성과 풍부함, 우수성 등의 이유로 우수 홈페이지 상을 받을 만큼 풍부한 자료를 제공하고 있어서 PDHRE의 활동의 윤곽을 파악하는데 아주 요긴했다.

> “인권도시는 정부와 조직, 기관 안에서 선한 의지를 가진 사람들이 노력하여 인권 체제(human rights framework)를 통해 공동체의 삶의 발전이 이루어지도록 하는 도시 또는 공동체이다.”

PDHRE는 이런 인권도시의 기본 가치를 ‘평등과 차별의 배제’로 규정한다. 또한 PDHRE는 “인권도시는 인권을 학습하며 이런 통찰을 적용하는 것이 사회를 개선시킬 수 있음을 보여주는 실제로 실행 가능한 모델”이며, “인권도시가 전 세계의 개발 계획에 새로운 활력을 불어넣을 다양한 경험을 제공할 수 있는 실현 가능한 시스템”이라고 한다. 아울러 PDHRE는 인권도시 개발과 인권교육의 관련성을 크게 강조하며 인권교육이 사회개선의 필수적 도구임을 주장한다.

PDHRE의 인권도시 개념을 필자가 다시 정리하자면, 인권도시는 인권체제를 통해 공동체의 삶의 발전이 이루어지는 도시 또는 공동체이다. 인권도시는 인권학습(인권교육)을 통해 사회를 개선시키는 모형으로서 인권도시가 추구하는 기본 가치는 평등과 차별의 배제이다. 이것은 단지 경제성장 중심의 양적 개발이 아닌 가치중심의 개발로서 세계의 새로운 개발모델이다. 이런 인권도시에 대한 PDHRE의 정의와 전략은 시사하는 점이 매우 크다. 인권도시와 인권교육에 대한 결합이라는 전략도 인권교육을 통해 인권주체가 자각하고 그 주체의 참여에 의해 인권도시 개발이 이루어진다는 점에서 역시 인권 거버넌스의 모델을 보여주고 있다고 판단한다.

이러한 여러 측면을 고려하여 필자가 인권도시를 정의한다면, 인권도시란 '인권주체의 참여 속에서 인권가치의 구현을 도시 운영에서 가장 핵심으로 추구하며, 인권의 틀을 통해 사람들의 삶의 발전을 도모하는 공동체'라고 할 수 있다.

2) PDHRE 인권 활동의 특징과 의미

PDHRE란 누구이고, 이 단체의 인권도시 개발운동의 특징과 의미는 무엇인가에 대해 간략하게라도 정리할 필요를 느낀다.[12] 우리가 PDHRE를 주목해야할 이유는 단지 PDHRE의 인권운동이 국제적으로 관심을 끌고 있음에도 불구하고 한국엔 별로 알려져 있지 않았다는 것뿐이 아니다.[13] 그것은 PDHRE의 활동이 인

12 PDHRE의 현 임원 및 회원은 유엔과 유럽, 미국, 아시아, 아프리카 등 세계 여러 나라의 전·현직 교수와 정부 각료, 변호사, 인권 전문가로 구성되어 있다. PDHRE의 임원 구성을 보면, 이 단체가 인권연구와 인권활동에서 국제적으로 최고 수준의 전문가로 구성되어 있음을 한눈에 알 수 있다. http://www.pdhre.org/about.html 참조. 2008년 11월 현재 PDHRE의 임원 구성은 다음과 같다. 이 단체의 소개를 위해 전체 임원 가운데 고문과 회장단 명단을 명기한다.

○ 고문 - Elsa Stamatopoulou: 유엔 인권위원회 고등판무관실 실장, 미국(그리스 출신).

○ 선임 회장단 - Susana Chiarotti: 라틴 아메리카 17개국 여성 네트워크 CLADEM 회장, 아르헨티나.

Virginia B. Dandan: 유엔 경제사회문화권위원회 위원장, 필리핀.

Peter Leuprecht: 캐나다 맥길 대학교 법대 학장, 유엔 캄보디아 인권보고관.

Adama Samassekou: 말리공화국 기초교육부 장관 역임, PDHRE 회장, 유엔 정보사회 세계정상회의 준비위원회 위원장, 말리.

○ 실행위원장- Shulamith Koenig: PDHRE 설립자, 미국(이스라엘 출신).

13 PDHRE의 활동에 대해서 국내에는 거의 알려져 있지 않았다. 다만, 2007년 현재 PDHRE의 선임 회장이며 유엔 경제·사회·문화권위원회 의장인 버지니아 B. 단단(Virginia B. Dandan)이 「인권교육에 대한 대안적 접근」이란 주제로 2002년에 국내 인권단체에서 초청받아 강연했음을 발견할 수 있었다. PDHRE의 활동이 국

권도시 개발에 시사하는 바가 매우 크다고 여겨지기 때문이다. PDHRE는 세계적 차원의 인권도시와 인권교육 활동의 복판에 있는 국제 인권단체이다. PDHRE는 1989년 출범 당시에 여성 인권 향상을 위한 유엔 인권 프로그램과 연계한 인권교육 기구로 시작하여 현재 세계 여러 대륙에서 인권도시 개발에 주력하고 있다. PDHRE는 세계적 인권 전문가가 참여하는 회원 구성과 지도력을 갖추고 있으며, 유엔 등 국제인권활동 무대에서 신뢰할만한 인권도시 개발 실적을 인정받고 있다.[14] 또한 PDHRE는 유엔에 적극적인 로비를 펼쳐 유엔의 인권사업에 영향을 끼치고 있다. PDHRE는 최근 몇 년 동안 가장 중요한 국제 인권 NGO 중의 하나로서 인권과 개발에 관련된 여러 유엔 프로그램에 참여했다. PDHRE의 창립 이후 국제 인권 NGO의 활동에서 이제 PDHRE의 역할이 두드러지게 나타나고 있다. PDHRE는 캠페인과 로비에 머물지 않고 세계 여러 곳에서 인권도시 개발과 인권교육 그리고 여성과 아동의 권리 옹호를 위한 운동을 실천적으로 수행하고 있다. 2007년 5월 현재 PDHRE의 지원과 협력을 통해 인권도시 개발이 진행 중인 16개의 도시들이 아시아, 아메리카, 아프리카, 유럽 등 세계 여러 대륙에 소재하고 있다.[15] 이런 PDHRE의 활동을 계기로 국제적

내에 소개된 것은 위에서 언급한 광주광역시의 '세계적인 민주·인권·평화도시 육성 종합기본계획'에서 PDHRE 홈페이지를 통해 소개된 로자리오 인권도시 프로그램에 대해 1-2페이지가 할애되어 있을 뿐이다.

14 PDHRE의 창설자이자 실행위원장인 Shulamith Koenig가 2003년 11월 유엔 총회 의장인 Julian Hunte로부터 인권분야에서 유엔 상을 받은 것은 바로 이런 노력에 대한 평가로 보인다.

15 그 도시들은 다음과 같다. Rosario – 아르헨티나, Graz – 오스트리아, Santa Cruz –

인권 공동체와 인권교육의 네트워크가 형성되고 있다고 보인다.

또 중요한 것은 PDHRE의 인권활동은 인권도시 개발과 인권교육 운동이 결합하는 주목할 만한 양상으로 전개되고 있다는 것이다. 이것이 PDHRE의 여러 사업과 성과 중에서 우리에게 크게 의미 있는 부분으로 여겨진다. PDHRE에서 인권교육은 단지 준법교육에 머무르는 것이 아니라 궁극적으로 사회변화의 목표이자 유용한 도구이다. 인권도시 안에서 시민은 단지 인권을 보호받을 대상이 아니라, 스스로 인권 보장이 이루어지는 사회 시스템을 만들고 운영하는 실천에 참여하는 주체이다. 이 주체는 사회 각 분야에서 인권 침해를 모니터하는 등 다양한 참여를 통해 인권과 민주주의를 단지 유엔 문서나 법조항이 아니라 생활의 한복판에서 배우고 실천한다. 이 때 지역사회는 생활의 장이자 생동하는 민주주의와 인권 학습의 장이 될 것이다.

4. 인권도시를 위한 담론과 실천

1) 광주광역시에서의 인권담론과 실천 과정

최근 지역 차원에서 인권조례 제정과 인권도시에 대한 관심이 고조되고 있다. 경기도 안산시는 지방자치단체 가운데 처음으로

볼리비아, Bihac - 보스니아, Porto Alegre - 브라질, Edmonton, Winnipeg - 캐나다, Temuco, Valparaiso - 칠레, Bongo, Newton, Wa, Nimamobi, Walewale - 가나, Nagpur - 인도, Korogocho - 케냐, Kita, Kati, Kayes, Sikasso, Timbuktu - 말리, Bucuy Municipality - 필리핀, Musha - 르완다, Thies - 세네갈, Mogale - 남아프리카, Kaohsiung - 타이완. http://www.pdhre.org/projects/hrcommun.html 참조.

거주 외국인 인권보호를 위한 조례를 만들 예정이다.[16] 울산, 목포, 제주, 시흥 등에서는 장애인 복지시설, 결식아동, 다문화 가족 등의 이슈로 인권 관련 조례제정 움직임이 있다. 진주의 경우 1992년 형평운동 70주년 기념사업회가 창립된 이후 '진주를 인권도시로 만들자'는 슬로건을 걸고 매년 진주인권회의가 개최되고 있다.[17] 광주광역시에서도 인권도시 및 인권조례와 관련된 논의가 진행 중이다. 광주에서는 '민주·인권·평화도시 육성'이 시장선거 공약으로 나타난 이후, '광주광역시 민주·인권·평화도시 육성 조례'를 제정했으며 최근에는 인권기본조례 제정을 위한 노력이 있다.

그러면 이제 인권도시와 관련하여 광주 지역에서의 인권 담론의 제기 및 실천 과정을 계기별, 연대순으로 간단히 검토하고 그에 대한 반성적 평가를 통해 광주지역에서 인권도시 개발이 어떤 의미가 있는가를 고찰하겠다.

(1) 인권 엑스포 개최 논란(1995)

1995년 김재균 전 광주광역시 북구청장은 광주시민연대[18]에

---

16 경기도 안산시에 등록된 외국인은 2008년 7월 말 현재 58개 나라 3만 2,983명이다. 전체 인구 4.4%가 외국인이다. 여기에 미등록·불법 체류자를 포함하면 안산 지역 외국인은 7만여 명에 이른다(한겨레신문 2008. 11. 7.과 2008. 11. 16. 참조).

17 진주 지역에서의 인권조례 만들기 현황을 파악하기 위해서는 다음을 참조할 것. 김중섭, "지역사회의 인권 발전과 조례 제정: 진주시를 중심으로", 『현상과인식』(2007. 12.), 33-55면. 그리고 권춘현, "진주 인권조례 만들기 운동의 현재", 『지자체 조례의 인권적 접근을 위한 활동가 워크숍 자료집』, 59-62면.

18 시민연대모임은 관주도의 5·18기념사업을 반대하는 과정에서 만들어진 광주지역 시민단체이다. 이 단체는 오월성역화를 위한 시민연대에서 시민연대모임으로 그리고 광주시민연대로 변경되었다. 여기에선 광주시민연대로 통칭한다.

인권엑스포를 제안했다(김재균 2006, 209). 당시 광주시민연대는 인권엑스포 구상이 인권 의제의 상업화이며 전시행정에 치우칠 수 있다는 이유에서 이를 거부했다. 김재균 청장은 또한 1999년에 '세계 민주·인권 엑스포' 개최를 광주광역시에 제안했다.

(2) 광주 아시아인권선언[19](1998. 5. 17.)

광주시민연대의 주관으로 한국과 아시아 지역 인권지도자들이 모여 '광주 아시아인권선언'을 발표했다. 인권증진에 헌신한 50여 명의 인사들로 조직위원회를 구성했으며, 상임지도위원으로는 윤공희 천주교 대주교, 조직위원장으로는 강신석 목사를 선정했다. 홍콩의 아시아인권위원회(Asia Human Rights Commission)의 주도로 진행된 헌장 제정 작업은 6인의 민간단체 대표들로 초안위원회가 구성된 후 '95년 1월 스리랑카 콜롬보, '95년 8월 홍콩, '96년 1월 홍콩에서 진행된 지역별 검토회의와 '95년 3월 인도 방갈로, 4월 네팔 등지에서 열린 나라별 협의를 병행하면서 진행되었다. 토론에서는 아시아 지역 인권재판소, 아시아 지역 인권회의에 대한 논의가 이루어졌다.

---

19 이에 대한 상세한 고찰을 위해서는 "광주아시아 인권선언", 『아시아 인권헌장 선언대회 자료집』(광주시민연대 1998); 인권운동사랑방, 인권하루소식 1998년 5월 19일 (화) 제1127호와 1998년 4월 15일 (수) 제1104호 참조. 그리고 은우근, "5·18 기념사업에 대한 하나의 반성", 역사비평(2003 여름) 103-104면 참조.

(3) 인권·평화도시(2000) 또는 민주·인권·평화도시 담론(2002)[20]

광주광역시에서 발주한 연구용역 보고서 『문화광주2020』(이종범·정근식, 2000)에서 광주는 처음으로 인권·평화도시로 규정되었다. 이후 2002년 박광태 광주광역시장 후보가 선거에서 '민주·인권·평화도시 육성'을 공약했으며, 시장 취임 후 같은 해 9월 '민주·인권·평화도시 육성 종합 계획' 용역 공모가 이루어졌고, '광주광역시 민주·인권·평화도시 육성 조례'(2007)[21]가 제정되었다.

(4) 아시아문화중심도시 조성 (2002)

아시아문화중심도시는 2002년 노무현 대통령 선거 공약으로 등장했다. 아시아문화중심도시 조성위원회 보고서는 광주 정체성과 관련하여 기존의 민주·인권·평화도시 구상을 기본으로 하면서 '신인본주의'를 핵심 문화적 가치로 설정하고 있다.[22]

(5) 국가인권위원회와 광주광역시 간 인권 증진사업을 위한 양해각서 체결(2008)[23]

---

20 은우근(2003), 113-114면. 그리고 은우근, "5·18문화담론에 대한 비판적 고찰", 『민주주의와 인권(2006. 10.)』, 173-174면과 177-178면 참조.

21 2007. 5. 15. 제정. 조례 제3491호. 민주·인권·평화도시 담론의 문제점에 대해서는 은우근(2003) 113면 참조.

22 아시아문화중심도시 조성 사업의 기본구상에 대해서는 은우근(2006), 174-178면 참조.

23 국가인권위원회와 광주광역시 간 인권 교류협력증진 및 지역사회 인권 신장을 위한 양해각서(2008. 10. 31.).
국가인권위원회와 광주광역시는 인권 교류협력증진 및 지역사회 인권신장을 위하여 다음과 같이 교류와 협력을 추진해 나가기로 합의한다.
1. 양 기관은 다음 사항의 추진에 상호 협력한다.
① 국가인권위원회와 광주광역시는 인권테마역사 조성 등 인권 친화적 도심이

광주광역시 지하철 인권테마역사 준공을 계기로 광주광역시는 국가인권위원회와 인권조례 제정 등 인권 증진 사업을 위한 양해각서를 교환했다.

(6) 광주광역시 인권기본조례 제정 운동(2008)

광주지역 인권단체 활동가 및 교수, 교사가 참여하여 '인권조례 연구모임'을 구성, 운영하고, '광주광역시 인권기본조례' 제정을 위해 초안을 마련하고 2008년 워크숍과 공청회를 한 차례씩 가졌고 2009년 2월 광주광역시 관련 공무원과 시의원, 인권조례 연구모임 회원들이 모여 광주광역시 인권기본조례 초안에 대해 의견을 교환한 바가 있다.

이상과 같이 광주 지역에서 이루어진 인권도시에 관련된 담론과 실천과정을 반성해보자. 1), 2), 3)의 사례에서 보듯이 우선 담론 제기 과정이 대통령 선거, 자치단체장 선거 등 정치적인 상황이 계기가 되고 있거나 정치인의 참여가 두드러진다. 이는 광주 지역사회가 겪은 5·18이라는 특수한 역사적 경험 때문이기도 하다. 물

조성되도록 인권교류 협력 증진 및 인권조례 제정 등 지역사회 인권신장을 위하여 노력한다.

② 광주광역시는 민주, 인권, 평화에 부합하는 인권행사(프로그램)를 개발하고, 국가인권위원회는 인권문화 콘텐츠 등을 제공한다.

③ 국가인권위원회와 광주광역시는 지역 내 인권현안 발생 시 공동해결 및 위원회의 권고사항 이행과 예방조치를 위한 제반노력을 강구한다.

④ 광주광역시는 시민과 공무원들의 인권감수성 제고를 위하여 인권관련 전담부서마련 및 인권교육을 위한 정규과목 등을 개설한다.

⑤ 국가인권위원회와 지역 내 사회적 약자(정신장애인, 다문화 사회 구조 이주민, 아동, 노인 등 소외계층)의 인권보장을 위하여 노력한다.

론 정치적 상황 속에서 정치인의 인권담론 참여 자체가 부정적인 것은 아니지만, 인권의제의 실천이 정치적 이해관계에 의해 왜곡되거나 좌우되기 쉽다. 이 때문에 전시적, 일회적 행사위주의 인권행정이 펼쳐질 수 있다. 따라서 정치인의 정치적 이해관계가 바뀌면, 인권 공동체 추진 의지도 약화됨으로써 사업추진 동력이 소멸될 우려가 있다는 것이다. 결국 정략적 또는 정치적 이해와 동기가 인권공동체 개발의 중심 동력으로 작용할 경우 사업의 연속성과 일관성이 담보되기 어려울 것이다. 이런 문제는 이미 민주·인권·평화도시육성 조례 제정과 실행의 경우에서 전형적으로 나타나고 있다. 사실은 민주주의, 인권, 평화라는 세 개념과 그 개념들 간의 연관성이 광주의 역사적 정체성과 관련해서 지니는 의미에 대한 논의가 없었으며, 조례 제정 당시에도 공청회 등 여론 수렴을 위한 노력이 전혀 없었다는 것이 이런 우려의 현실적 근거이다.[24]

광주시민연대가 주관한 아시아인권선언의 경우, 일회성에 그치고 국내와 아시아 지역 인권신장을 위한 지속적 실천이 이어지지 않았다. 선언의 정신을 발전시키고 선언의 이행을 모니터하는 등의 후속 노력이 없었던 것이다. 따라서 이런 행사를 통해 확보된 국제적 인권 연대의 네트워크도 지속적으로 가동되지 않았다. 국가와 자치단체의 협력 속에서 제도적 실천방안을 마련하려는 정치적 노력도 없었다. 결국 선언적인 행사로 그치고 말았다.

---

24 광주광역시 민주·인권·평화도시 육성 조례의 문제점에 대해서는 조상균(2008), [인권의 관점에서 본 광주광역시 조례 현황], 지자체 인권조례 워크숍 자료집 50-52면을 참고할 것.

아시아문화중심도시 조성 사업의 구체적, 직접적 계기는 대통령 선거공약에서 비롯하여 국가주도로 담론화되고 실천되었다. 이 사업은 원래 광주광역시 옛 도청일원에 예정된 5·18기념사업에서 출발한 것이었다. 따라서 아시아문화중심도시 사업은 5·18의 정신과 가치를 문화적으로 구현하는 5·18 정신계승 사업의 성격을 지니는 것이다. 광주광역시의 역사적 정체성에 비추어 광주가 추구할 문화적 핵심가치가 인권이라는 것에 이의를 제기할 수 없을 것이다. 사실 문화도시와 인권도시는 긴밀하게 연관된 개념이다. 인권은 정치적, 문화적 가치의 핵심이기 때문이다. 세계인권선언에서 문화권은 인권의 필수적인 요소로 언급되고 있다.[25] 모든 문화는 자유와 평등, 생존권 등 인권이 보장되고 인간의 존엄성이 구현되는 바탕에서 꽃필 수 있다. 다양성과 차이가 인정되는 가운데 인권주체의 참여 속에서 지역사회의 문화가 꽃필 수 있으며 민주주의가 생동할 것이다. 유럽 의회에서 유럽 최초로 인권도시 개발 선언을 한 오스트리아 그라쯔의 경우 유럽 문화도시이기도 하다. 아시아문화중심도시가 인권 가치를 포함한 '신인본주의'를 지향하는 것은 바로 이런 점에서 충분히 납득할 수 있다. 하지만 이 사업 역시 대통령 선거가 계기가 되어 시작된 만큼 지역의 문화주체이자 인권주체인 시민의 참여를 끌어내지 못할 경우, 정치적 상황에 따라 사업의 성격과 방향, 추진 동력이 변화될 수 있는 가능성이 얼마든지 있다.

인권기본 조례 제정 운동의 경우 인권관련 단체, 전문가 등 시민

---

25 세계인권선언 22조, 27조 참조.

내부와 광주광역시 일부 시의원들의 관심이 결합되고 있다. 또한 국가인권위원회와 광주광역시 사이에 조례제정과 관련한 양해각서가 체결된 것은 매우 고무적이며 획기적인 일이라고 할 수 있다. 이런 일은 국가인권위에서 '지역의 자생적인 인권관련 노력들을 촉진하는 것으로 한 지역의 성공 사례를 타 지역으로 확산·공유시킬 수 있는 모델을 창출'한다는 데 의미가 있다(이명재 2008, 18). 하지만 광주광역시에서 인권기본조례 제정이 아직 완결된 것이 아니며 이 조례의 구체적인 여러 내용을 둘러싼 상이한 입장 사이의 갈등이 원만하게 조정, 합의될 것인가의 문제는 여전히 남아있다.[26] 또한 인권기본조례 제정만으로 인권도시의 실현을 위한 필요충분조건이 충족될 수는 없다. 따라서 '인권 관련 조례가 단지 선언적, 과시적 법규에 그치게 되거나 인권을 둘러싼 지역 정치세력 간의 정치적 타협의 산물이 되기 쉽다'는 지적(안진 2008, 34)은 언제나 중요하게 새겨야 할 사항이다. 인권기본조례가 인권도시 운영의 핵심 인프라이겠지만 그 조례에 담긴 정신을 실제로 실현할 수 있는 동력은 어디까지나 인권주체인 시민 내부에서 비롯함을 인식해야 한다. 인권도시를 위한 실천이 정략적 동기에 좌우되지 않고 인권주체의 활발한 참여를 통해 이루어질 때 위에서 지적된 여러 한계가 극복될 것이다. 인권도시 개발 사업이 정치적 왜곡을 배제하면서도 지속가능성을 담보하기 위해서는 인권기본조례

---

26 예컨대, 인권분야 지표 개발 및 인권지수 평가와 인권 증진 모니터 활동 및 평가를 위한 시민위원회 구성 등을 둘러싸고 자치단체장이나 자치단체 의회 등 지역 정치세력과 인권단체 및 주민 사이에 갈등과 마찰이 있을 수 있다.

제정 운동과 국가인 권위와 광주광역시간 인권신장을 위한 양해각서 체결에서 보듯이 자치단체 및 국가라는 위로부터의 정책적 관심과 시민사회라는 아래로부터의 활동이 함께 만나야 이상적일 것이다. 인권조례 제정 운동은 궁극적으로 주민참여에 의한 인권도시 개발 운동으로 이어질 때, 지역사회 인권수준의 향상이라는 본래의 목적이 더욱 충실하게 달성될 수 있음을 강조하고자 한다.

인권 증진을 위해 광주 지역에서 행해진 이와 같은 여러 노력들은 결국 인권도시개발로 종합되는 것이 가장 바람직할 것이다. 광주의 도시 정체성이 5·18이라는 역사로부터 가장 크게 규정받고 있음을 인정한다면, 광주지역에서 개발될 인권도시는 도시 정체성을 규정하는 것이자 동시에 인권가치가 도시 안에서 살아가는 사람들의 삶의 원리로서 실현되는 제도의 문제이기도 하다. 인권도시 개발은 광주의 역사적 정체성과 직접적으로 연관될 뿐 아니라, 국가, 자치단체, 정치, 시민사회 등 제 사회영역과 주체들의 노력이 제도적으로 수렴될 수 있는 지점이 될 수 있기 때문이다.

2) 인권도시 개발 연구에서 고려할 사항들

인권도시 개발 연구는 인권공동체 형성을 위한 정책 수립의 이론적 근거를 제공해야 할 것이다. 이 연구의 초점은 '인권도시에서 민주적 거버넌스의 생성'이라는 화두에 초점을 두고 다음의 네 가지 의문을 해소해야 할 것이다. 첫째, 인권의 생활화된 내용은 어떠한 것인가? 둘째, 시민의 참여하에 이루어지는 인권가치의 제도화된 실천은 어떤 정책과 전략으로 가능한 것인가? 셋째, 이를 위한 세계 주요 인권도시의 개발정책은 무엇인가? 넷째, 이것이 우리 국가와 지역사회에서 구체적으로 실천 가능한 정책 대안으로서 발전할 수 있는가? 이상의 네 가지 질문을 다시 다음과 같이 분야별로 정리해 보았다.

갈등해소와 지역사회 통합 및 협력 방안

- 지역사회에서 공무원, 기업 등 개별집단과 계층의 조직 이기주의와 연고주의를 어떻게 극복할 것인가?
- 권력, 자본, 개발, 자원의 분배 등 기득권을 둘러싸고 심각한 분열과 대립갈등이 있는 지역사회에서 인권도시 개발이라는 부드러운 개혁이 가능할 것인가? 그러한 갈등을 해소하고 공동체의 통합을 이루는 방법은 무엇인가?
- 반목 중인 정부기구들과 비정부기구들이 인권 문화의 생활화를 확립하기 위해 어떻게 협력할 것인가?
- 지역사회 기득권을 점유하고 있는 정당, 정치인, 대기업 소유자, 고급관료, 언론 그리고 이들과 밀착되어 이해관계로 얽힌 지역토호, 경찰, 검찰 등 권력기관, 교육 관료와의 갈등은 없을까? 극복 방안은 무엇인가?

도시 문화의 익명성 극복

- 개인주의적 익명의 문화가 지배적인 현대 도시에서도 인권도시 프로그램이 적용될 수 있을 것인가? 자칫 새마을운동과 비슷한 관제 인권운동으로 변질할 수 있지 않을까?

인권도시 시스템과 정부 시스템의 기능 중복

- 인권도시 시민위원회가 행정, 치안, 교육, 복지 등 시민의 모든 삶의 조건에 관여하게 될 때 그 하중을 어떻게 감당할 수 있을 것인가?
- 인권도시 시민위원회의 활동이 활성화될 때 시의회, 구의회 등 자치단체 대변기구와 역할과 기능이 중복될 가능성이 있다. 인권도시 시민위원회 역할의 한계는 어디까지인가?

재정

- 인권도시 정책 시행에 필요한 재정 조달 방법은 무엇인가?

이상을 종합하면 인권도시 개발 연구에서 다음의 내용을 명확하게 제시해야 할 것이다.

1) 인권도시 개발의 목표
2) 인권도시 개발을 위한 생산력, 재정, 교육, 의료 시스템 등 물적 기반
3) 인권도시 개발의 추진동력, 조직형태, 합의도출 방식, 문제해결의 원칙 등 인적 기반
4) 인권도시 개발을 위한 인권교육 실시 지원 법령, 조례 등과 인권교육원의 설치 등 인프라 구축방안
5) 인권교육과 인권도시 개발의 연계 방안
6) 인권도시 개발 단계와 과정
7) 예상되는 장애와 이의 극복 방안

그 밖에 이 연구에 포함되어야 할 필수적인 추가 사항은 다음과

같다. 먼저, 국제 인권도시 개발 사례에 대한 연구가 필요하다. 이 분야의 연구는 세계의 인권도시들을 단순히 소개하는 것이 아니라 인권도시 개발전략과 실천적 성과를 검토, 평가하여 그것이 한국 사회에서 어떻게 적용될 수 있을지 해명한다. 국제 인권도시에 관한 기초자료 조사와 현지조사를 통해 인권도시개발정책과 인권교육 방안을 모색하여 국내에 접목시킬 이론적 근거를 제시할 수 있다. 인권도시 사례 연구는 이러한 문제에 대한 대답을 새로운 인권활동, 즉 인권도시개발과 인권교육의 결합을 시도하고 있는 국제적 인권도시에서 찾고, 이를 다시금 인권도시로의 비상을 꿈꾸는 지역사회에 적용, 인권도시개발의 실현을 위한 제반 조건을 탐색할 수 있을 것이다.

이를 위해 PDHRE 등 국제 인권단체와 국제 인권도시에 대한 전반적인 조사를 통해 인권도시 개발 현황을 파악해야 한다. 국제 인권도시에 대한 문헌조사는 물론 방문조사도 필요하다. 이 분야 조사와 연구를 통해 인권도시에서의 민주적 거버넌스의 구축과 관련된 다양한 주제에 대해 시사점을 찾는다. 여기에서 다음과 같은 점이 해명되어야 할 것이다.

① 인권도시 개발운동의 이념, 목표 그리고 구체적 전개 과정을 통해 나타나는 전략은 무엇인가? ② 인권도시개발이 이루어지는 나라와 지역사회에 존재하는 다양한 정치·사회적 대립과 갈등에 대한 대응방식은 무엇인가? ③ 이러한 실험에 있을 수 있는 장애와 근본적인 한계는 무엇인가? ④ 인권도시 개발과정에서 주체들은 어떤 변화를 겪고 있는가? ⑤ 그 변화는 다시 주체의 환경, 즉

민주적 사회제도의 실현에 어떻게 반영되고 있는가? ⑥ 세계 인권 도시 개발의 실천적 경험들은 우리 사회에 어떤 의미가 있으며 어떻게 반영될 수 있을까?

삶의 현장에서 인권실현의 주체인 지역 구성원이 만들어가는 인권 도시, 인권교육운동의 현장에 대한 구체적 조사의 결과(세계 여러 곳의 인권교육 연구센터 방문, 인권 교육 교재 및 다양한 시청각 자료의 수집과 분류, 비교)는 인권교육의 내용과 방법론 개발, 인권운동 방향과 인권정책 수립을 위한 좋은 참고 자료로 활용될 것이다. 국제 인권 도시의 다양한 인권환경에서 이뤄지는 교육 내용(인권 교육 교재와 자료, 프로그램 분석), 교육 시스템(민관 협력 모델, 교육 대상과 주제의 결정과 운영, 강사 훈련 방식), 교육 방법론 등에 대한 조사와 연구는 인권 교육 정책, 인권교육 내용 및 프로그램의 개선과 발전을 위해서 정부 및 비정부 기구에서 실질적으로 활용 가능한 자료가 될 것이다. 그밖에 인권도시에서의 인권교육 연구는 인권과 민주주의를 위한 새로운 인권교육학 방법론의 개발에 도움을 줄 것이며, 우리 사회에 알맞은 다양한 인권교육 방법론 연구를 촉진시킬 것이다.

다음으로, 지역 실태 및 시민의식 조사가 필요하다. 인권도시 개발 연구의 목표는 지역사회에서 구체적으로 적용 가능한 인권도시 개발 모델 수립을 위한 것이다. 이 연구에서 행할 지역 시민의식조사는 교육, 주거, 의료, 공공서비스 등 다양한 분야에서 지역 대중의 삶의 질과 복지 개선을 위한 정부 정책의 수립을 위해 활용될 뿐 아니라 시민단체의 활동 목표를 설정하는 데도 매우 소중할 것이다.

5. 결론에 대신하여

인권도시 개발의 당위성과 근거가 어느 정도 해명되었다고 보고, 인권도시 개발의 의의를 명시하면서 이 논문을 마무리하고자 한다.

광주를 인권도시로 개발하는 것은 5·18 정신의 계승과 발전이라는 5·18 기념사업의 일환일 뿐 아니라, 사람다운 삶을 위해 피와 밥을 함께 나누었던 80년의 아름다운 공동체를 21세기에 부활시키는 것이기도 하다. 따라서 인권도시 개발은 박제화에 그칠 수도 있는 민주화운동기념사업의 지평을 넓힐 것이다. 일정한 준비를 거쳐 5·18민중항쟁 30주기인 2010년에 광주광역시를 국내외에 인권도시로 선언하는 것은 5·18정신계승과 확산을 위한 역사적인 일이 될 것이다.

인권도시 개발은 국가적으로도 다음과 같은 몇 가지 의의가 있다. 첫째, 인권도시 개발이야말로 인권의 지역화, 구체화를 위해 가장 바람직한 전략이다. 김대중 정권에서 국가인권위원회 출범 이후 오늘에 이르면서 국가적 인권 담론은 이제 단지 정치적 뿐 아니라 문화와 생활상으로 시민의 인간다운 삶에 대한 요구를 실현해야 한다는 측면에서 인권 실천의 지역화, 구체화로 발전하고 있다. 인권도시 개발은 국가적, 전국적, 추상적, 정치적 차원에서 인식되어온 인권 의제를 구체적, 지역적, 생활상의 이슈로 자리 잡는 계기를 제공함으로써 궁극적으로 우리 사회 인권수준의 총체적 향상에 기여하고, 궁극적으로 한국 민주주의의 실질적인 진전에 이바지할 것이다. 이런 인권의 지역화 전략을 실행하는 데 가장 합당한 지역이 바로 광주광역시라고 여겨진다.

둘째, 인권도시는 인권주체의 민주주의 훈련의 장이 될 것이다. 인권도시 개발과 운영은 인권 의제를 중심으로 한 부드러운 개혁이다. 인권도시 개발의 목표는 인권이라는 틀을 통해 지역공동체 구성원이 주체가 되어 합의에 의해 지역사회를 변화시키는 것이다. 인권 가치를 중심으로 형성된 도시 시스템 속에서 인권 주체인 지역주민은 도시 운영에 참여함으로써 지역공동체를 민주적으로 개편한다. 인권도시 프로그램이 시행되는 과정에서 구성원들은 학습과 토론, 다수결에 의한 민주적 의사결정, 소수자 및 약자의 권리를 존중하는 등 민주주의의 기본적 원리는 물론, 성숙하고 이상적인 공동체를 체험하고 실습하는 과정에서 스스로 공동체의 주체로 등장한다. 이러한 인권과 민주주의를 위한 훈련의 기억과 체험은 결코 지워지거나 망각되지 않을 것이다.

셋째, 인권도시 개발은 새로운 형태의 도시개발, 즉 민주적 거버넌스에 의한 질적 개발의 새로운 모델이 될 것이다. 인권도시는 자치단체의 장이나 일부 정치인, 기업인, 일부 지식인 등 지역사회 상층부를 구성하는 이른바 지역 유력자가 아니라 주권자인 시민이 참여하는 도시 개발 모델이다. 이것은 기존의 양적, 경제적 측면의 도시개발에 견주어 민주적 거버넌스에 의한 질적 개발의 형태이다. 이 점에서 인권도시 개발은 하드웨어 중심, 양적 가치에 머무르고 있는 기존의 도시 개발에 대한 사고틀이 인권가치라는 질적 가치로 전환되는 새로운 패러다임을 통해 가능하다.

인권도시 운영시스템의 동력은 근본적으로 지역사회 시민들의 역량에서 비롯한다. 인권공동체의 개발과 인권교육의 통일, 그리고 그것을 구성원들의 주체적인 역량과 매개시키는 새로운 경험과 실천에 입각한 이러한 도시 개발 모델은 지역 차원의 개혁, 즉 지역에서 인권과 민주주의 참여시스템으로서 로컬 거버넌스를 획기적으로 발전시킬 것이다.

넷째, 인권도시 개발은 사회 통합의 가치로서 인권을 새롭게 인식하는 계기가 될 것이다. 인권은 민족공동체 내부를 통합하는 주요 가치가 될 수 있다. 한국 정부가 추구해온 자유주의적 성장 발전 모델은 한국 사회 내부갈등을 더욱 부추기고 있다는 것이 일반적인 진단이다. 우리 사회에서 진보와 보수 양자 간 격심한 갈등은 인권도시 개발과정에서 인권 가치를 매개로 조정이 가능할 것이다. 지역 내에서 경찰, 법원 등 사법기관과 시민, 기업주와 노동자, 부자와 빈자, 공무원과 민간 등 서로 이해와 입장을 달리하는 집단들 사이에 합리적인 합의를 거쳐 인권도시를 구성, 운영하는 것은 우리 사회 내부 통합에 기여하는 것이다.

다섯째, 인권은 남북 민중의 내부 통합을 위한 기초적 가치가 될 수 있다. 통일을 염두에 둘 때 어떤 가치를 중심으로 50여년 이상 이질적 체제와 사상으로 분열된 민족의 통합을 도모할 것인가를 고민하지 않을 수 없다. 결국 자본주의나 사회주의, 자유 민주주의와 인민 민주주의라는 특정 이데올로기가 아니라 인간다운 삶과 인간 기본권의 보장, 즉 인권 가치가 남북 체제와 남북 민중 간의 통합을 위한 실질적 기초로서 역할을 할 수 있다. 이런 의미에서 탈이념적인 인권가치의 실현에 의한 사회 통합의 실험은 민족 통일에 대비하기 위해서도 매우 중요하다.

여섯째, 인권과 민주주의 실천을 위한 국가 내 또는 국제적인 인권도시 간 연대는 민주주의 공고화에 기여한다. 인권도시 개발 과정에서 인권도시 간 연대는 지구화 시대 아주 의미있는 도시 개발 방식이다. 국제 인권도시 간 연대는 각 인권도시가 속한 국가 안에서 실질적인 민주주의의 진전을 담보함으로써 이런 민주주의적 성과가 후퇴하지 않도록 하는 국제적 방어선의 역할을 할 것이다.

제7장

인권도시의 도전과 성과*

1. 인권도시의 도전

서울, 인천, 충남 등의 사례를 통해 인권도시가 당면한 도전과 인권조례 제정의 퇴행적 상황을 살펴보겠다.

1) 서울시민인권헌장의 제정과 공표 거부 과정[1]

(1) 서울시민인권헌장 제정과 그 의의

서울시민 인권헌장(이하 인권헌장)의 제정 과정은 인권사에서 유례없이 특별한 경험이었다. 시민과 인권 전문가의 대규모의

* 이 글은 대한민국 인권 근현대사(2019, 국가인권위원회 정근식 외 저, 전5권) 3. 차별과 혐오를 넘어, 포용과 연대를 향하여 '제15장 인권도시 만들기 운동'의 일부이다. (523-544면)

1 인권헌장 제정의 과정은 다음 참조. 문경란·홍성수 편(2015: 90-95면), 『서울시민인권헌장』, 경인문화사.

협력 방식, 인권헌장 제정을 방해한 세력의 대대적이고 조직적이고 폭력적인 혐오 행동, 그에 대한 서울시의 무력한 대처 그리고 인권헌장 공표 거부가 끼친 영향이 매우 크다.

> "서울은 우리에게 단순히 주어진 공간이 아니다. 서울은 우리가 함께 나날이 만들어 가는 생활공간이다. 서울의 모든 구성원은 이 도시의 공동 창조자이자 예술가라는 자부심을 가져야 한다. 그러므로 우리는 공공성과 공동선에 기반하여 모든 거주민이 차별없이 인간적 존엄을 보장받으며 지속가능한 발전을 지향하는 것이 인권도시 서울의 기본방향이 되어야 한다고 믿는다." (인권헌장 전문 중에서)

이 전문의 일부는 인권이 국제인권규범에 따라 그저 '주어진' 것이 아니라 '만들어 가는' 것이듯이 헌장의 제정도 '만들어가는' 과정이 중요함을 암시한다.

2014년 8월 6일 서울인권헌장 제정 시민위원회(이하 시민위원회)가 발족하여 2014년 12월 10일 시민들이 인권헌장을 선포하기까지 127일이 걸렸다. 하지만 사실은 서울시가 2013년 5월 5일 서울시 인권위원회(이하 인권위) 회의[2]에서 자문을 받으면서 이미 작업을 시작했다. 인권헌장 제정은 2011년 박원순 서울시장의 선거 공약이었다. 인권위는 시민참여 방식의 제정을 제안했고 서울시는 흔쾌히 받아들였다. 150명 시민위원과 40명 전문가들은 큰 자부심을 갖고 열성을 다했다.(문경란외, 2015: 6-7, 31)

---

2 2013. 5. 30. 개최된 인권위 2013년 제2차 정기회.

그런데 '반차별'이라는 인권의 가장 핵심 원칙을 거부하는 세력이 조직적인 방해를 시작했다. 그들은 동성애 반대를 외치며 서울시와 인권위원들, 시민위원들과 전문위원들을 공격했다. 막대한 자금으로 조선일보를 포함한 7개 일간지에 비난 광고를 두 차례나 게재했다. 혐오발언과 증오선동(문경란외, 2015:64)을 거리낌 없이 자행했다. 강남과 강북의 권역별 토론회장을 폭력을 행사하며 난장판으로 만들고, 공청회도 무산시켰다.

서울시는 이들의 집요하고 잔인한 공격에 거의 대처하지 못했다.(문경란외, 2015:54-62) 서울시 인권담당관은 11월 28일 "표결방식이 아닌 시민위원들의 만장일치 합의를 통한 헌장안의 도출"로 입장을 정하고 만장일치 합의를 못할 경우 "12월 10일로 예정된 선포식을 연기"하겠다고 일방적으로 발표했다.

2014년 11월 28일 시민위원회는 제6차 회의에서 인권헌장을 표결에 의해 확정하기로 했다. 일방적으로 만장일치를 요구하며 투표를 방해한 서울시에 대한 일종의 항의였다.(문경란외 2015:75-76) 투표 결과 60:17의 압도적인 결과로 통과가 확정되었다. 구체적으로 45개 조항은 만장일치로, 차별금지와 관련한 5개 조항은 표결을 통해 인권헌장을 채택했다. 그런데 서울시는 11월 30일 기자회견을 열어 "인권헌장은 합의에 실패했다. 자연스럽게 폐기된 것"이라는 입장을 발표했다. 결국 서울시민 인권헌장은 시민들의 참여를 통해서 제정했지만, 시장이 공표하지 않는 역사를 기록했다.

아래는 서울시의 인권헌장 폐기 입장 발표 후 시민헌장 선포 거부에 항의한 무지개농성단의 해산에 이르기까지의 간략한 과정이다.

- 2014. 12. 1. : 박원순 시장 한국장로교총연합회 임원 조찬 간담회에서 "동성애를 지지하지 않는다." 발언
- 2014. 12. 1.~12. 8. : 시민사회와 정당[3] 성명과 논평 이어짐
- 2014. 12. 6.~11. : 무지개행동 서울시청 로비 점거 농성
- 2014. 12. 8. : 서울시 인권위 서울시에 ▷인권헌장 선포 촉구 ▷서울시의 제6차 시민위원회 회의 진행 방해 관련자 징계 검토 ▷인권헌장 공청회 난동자에 대한 법적 대응 강구 등을 권고
- 2014. 12. 9. : 인권·시민·사회단체 공동요구안 발표
- 2014. 12. 10. : 시민위원회, 인권헌장 낭독식 개최. 박원순 서울시장, 사과문 발표
- 2014. 12. 11. : 무지개행동 농성단 해산

서울시민인권헌장은 "시민성과 전문성의 합작품(문경란외, 2015:48)" 이었다. 시민참여로 인권헌장을 제정한 것은 세계적으로도 전례를 찾아보기 어렵다. 다음은 시민참여 모델의 의미를 잘 설명한다. "인권헌장은 마을 주민 모두가 다함께 모여 그리는 마을 공동벽화 같은 것이다. 유명한 화가도 좋겠지만 마을주민이 함께 신나게 얘기하면서 마음을 모아 그린 그림은 형태와 색깔 하나하나에 의미가 부여되고 더욱 애정이 가지 않겠는가."(문경란외, 2015:16)

---

3 참여연대 및 정의당, 지구지역행동네트워크, 16개 여성단체 및 민주노총, 공익인권변호사 및 25개 장애단체, 녹색당 소수자인권특별위원회, 노동당 성정치위원회, 민주사회를 위한 변호사모임, 전국공무원노동조합, 건강권실현을 위한 보건의료단체연합회 등.

(2) 서울시민 인권헌장 제정의 쟁점

ㄱ) 우선 근원적으로 "성소수자 차별금지 조항이 과연 합의의 대상인가" 하는 점이다.

즉 반인권적 차별옹호 세력과 인권을 위한 합의가 불가능하다는 것이다. 불가능한 합의를 종용한 서울시의 요구는 사실상 "반인권적이고 폭력적인 혐오세력의 요구를 사회적 합의라는 명분으로 받아들이라는 것"이나 마찬가지였다.[4]

ㄴ) 반인권적 차별 옹호 세력의 조직적 개입 가능성을 예상하지 못하고 그에 대한 대처가 미비했다. 무작위 시민 참여에는 위험이 내재되어 있다. 참여한 시민들의 인권에 대한 이해 정도의 차이가 크기 때문이다.(이하나, 2015:120) 그런데 이 점은 열린 마음으로 인권을 이해하려는 시민위원들의 경우에는 토론과 학습 과정에서 해결되었다. 문제는 애초부터 인권헌장 제정을 방해하려는 의도를 가진 사람이 인권을 존중해야 한다고 여기는 사람과 함께 인권헌장을 논의하는 부조리한 상황이 만들어진 것이다. 이 점을 고려한다면 시민위원에게 최소한의 기준이 필요했다. 반인권적인 차별의식을 갖지 않은, 인권헌장 제정 과정에서 인권의 원칙을 존중하

---

4 1787년 미국제헌의회에서도 참석한 55명의 대의원 중 39명만이 최종 문서에 서명했다. 가장 보편적 인권규범으로 인정되는 세계인권선언도 최종 결정은 투표로 했는데 2개국이 불참하고 48개국이 찬성했으며, 소비에트연방국가 및 이슬람 국가 등 8개국이 기권표를 던지는 바람에 만장일치로 통과되지 않았다. 사회 구성원 모두가 찬성하는 인권헌장이라면 굳이 인권헌장을 만들 필요조차도 없을 것이다. 차별금지는 세계인권선언을 비롯한 국제인권규약과 대한민국 헌법의 기본적이고 일반적인 원칙이며 의무이다.(문경란외, 2015: 75-76면)

고 준수하는 것을 동의하는 사람으로 시민위원회를 구성해야 한다.(은우근, 2015:303-304)

ㄷ) 차별 옹호 세력의 난동은 본질상 참여가 아니라 인권헌장 제정을 조직적으로 방해하는 행위였다.(은우근, 2015:296-297) 그러나 서울시는 명백한 불법을 방관했다. 이런 서울시의 태도는 결과적으로 "성적 지향을 이유로 차별해도 된다는 부정적인 신호"를 보낸 것이나 마찬가지다.(염형국, 2015:244) 나아가서 "성소수자 차별금지를 명문화했다는 이유로 인권헌장을 폐기한 서울시의 행보는 그 자체로 성소수자들의 권리를 삭제하는 상징성을 지닌 것이며, 정치권이 성소수자 인권을 보호할 의지가 없다는 것을 공공연하게 선포한 격"(이하나, 2015:139)이었다. 우려했던 대로 서울시의 선례는 인천, 충남, 충북, 부산 해운대구, 서울 강남, 대전, 세종 등 타 시도에서의 인권조례와 인권도시 추진에 부정적 영향을 미치고 말았다.

2) 인천 인권조례 제정 과정[5]

인천광역시는 전국적으로 맨 나중에 인권조례를 제정하였다. 장기간 상당한 우여곡절을 겪은 만큼 그 과정을 간단히 살펴볼 필요가 있다.

2012년 인천의 제21은 인천지방변호사회 인권위원회와 함께 인

---

5 이 부분의 기술에서 박경서 (인천외국인노동자센터)소장으로부터 자료 제공과 수차례의 전화 인터뷰를 통해 도움을 받았다.

권조례를 제정하기 위한 논의를 시작했다. 광주광역시 인권조례 제정(2009)과 국가인권위원회가 인권조례 표준안을 제시(2011)하고, 모든 지자체에 인권조례 제정을 권고한 것(2012. 4.)이 영향을 미쳤다. 2012년 1월 인천시 안에서도 '인천민주평화인권센터'를 설치하고 관련 조례를 제정했지만, 포괄적 인권 증진을 위해 인권조례 제정이 필요하다는 지적이 있었다.

인권네크워크를 중심으로 인권조례를 위한 협의를 지속적으로 하면서 2013년과 2014년 '도시와 인권' 심포지움을 두 차례 개최했다. 이 과정에서 북한과 인접한 서해 5도를 포함하고 있는 인천의 지리적 특성, 다수의 새터민과 이주민들이 많이 거주하는 상황, 송도 등 신도시와 원도시간의 큰 격차, 위험하고 유해한 도시 환경 조건[6]을 감안하여 평화권과 환경권에 대한 보장을 강화해야 한다는 주장이 있었다. 이 때 시의회와 시정부, 그리고 시민사회가 참여하는 '인천인권네트워크'가 제안되었다. 박경서 인천외국인노동자센터 소장은 인권조례 제정 이전에 인권현황과 실태조사를 우선 실시해야 한다고 주장했다.

2014년 11월 30일 서울시민인권헌장을 서울시가 공표 거부한 후, 2015년 초 인천 인권조례 제정에 어려움이 감지되었다. 그러나 시민사회단체들은 꾸준하게 인권조례 제정 논의를 계속했다. 서울시 인권조례를 모델로 하되 인천광역시의 지리, 역사, 사회, 경제적인 특수성을 고려하는 것으로 의견을 모았다. 인천민주평화인권센터와 인천인권네트워크는 2015년 총 6회에 걸쳐 인천 미추홀구

---

6 인천에는 수도권 매립장, 액화천연가스(LNG)저장소, 석유화학공장 등이 많다.

주민을 대상으로 인권아카데미를 운영하였다.

시민사회에서 이런 활동이 이루어지는 사이에 인천 시의회는 시민단체와 논의 없이 2016년 '인천광역시 인권보장 및 증진에 관한 조례'를 발의하고 5월 입법을 예고했다. 그런데 인천개신교총연합회 등 보수 개신교단체들은 인권조례안 일부의 수정과 삭제를 요구하며 시의원들을 압박했다. 시의회 상임위는 성소수자들의 권리에 대한 규정을 삭제하라는 이들의 요구를 수용하고 말았다. 이 과정을 통해 고무된 그들은 더 나아가 인권조례 제정 자체를 부결시키기 위해, 시의원들에게 문자와 전화 등으로 낙선운동을 펼치겠다는 압력을 가했다. 결국 시의회 본회의는 2016년 9월 9일 시의회 상임위가 성소수자의 권리 규정을 삭제하여 상정한 조례안조차 부결시켜버렸다.[7] 그 와중에 2018년 7월 인천 미추홀구가 먼저 인권기본조례를 제정했다.

인천인권네트워크는 2017년 3월부터 활동을 재개하였다. 2017년 말까지 수차례의 간담회와 인권조례 제정을 촉구하는 기자회견을 가졌고 시의원과 소속 지구당에 인권보장 및 증진'에 관한 조례안 부결과 관련한 질의서를 보냈다. 2018년에도 기자회견과 시의회와의 간담회를 가졌고 행정자치부와 국가인권위에 성소수자 인권을 질의하고 성명서를 발표했다.[8] 2018년 12월 마침내

---

7 인천시의회 재석의원 30명 중 인권조례 제정에 찬성한 의원은 11명이었고 반대한 의원은 15명 기권은 4명이었다. 인천뉴스 http://www.incheonnews.com/news/articleView.html?idxno=100590 (검색일:2019.12.10).

8 이런 과정에 참여한 시민단체는 다음과 같다. 인천인권네트워크, 민주사회를 위한 변호사모임 인천지부, (사)인천민주화운동계승사업회, 인천목회자정의평화실

인천시는 국내 17개 광역시·도에서 마지막으로 인권조례를 제정했다.

3) 제정, 폐지, 새로운 제정의 과정을 겪은 충남 인권조례

충청남도 인권조례 제정은 국가인권위는 물론 유엔 성소수자 특별보고관이 개입하는 등 한국의 자치단체들 가운데 가장 복잡하고 뒤얽힌 과정을 겪었다. 충남의 상황을 이해하기 위해서는 이미 앞에서 언급한 서울과 인천의 경우를 염두에 두어야 한다. 즉 서울시민인권헌장 공표 거부 사태(2014년)와 인천에서 시의회 상임위를 통과한 인권조례가 본회의에서 부결(2016년) 된 후 2017년에 이르기까지 여전히 제정되지 못하고 있던 상황을 인식해야 한다.

2012년 충청남도는 국가인권위원회 권고(2012. 4. 12.)에 따라 '도민인권 보호 및 증진에 관한 조례'(이하 충남인권조례)를 제정했다. 당시 집권당인 새누리당(자유한국당 전신) 의원들과 자유선진당 소속 의원이 공동으로 발의했다.

인권조례 제정 후 4년이 경과한 후, 2017년 충청남도와 충남 아산시, 공주시, 계룡시, 부여군 등에서 일부 보수 개신교 단체들이 중심이 되어 인권조례 폐지 청구를 제기했다.[9]

천협의회, 인천시민사회단체연대, 인천여성연대, 인천외국인노동자센터, 인천장애우권익문제연구소, 인천지방변호사회 인권위원회, 천주교 인천교구정의평화위원회.

9 국가인권위원회 보도자료(2018. 3. 20.) 인권위, 인권조례 폐지 확산 방지 위한 국제 공조 요청
- 유엔 성소수자 특별보고관에 충남인권조례 폐지 관련 조속한 조사·방문 요청 -

2017년 6월 8일 국가인권위는 1차로 충남의회 의장 및 충남도지사에게 성적 지향 및 성별 정체성에 따른 차별금지는 국내법과 국제인권기준에 따른 인권의 보편적 원칙이므로, 이를 이유로[10] 충남인권조례를 폐지하는 것은 바람직하지 않다는 의견을 표명했다.[11]

2018년 1월 15일 충남도의원 25명이 충남인권조례 폐지안을 발의했다.

2018년 1월 25일 국가인권위 상임위가 충청남도 의회에 대해 인권조례 폐지 반대 2차 의견을 표명했다.

2018년 1월 30일 충남 도의회 행정자치위원회(위원장 김동욱)가 충남인권조례 폐지안을 통과시켰다.

2018년 1월 31일 국가인권위원장(이성호)이 성명을 발표했다.[12] 이 성명은 "두 차례 반대 의견에도 불구하고 충청남도 본회의에 상정한 것에 강한 유감"을 표명했다. 지역의 인권 후퇴를 막기 위해 국가인권기구로서 국내적·국제적 노력을 다할 것이며 필요할 경우 "유엔 성소수자 특별보고관[13]에게 이와 관련된 국내 상황을

---

10 당시 「충청남도 도민인권 보호 및 증진에 관한 조례」는 성적 지향 및 성별 정체성에 대해 명시적으로 규정하고 있지 않았다.

11 국가인권위원회 보도자료(2018. 1. 31.) 충남 인권조례 폐지안 상정에 대한 국가인권위원장 성명
- 두 차례 반대 의견에도 불구, 충청남도 본회의 상정에 강한 유감 -, - 지역의 인권 후퇴 막기 위해 국가인권기구로서 국내적·국제적 노력 다할 것 -

12 국가인권위원회 보도자료(2018. 1. 31.), "충남 인권조례 폐지안 상정에 대한 국가인권위원장 성명"

13 특별보고관은 유엔의 특별절차로서, 특정 국가나 특정 주제의 인권 상황을 다루기 위해 설치한 독립적인 인권 전문가이다. 특별보고관은 수임사항과 관련한 인

알리는 등 국제사회와의 공조를 통한 활동도 검토할 계획"임을 천명했다.

2018년 2월 1일 충남인권조례지키기공동행동은 긴급성명을 발표하고 충남도청 앞에서 규탄 대회를 개최했다.[14] 이들은 "일부 개신교단체들이 인권조례가 동성애를 조장한다며 폐지를 요구하고 있다"며 "자유한국당은 표심을 얻기 위해 자신들이 대표발의해 제정한 조례를 폐지하려 하고 있다"고 비판했다.

2018년 2월 2일 충남 인권조례 폐지를 반대하는 전국 인권 활동가, 인권 단체들이 긴급 성명을 발표했다.[15] 전국적으로 321개 단체와 정당, 개인 586명이 참여한 이 성명은 자유한국당이 정치적 안위를 위해 일부 보수 개신교 단체들과 손을 잡았다고 주장했다. 그리고 조계종 사회노동위 등 115개 종교·시민사회단체 연대한 차별금지법제정연대는 논평을 발표하여 "차별·혐오선동세력과

권침해 사례를 조사하고 국가방문을 실시하며, 유엔 인권이사회와 유엔 총회에 조사결과를 보고하는 임무를 수행한다. 성소수자 특별보고관(Independent Expert on sexual orientation and gender identity)은 2016년 창설되었다.

14 조계종 사회노동위원회 등 '충청남도인권조례' 폐지에 반대하는 100여 개 종교·인권·시민사회단체 연대단체.
http://www.beopbo.com/news/articleView.html?idxno=101989. 법보신문, 사노위, "충남도의회는 인권조례폐지안 부결하라" 2018. 2. 1.

15 [성명]충남 인권조례 폐지를 반대하는 전국 인권활동가, 인권단체 긴급 성명.-이 성명은 자유한국당 도의원들이 "자신들의 낮은 지지율을 극복하기 위해 일부 개신교 세력과 합심하여 소수자에 대한 혐오를 선동하고 인권을 부정하고 있다. 충청남도에서 벌어지는 인권조례 폐지의 움직임은 지역의 표심을 얻기 위해 도민의 인권을 삭제하는 자유한국당의 정치적 생존 전략일 뿐"이라고 말했다.
http://mwtv.kr/archives/news/충남-인권조례-폐지를-반대하는-전국-인권활동가-인 (검색일: 2019. 12. 10.).

결탁해 인권을 후퇴시키는 자유한국당의 충남인권조례 폐지 추진을 강력히 규탄"했다.

2018년 2월 2일 충남인권조례 폐지안이 도의회 본회의에서 통과되었다.

2018년 2월 26일 안희정 전 충남도지사가 인권조례 폐지 조례안에 대한 재의를 충남도의회에 요구했다.

2018년 3월 20일 국가인권위원회가 인권조례 폐지 확산 방지 위한 국제 공조를 요청했다.[16] 국가인권위는 유엔 성소수자 특별보고관에게 충남인권조례 폐지와 관련하여 조속한 조사·방문을 요청했다. 인권위는 충남인권조례 폐지를 인권보장체계를 무너뜨리는 심각한 사안으로 인식했다. 성소수자 차별 금지에 반대하는 일부 종교 단체의 의견을 받아들여 전체 지역주민의 인권증진을 위해 제정된 인권보장체계를 후퇴시키는 최초의 사례가 될 것으로 보고, 이를 계기로 다른 지역에서도 인권조례 폐지 활동이 확산될 수 있다고 예상했다. 국가인권위는 "충청남도와 충남 아산시, 공주시, 계룡시, 부여군 등에 일부 종교단체를 중심으로 인권조례 폐지 청구가 제기"되고 있는 상황을 언급했다.

2018년 4월 3일 충남도의회는 재석의원 26명 전원 찬성으로 충남 인권조례 폐지안의 재의안을 가결하였다. 재석의원은 자유한국당 25명, 바른미래당 1명이었다. 민주당 의원들은 이 표결에 불참했다. 민주당과 시민단체는 "한국당이 일부 혐오세력의 표를 얻고

---

16 국가인권위, 보도자료(2018. 3. 20.). 인권위, 인권조례 폐지 확산 방지 위한 국제 공조 요청.

자 후안무치한 폭거를 저지르고 있다"며 거세게 반발했다.[17] 6월 지방선거를 2개월 앞둔 시기였다.

2018년 4월 3일 성소수자 차별반대 무지개행동, 차별금지법제정연대, 평등과연대로! 인권운동더하기는 성명을 발표했다.[18] 이들은 극우 개신교 세력을 '자유한국당이라는 거대 야당의 혐오 정치를 지원하고 부추긴 혐오 선동 세력'으로 지목했다.

2018년 4월 5일 빅터 마드리갈-볼로즈 유엔 성소수자 특별보고관이 한국 정부에 공개서한을 보내 충남도의회의 충남인권조례 폐지 결정에 대해 우려를 표명했다.[19] 빅터 특별보고관은 "반인권 집단의 압력으로 법적·제도적 인권 토대를 해체한다면 중대한 우려를 낳는 일이 될 것"이라며 "이 서한이 충남도의회 의원들과 공유되기를 희망한다"고 밝혔다. 유엔이 충남인권조례 폐지에 대해 우려를 표명한 것은 2018년 2월 스위스 제네바에서 열린 유엔 여성차별철폐 위원회의 한국 심사에서 마날로 위원이 한국의 국가 및 지방 인권체계가 공격받고 있음을 우려한 것에 이어 두 번째다.

빅터 특별보고관은 충남 공주·계룡·부여와 충북 증평 등 다른 도시에서 인권 조례 폐지 조짐을 보이는 현상을 언급하고 "이러한 시도는 성소수자들에 대한 증오를 강화시키고 성소수자를 폭력과

---

17 https://www.yna.co.kr/view/AKR20180403132151063 (검색일: 2019. 12. 2.).

18 [성명] 충남 인권조례 폐지는 정치권력의 반인권적 폭거다. 자유한국당 규탄!! 반드시 투표로 심판하자!! 2018년 4월 3일, 성소수자 차별반대 무지개행동, 차별금지법제정연대, 평등과연대로 인권운동 더하기(검색일: 2019. 11. 23.).

19 http://www.hani.co.kr/arti/society/society_general/839812.html, 한겨레신문: 2018-04-09 (검색일: 2019. 11. 24.). 한국 정부는 이 서한에 대해 60일 이내에 답변을 보내야 한다. 정부의 답변은 유엔 인권이사회에서 보고서를 통해 공개된다.

차별로부터 보호하기 위한 인권 체계를 위협한다"며 "정부가 성소수자의 인권이 충분히 존중되고 국제 인권 기준에 부합하는 법률 및 공공 정책을 계속 장려하기 위해 필요한 모든 조처를 해달라"고 촉구했다.

빅터 특별보고관은 한국 정부에 답변을 요청하면서 각종 추가 정보도 요구했다. 충남인권조례가 폐지된 현 상황과 관련해 국가 차원에서 다른 입법안을 제안한 현황, 충남인권조례 폐지가 한국이 지난 1990년에 비준한 국제인권규약 의무 이행에 어떤 영향을 미칠 수 있을지 등이다. 또 한국 정부가 혐오발언·폭력·차별로부터 성소수자를 보호하기 위해 채택한 입법 조치나 인권기구의 권고를 이행하기 위해 취한 조치를 알려달라고도 했다.

2018년 10월 지방선거 이후 '충청남도 인권기본조례'가 새롭게 제정되었다.

▪ 충남 인권조례 폐지 논란이 미친 영향

① 충남은 인권조례를 제정해 시행 중인 전국 16개 광역자치단체 가운데 처음으로 인권조례를 폐지했다. 유엔까지 개입하는 우여곡절의 과정 끝에 새롭게 제정되었지만 충남인권조례 폐지 결정은 전국적으로 영향을 미쳤다. 그 이후 부산 해운대구는 차별금지 사유를 삭제[20]한 채 인권조례를 개악했다.[21] 아산, 계룡, 공주,

---

20 개정 전-제5조(구민의 권리) 구민은 합리적인 이유 없이 성별, 종교, 장애, 나이, 사회적 신분, 출신 지역, 출신 국가, 출신 민족, 용모 등 신체 조건, 병력, 혼인 여부, 정치적의견 및 성적 지향 등을 이유로 차별받지 아니한다.
개정 후-제5조(구민의 협력) 구민은 스스로가 인권이 존중되는 지역사회를 실현하

부여 등에서도 인권조례를 폐지하려는 시도가 이어졌다. 서울시 학생인권조례 폐지를 위한 주민발의 운동이 시작되었다. 2018년 3월초에는 충북에서도 인권조례 폐지 요구 청원서가 제출되는 등 차별과 혐오를 선동하는 움직임이 확산되었다.[22]

② 한 인권활동가의 말처럼 혐오세력이 역설적으로 기여한 것도 있다. 조례 폐지 논란의 과정에서, '성적 지향, 성정체성에 따른 차별 금지'에 대해 시민들이 관심을 가지게 되었다'는 것이다.[23]

자유한국당 도의원들이 스스로 만든 조례를 폐지한 명분으로 내세운 것은 도민들 사이의 갈등이었다. 하지만 실제로는 촛불혁명 이후 위기에 처한 정치세력이 눈앞의 정치적 이익을 위해 소수자에 대한 혐오를 선동하고 인권을 부정하는 세력에 가담·굴복한 것이다.[24]

4) 인권도시에서 퇴행적 움직임

2014년 서울시민인권헌장 공표 거부 사태, 2016년부터 2018년

는 주체라는 점을 인식하여 인권 의식의 향상에 노력하고 구가 수행하는 인권 시책에 협력하여야 한다.

21 "교회 압력으로 인권조례서 '성적 지향' 삭제", 해운대구의회서 설전 "선거 영향 미칠 것이라 압력" vs. "요청 있었지만 굴복 아냐" 하민지, 2018. 2. 23. http://www.newsnjoy.or.kr/news/articleView.html?idxno=216116 (검색일:2019. 11. 23.)

22 2018년 2월 27일. 성소수자 차별반대 무지개행동 / 차별금지법제정연대 / 평등과 연대로 인권운동 더하기. "끝날 때까지 끝난 것이 아니다. 충남도 인권조례는 절대 폐지되어서는 안 된다." https://www.sarangbang.or.kr/writing/2764 참조 (검색일: 2019. 11. 23.).

23 충남인권교육활동가모임 부뜰 대표 이진숙.

24 2018년 2월 2일. 충남 인권조례 폐지를 반대하는 전국 인권 활동가, 인권 단체 긴급 성명 충청남도 도의회는 인권조례를 반드시 지켜야 한다!

사이 인천시의 인권조례 제정 지연, 2018년 충남에서의 인권조례 폐지(2월) 그리고 재 제정(10월) 등 일련의 사태는 무엇을 보여주는가?

보수 개신교계가 선거 때 특정 정치세력을 지지하는 대신 그들로부터 동성애와 차별금지법 제정 반대를 약속받았던 것은 어느 정도 알려진 사실이다. 보수 개신교를 비롯한 한국의 극우세력은 시대 상황의 변화에 따라 '종북' 무기를 잃게 되자 '빨갱이'를 대체할 새로운 공통의 적으로 '성소수자'를 발견"[25]했다고 보인다. 이들은 큰 결집력을 발휘하여 서울시민인권헌장 공표를 무산시켰고 유력한 대권 후보로 떠오르고 있었던 박원순 서울시장을 굴복시켰다고 여겼다. 그것은 인천지역 보수 개신교단체를 고무시켜 인천 인권조례 제정을 지연시켰고, 충남에서 반인권적 활동을 확산시켰다. 인천은 수도권에 속하지만 남쪽으로 충청남북도와 인접하고 있어서 충청도 출신의 거주민이 다수이다.

인권조례 제정을 무산시키거나 폐지하는 반인권적 행위에 앞장선 보수 개신교단체는 과거 서북청년단과 유사한 행태를 보이고 있다. 반북, 반공이라는 낡은 이데올로기가 힘을 발휘하지 못하게 되자 극우적 활동의 이념적 둥지를 사회적 약자에 대한 혐오에서 찾았고 상황에 따라 같은 이해관계를 지닌 일부 보수 정치권과 강고한 유착을 형성하고 있다고 보인다. 이들의 활동은 멈추지 않고 있다. 서울, 인천, 충남은 물론 서울 강남, 대전, 세종 등에서 여전히 진행 중이다.

---

25 https://www.sisain.co.kr/news/articleView.html?idxno=40697 (검색일: 2019. 12. 2.).

2. 인권도시 운동의 성과와 과제

1) 인권도시 운동의 성과

(1) 지자체 인권레짐의 양적 확산

경남 진주시, 광주광역시, 서울특별시, 서울 성북구 등이 선도한 인권도시 운동은 도시 지역 뿐 아니라 농어촌, 농어촌 복합지역 등 다양한 광역과 기초자치단체 및 마을로 확산되고 있다.

(2) 국제 인권도시 네트워크 형성에 기여

세계적 차원에서 인권보호와 인권증진에 관한 지방정부의 역할의 중요성이 부각되고 있다. 이 과정에 한국 정부와 인권도시들이 크게 기여했다. 제24차 UN인권이사회(2013. 9.)는 '지방정부와 인권'에 대한 결의안을 채택했다. 이는 한국 정부가 상정한 것이다. 제27차 UN인권이사회(2014. 9.)는 제24차 결의안에 대한 중간보고서를 채택하였으며, 광주광역시와 서울특별시가 이에 참여했다. 2015년 9월 제30차 유엔인권이사회가 '지방정부와 인권' 보고서를 채택했다. 이를 계기로 지방정부와 인권 또는 인권도시는 유엔의 공식적인 인권의제가 되었다. 유엔은 이 보고서에서 인권의 효과적 보호와 증진이 국가와 지자체 공동의 책무임을 확인했다. 이 보고서에는 광주, 서울, 서울 성북구, 충남 등 다양한 사례가 담겨 있다.

광주광역시가 2011년 이후 매년 개최하고 있는 세계인권도시포럼은 지방정부와 인권의제의 심화된 논의와 확산에 매우 중요한

장(場)으로 등장했다. 여기에서 한국인권재단 같은 시민사회단체도 중심적인 역할을 수행하였다.

(3) 국내 인권네트워크의 형성

국가인권위는 2017년 6월 '지방자치단체와 인권 소통·협력체계 구축을 위한 인권 네트워크 추진 기본계획'을 수립했다. 지자체 인권레짐을 구성하는 단위들의 네트워크가 활발해지고 있다. 그것들은 단위별이나 지역별 또는 업무별로 여러 협의회를 결성했으며 워크숍 등을 통해 교류하고 있다.(제3회 한국인권회의 자료집, 115-116면 참조)

2016년 3월에 출범한 전국광역지자체인권위원회 협의회부터 2017년 한국인권도시협의회 창립, 전국지자체인권보호관협의회 창립, 나아가 국가인권위원회 지역인권사무소가 추진하는 기초지자체 인권담당자 워크숍 개최 등 국내 인권네트워크가 상당히 형성되었다.

(4) 인권조례 제정과 인권도시의 안정적 운용을 위한 국가인권위의 긍정적인 역할

국가인권위는 2012년 4월 12일 인권 기본조례 표준안을 마련하고 각 지자체장에게 인권기본조례 제정을 권고하였다. 후속조치로, 인권기본조례의 보급 및 확산을 위하여 권역별로 순회 설명회를 개최했다. 행정안전부장관에게도 지자체가 인권 체제 구축과 관련한 인력 확충에 대해 협의할 경우 적극적으로 검토할 것을 권고했다.

국가인권위는 2016년 지자체 인권제도 현황과 개선과제 연구를 바탕으로 2017년 6월 '지방자치단체 인권제도 현황 및 의견표명의 건'을 발표하였다. 그 내용은 다음과 같다. 1. 인권조례 제정. 2. 인권위원회 구성. 3. 인권위원회의 상시적인 심의, 자문 역할 확대, 회의 활성화, 시민사회단체의 참여와 협력 강화 등의 노력. 4. 인권전담부서 설치, 인권업무 전담인력을 확충, 인권위원회 운영을 지원, 인권관련 정책 및 사업의 전문성과 연속성의 보장. 5. 지방자치단체의 산하 행정기관 및 출자, 출연기관, 지방자치단체의 지원(보조금)을 받는 민간복지시설에 대하여 인권침해 조사 및 구제 조치를 수행.

위와 같은 국가인권위의 권고와 의견 표명은 인권조례를 제정하는 지자체가 확산되는 데 결정적인 계기를 제공했다. 또한 지자체 인권증진을 위한 활동에 필요한 가이드라인을 매우 구체적으로 제시했다.

2) 인권도시 만들기의 의의

한국의 인권도시 개발은 다음과 같은 의의를 지닌다.(은우근, 2009: 141-143면) 첫째, 인권도시는 인권의 지역화, 구체화를 위해 바람직한 전략이다. 국가적, 정치적 차원에서 인식되어온 인권 의제를 구체적, 지역적, 생활상의 이슈로 자리 잡는 계기를 제공함으로써 우리 사회 인권수준의 총체적 향상을 위해 기여하고, 궁극적으로 한국 민주주의의 실질적인 진전에 이바지할 것이다. 둘째, 인권도시는 인권주체의 민주주의 훈련의 장이다. 거주민들은 학습과 토론,

민주적 의사결정, 소수자 및 약자의 권리를 존중하는 과정에서 스스로 이상적인 공동체의 성숙한 주체로 등장한다. 셋째, 인권도시 개발은 민주적 거버넌스에 의한 새로운 질적 개발 모델이다. 인권도시는 지역사회 상층부가 일방적으로 주도하는 개발이 아니라 거주민이 참여하는 쌍방향의 도시 개발 모델이다. 넷째, 인권도시 개발은 사회 통합의 가치로서 인권을 새롭게 인식하는 계기가 될 것이다. 신자유주의적 성장 발전 모델은 한국 사회 내부 갈등을 부추겨 왔다. 인권은 소수자, 이민자는 물론 남북 민족공동체 내부를 통합하는 주요 가치가 될 수 있다. 여섯째, 국가 내 또는 국제적인 인권도시 간 연대는 각 인권도시들이 속한 국가 안에서 실질적인 인권과 민주주의의 진전을 담보하고 이런 성과가 후퇴하지 않도록 하는 국가적, 국제적 방어선의 역할을 할 것이다.

3) 인권도시 운동의 한계

인권도시 운동은 긍정적인 성과 못지않게 여러 도전에 직면해 있다. 일부 지자체장의 인식 부족과 의지 결핍, 일부 공무원의 인권의식 결여, 시민사회와 인권단체의 준비 부족 등. 인권도시에서의 역할에 대한 이해 부족 등이 그것이다.(인권재단, 2016:20) 지자체가 인권조례를 제정하고 인권기구를 구성해온 과정과 문제점에 대해서 많은 논의가 있다.

(1) 인권조례 제정 중심의 운동

한국의 인권조례 제정은 외견상, 짧은 기간 동안 엄청난 성과가 있었다. 하지만 그 내실을 본다면 하향식 과정이었다.(홍성수, 2015:130) 애초 인권조례 제정과 인권도시 운동은 진주시와 광주광역시에서 보듯이 아래로부터 시작했다. 그런데 관주도의 조례 제정 중심으로 변화하면서, 인권도시 운동의 역동성과 활력이 사라지고 있다.

인권제도의 발전 양상은 지역에 따라 커다란 차이를 보이고 있다. 도시 지역은 비교적 인권의 제도화가 활발하였지만, 농촌 지역이 저조하다. 지역 간의 차이도 뚜렷하다. 광주시, 울산시, 대전시 등은 활발하였지만, 대구, 경북 지역은 저조하였다. 충남은 모든 기초 지자체가 인권조례를 제정하였지만, 충북에서는 저조하다. 국가인권위원회가 제시한 표준안에 기초하여 지자체가 '판박이 조례'를 만들었지만 인권조례를 방치한 곳도 많다.(김중섭, 2017) 국가인권위가 2012년 인권조례 제정을 권고한 이후 후속조치가 충실하지 못했다,는 비판도 많았다.[26] 인권조례가 "인권주체들로부터 유리된 장식품"(미류, 2012:164)이 될 수 있다는 비판도 있다. 표준안에 그대로 따르기보다 지역의 인권 상황과 역사적 정체성을 반영하는 조례를 제정하는 것이 필요하다. 도시 역사와 환경, 조건이 다른 만큼 인권도시의 비전이나 가치, 목표 등이 한결같을 수는 없는 것이다.

---

26 가령 인권기본계획을 약속했던 17개 지자체 중 이를 수립한 곳은 4곳에 불과하며, 인권지수 개발을 약속했던 8개 지자체 중 이를 개발한 곳은 1곳뿐이다. 인권위원회를 설치하겠다던 17개의 지자체 중 이를 설치한 곳은 6곳, 인권교육 지원을 예정했던 지자체 16곳 중 8곳만이 인권교육을 이행했다.(홍성수, 2012a:325-7), (이현재, 2013:147).

국가인권위가 '인권기본조례표준안'을 제시하기 전에 인권레짐을 어떻게 설계할지, 어떤 비전과 목표, 가치를 실현할지에 대해 성찰이 있었어야 한다는 반성도 있다.(김형완, 2016:51) 김형완은 인권조례 제정을 권고하던 2012년 당시 국가인권위원회에서 지역 인권레짐에 대한 고민과 연구, 분석 등은 그리 면밀하게 이뤄지지 않았다고 지적한다. 국가인권위원회의 지역사무소의 위상과 역할에 대해서도 위원회 내부에서 정리되지 못한 상황이었다. 이를테면 국가인권위원회 지역사무소에서 독자적인 정책사업을 할 수 있도록 적절한 예산배정을 할지 여부와 관련하여 위원회 내부에 이견이 있었다. 지역사무소가 국가인권위의 연락사무소에 머무르지 않고 '독자적'인 위상과 역할을 수행하는 순간 '중앙'과의 통일성, 일관성에 혼란을 초래할 수도 있다는 우려가 컸다. 이러한 관점은 국가인권위원회 내부에서 인권의 지역화에 대한 고민이 부족했음을 여실히 보여준다.

지역의 인권 현실에 대한 파악과 인권 과제 발굴의 과정을 도외시한 채 인권도시 문제를 구체적으로 풀어낼 수 없다.(미류, 2012, 162-3, 이현재, 2013:147-148) 하향식의 인권거버넌스 구성 방식을 극복하고 지속가능한 지역인권체제·인권도시를 만들기 위해서 '인권의 제도화'와 '인권주체의 자력화'를 동시에 추구해야 한다는 것이다.(김기곤, 2013)

(2) 자치단체장에 대한 과도한 의존

인권도시의 성과는 해당 지자체장의 의지에 따라 좌우되었다. 하지만 단체장은 선출직 임기제이다.(조영선, 2017:72) 뿐 아니라 지자체장이 인권도시와 인권 업무에 대해 심도 깊게 이해하고 있는가도 문제다. 단체장에 대한 지나친 의존은 인권도시의 지속가능성을 위협할 수밖에 없다.

서울시민 인권헌장 선포 무산과정, 광주광역시 비엔날레 세월오월 전시 거부, 부산 영화제에서 다이빙벨 상영 취소 등 사건은 모두 자치단체장의 인권에 대한 몰이해와 의지의 한계를 드러낸다. 결국 지자체장의 한계가 인권도시, 또는 지역 인권레짐의 한계로 작용할 수밖에 없다.

(3) 인권도시의 법적 기반 미비

인권 도시 만들기 또는 인권의 지역화는 인권도시 조례 제정을 중심으로 이루어지고 있다. 인권조례를 제정했지만 인권증진 사업을 수행하지 않는 지자체도 적지 않았던 것은 지자체의 인권 업무가 법이 아니라 인권조례에 근거하여 수행되고 있다는 한계 때문이다. (조영선, 2017:72)

4) 인권도시 운동의 과제

(1) 국가인권기구와 지역 인권레짐의 관계를 재설정

유엔인권위 보고서는 인권에 대한 중앙정부와 지방정부 간의 제도화된 협력의 필요성을 지적한다. 지방자치단체의 장은 국가 인권정책의 수립 과정에 관여해야 한다.(인권위 보고서 21항) 국가인권위는 '인권증진행동계획(2018~2020)'에서 '지방인권기구 협력 강화'를 제시했다.[27] 지방인권기구가 국가인권기구와 더불어 나라의 인권보장 시스템을 구성한다는 것을 인식한 것이다. 국가인권기구와 지방인권기구는 우열, 상하, 종속 관계가 아닌, 협력자로서 상호 협의 하에 역할을 분담하는 관계다.(조영선, 2017:70-83)

(2) 행정안전부의 적극적인 역할

지역의 인권레짐을 발전시키기 위해서는 국가 전체의 인권 증진 책무가 있는 국가인권위원회와 지자체를 감독하는 행정안전부의 적극적인 지원과 협력이 필요하다. 전국 수백 개 지자체에서 인권조례를 제정한 상황이다. 지자체의 인권 행정을 독려하기 위해 지방 사무를 총괄하는 행정안전부의 적극적인 지원이 필요하다. 지자체와 행정안전부의 사이의 협력이 중요하다.(김형완, 2016:41-61)

(3) 지자체 인권구제 기능의 확대와 활성화

지역사회에서 인권 보장은 지자체를 통해 실행 체계를 강화할 경우 효과가 커질 수 있다. 특히 지자체가 가진 지역적 인접성과 관할 감독권, 행정적 집행력 등이 결합될 때 주민들이 느끼는 체감도 강화될 것이다. 따라서 지자체 인권구제기구의 적극적인 활동이 필요하다. 지자체 인권기구의 조사업무는 자치단체장의 관리권에 근거하여 주민복리와 사회권 영역을 구체적으로 조사할 수 있다.

(4) 인권기본법, 인권교육법 제정

국가인권위는 지자체가 인권증진 업무를 안정적으로 수행할 수

---

27 국가인권위원회(2017) 『인권증진행동계획(2018~2020)』.

있도록 법적 근거, 예산, 인력, 조직 등에 있어 기반을 마련해야 하며, 업무 수행 등에 있어 국가인권위와의 관계, 국가와 지자체간의 관계를 분명하게 구분할 수 있는 법적 기반을 구축해야 한다. 이를 해결하기 위해서 인권기본법(가칭)과 인권교육법(가칭)을 제정해야 한다.[28]

인권기본법은 인권의 지역화를 위한 법적기반을 제공할 것이다. 국가와 지자체의 인권사무를 구분하고 현재 불분명한 상위법령으로 인한 인권조례의 애매한 위상을 보완할 것이다.

인권교육법(가칭)은 인권교육의 안정적 운영을 위한 법적 기반을 제공할 것이다. 이 법은 모든 국민에게 인권교육을 받을 권리가 있음을 확인하고 국가와 자치단체의 인권교육 책무를 부여한다. 나아가 인권도시 거주민의 자력화를 증진시킬 것이다. 또 인권기본법(가칭) 등 관련 법률을 제정하여 모든 지자체가 인권구제활동을 수행할 수 있도록 보장해야 할 것이다. 이 경우 국가인권위는 국가나 지자체의 인권침해에 집중할 수 있을 것이다.[29](조영선, 2017:77) 지방인권기구를 설치할 경우 국가인권위원회는 지역단위의 진정사건 조사 및 해결 부담이 줄어들고, 지방인권기구를 지원하는 역할과 함께 전국적 수준의 인권정책과 의제를 개발하는 역할에 충실할 수 있다.[30](유남영, 2012:73)

---

28 인권보장 시스템의 강화를 위해서 인권기본법(가칭)이나 인권교육법(가칭) 말고도 차별금지법 제정이나 기본권 강화를 주축으로 한 헌법 개정 등을 추가로 논의할 수 있을 것이다.

29 2014년부터 지역인권사무소가 지자체 산하의 기관을 조사할 권한을 가지고 있다.

30 유남영(2012). 「인권기본법 제정을 위하여」. 『저스티스』. 4. 59-78면.

(5) 인문주체의 설정

인권도시의 주체를 법적 주체가 아니라 인문적 주체로, 도시를 지방-도시가 아니라 글로컬-도시공간으로 이해할 필요가 있다는 주장이 있다.(이현재, 2013) 현재 많은 인권조례가 "'주민'개념에 주민등록법 상 주민의 개념뿐만 아니라, 거주목적의 체류자 및 관할지역에 소재하는 사업 또는 사업장에 근로하는 사람"(홍성수, 2012a: 322)을 인권조례의 이해당사자로 규정하고 있다. 통상 지자체(도시)는 국가의 법적, 행정적 하위체계로 정의된다. 그런데 도시에는 법적으로 등록되지 않은 결혼이주자, 이주노동자, 여행객 등과 같은 외국인도 거주한다. 그렇다면 국가법의 한계 안에서 움직이는 지자체가 법적으로 등록된 시민이 아닌 거주민에게도 인권조례에 따라 보편적 인권을 향유할 기회를 제공할 수 있는가? 인권도시는 인권조례가 명시하고 있는 "모든" 거주민의 인권을 보장하기 어렵다는 것이다. 국가가 국적을 가진 시민만을 권리 주체로 인정하듯이, 지자체 또한 주민등록상의 법적 주민을 권리의 주체로 인정할 수밖에 없기 때문이다.(이현재 2013:150-152) 인권조례제정을 중심으로 한 인권도시 운동이 갖는 이념적 한계를 넘어설 대안으로 인문주체의 개념을 검토해야 한다.

(6) 인권학습 공동체 만들기

지속가능한 인권도시를 구축하기 위해서는 성숙한 인권 주체의 형성이 필수적이다. 인권도시의 동력은 변화지향적 인권학습의 과정의 산물이다. 거주민들이 자신들과 공동체의 지속가능한 발전을 위한 틀로서 인권을 이해해야 한다. 이러한 인권학습은 마르크스와 모드로우스키가 말한 변화지향적 인권 교육학transformative pedagogy of human rights에 근거한다. 이것은 압제와 억압의 형식 이면에 숨겨진 권력구조를 변경시키는 잠재력을 가진다.(마르크스 외, 2008:42)

(7) 인권도시와 사회관계적 개발

인권도시는 사회관계적 개발societal development[31]을 통해 형성된 공동체이다. 인권제도를 구축하는 것은 인권도시 형성의 일부일 뿐이다. 인권 가치를 통해 거주민들 상호간의 공동체적 '관계'망을 구축하는 것이야 말로 인권도시의 진정한 목표라고 할 수 있다.

(8) 인권도시 운동의 핵심 연대 과제 설정

유엔은 2016년부터 2030년까지 15년간 지구촌이 이루어야 할 지속가능발전목표를 채택했다. 그 중 11번 목표가 도시와 주거권 문제이다. 2016년 10월 유엔 해비타트 3차 회의가 인간정주 문제를 핵심 의제로 다루었다. 주거권의 문제를 한국의 인권도시 운동의 공통 핵심 목표로 설정하고 일정한 성취를 위해 나아가는 것도

---

31 'social'이 인간과 공동체의 생산적 능력productive capacities (건강, 연령, 교육, 생활규범, 고용, 굶주림 등)의 다양한 차원을 지칭하는 반면, 'societal'은 시민과 공동체의 관계적 수용력(relational capacities), 즉 복수성의 수용력, 다름의 가치 즉, 자신의 고유한 정체성, 가치, 비전의 상대화 그리고 공동선의 확인과 이행에 대한 약속의 승인과 긍정의 수용력을 말한다. 'societal'은 인간의 존엄성과 인권에 대한 이해를 그리고 타자의 인권과 존엄성에 대한 승인을 가리킨다.(마르크스 외, 2008:27-28) 참조.

바람직할 것이다.

(9) 도시권의 이념에 비추어본 인권도시 만들기 반성

한국의 인권도시들은 대개 도시권(Right to the City)의 이념을 중심으로 한 선언을 표현하고 있다. 그러나 인권도시 정책과 실행에서 도시권의 이념을 제대로 반영하지 못하고 있다. 도시권을 주창한 르페브르는 파리 꼬뮌을 "유사 이래 혁명적 도시주의의 실현"[32] 이라고 보았다. 이 표현을 빌리면, 5·18민중이 80년 당시 광주에서 성취한 것은 "변두리와 주변부로 쫓겨난 노동자, 도시빈민, 학생들이 도시 중심으로 돌아오고자 했던 힘과, 그들이 자신들의 도시, 즉 자신들의 빼앗긴 작품을 재탈환했다는 사실이다."[33]

군부독재가 부정되고, 형식적 민주주의가 정착된 지금 지역(도시)의 주인공은 누구인가? 산업화 과정에서 민중을 주변으로 몰아낸 힘과 신자유주의적 자본주의 구축과정에서 민중을 주변으로 몰아낸 힘은 어떻게 다른가? 이런 물음이 인권도시 운동에서 전략적 고민의 출발점이어야 한다고 본다. "도시에 대한 권리는 우리 가슴 속의 희망을 좇아 도시를 변화시킴으로써 우리 자신을 변화시킬 권리이다…"[34] 인권도시 운동의 궁극적인 지향점은 여기에 있다.

---

32 르페브르, 강현수(2012) 37면에서 재인용.

33 " " 부분은 강현수(2012) 37면에서 일부 인용.

34 하비, 강현수(2012) 42면에서 재인용.

제8장

◆ ◆ ◆

검찰개혁 운동에 참여하며(2019 ~ 2020)

성명서 1

검찰개혁, 언론개혁 없이 정의는 실현될 수 없다!*

우리는 조국 법무부장관 임명을 둘러싼 일련의 사태에서 마녀사냥을 넘어 집단광기의 조짐을 본다. 부패기득권의 철통 옹호자, 대변자인 검찰과 극우언론이 만든 판에 적지 않은 사람들이 현혹되어 호응하고 있다. 그들은 맹수와 싸우다 죽어가는 검투사를 보며 열광했던 콜로세움의 군중처럼 조국만 물러나면 곧 정의가 실현될 듯이 소리를 높이고 있다.

* 2019년 9월 26일 검찰개혁 언론 개혁 촉구 시민 9,237명 시국선언.
이 시국선언은 광주·전남에서 시작하여 전국과 해외의 시민/작가/교수 등이 참여했다. 비슷한 시기에 전국과 해외 교수연구자들이 참여한 시국선언과 별개로 진행되었다. 당시 광주대학교 이영석 교수의 제안으로 고영진 교수와 필자가 함께 초안을 작성했다.

과연 그럴까? 조국은 금수저로 태어나 흙수저를 대변하고자 했지만, 유감스럽게도 흙수저의 삶을 살지는 못한 것이다. 그가 흠결 없는 성인·군자는 아니다. 극우기득권세력이 조국 퇴진 후에도 여전히 사회정의와 개혁을 지지할까? 천만의 말씀이다. 그들의 목표는 한반도를 촛불혁명 이전으로 되돌리는 것이다. 적폐청산과 한반도 평화체제의 진전으로 위기에 직면하여 총공세를 펼친 상황이다. 그들은 얼마 전까지 아베의 경제침략에서 비롯한 국민의 분노가 만든 친일 프레임에 갇혔고, 이제 탈출하려 몸부림치는 중이다.

보수 검찰, 극우언론, 보수야당이라는 기득권 카르텔은 불평등, 부조리한 사회를 만든 재벌과 독재를 옹호, 대변했을 뿐 아니라 그 직접적인 수혜자다. 그런데 역설적이게도 그들이 정의 실현에 나서도록 국민을 부추기고 있다.

최근 일부 친자한당, 극우기독교, 뉴라이트 가담 교수, 의사들의 성명이 뉴스에서 크게 다루어졌다. 이른바 진보언론마저 휘둘리는 웃지못할 광경도 펼쳐졌으니, 달을 보고 짖어대는 개 한마리를 따라 온동네 개가 영문도 모른 채 짖어대는 개탄스런 형국이다.

국민은 조국 일가에 대한 유례없는 강도와 속도의 먼지털이식 검찰 수사를 지켜보며 공포를 느끼고 있다. 지금 '논두렁 시계'로 알려진 사건을 상기한다. 고 노무현 대통령을 죽음에 이르게 만들고 그 가족을 인격살해했던 이 사건은 사악한 검찰과 언론(진보언론을 포함하여!)의 합작품이 아니었던가? 그 실행 책임자(이인규 전 대검 중앙수사부장)는 여전히 처벌은커녕 조사도 받지 않았다. 과연

'검찰국가'답다. 검찰이 선택한 것만 정의란 말인가?

독재 시절 군부의 충견이었던 검찰은 무소불위의 괴물이 되어 이제 주인인 국민을 위협하고 있다. 승냥이 검찰이 외면해버린 수많은 정의와 인권을 위하여 검찰개혁을 꼭 이뤄야 한다. 집권세력은 국민의 분노와 절망을 똑똑히 읽어야 한다. 그것은 계층이동의 사다리마저 사라진 끔찍한 양극화에서 비롯됐다. 국민은 검찰과 언론의 개혁 없이 사회정의의 실현이 원천적으로 불가능하다고 믿는다.

우리는 정부와 여당이 초심을 회복하여 스스로 모범을 보이고 촛불혁명의 정신을 겸허히 받들 것을 촉구하며 다음과 같이 요구한다.

- 정부와 여당은 공수처 설치와 검찰의 수사권·기소권 독점 폐지 등 검찰개혁을 신속하고 강력히 추진하라!
- 정부는 가짜뉴스에 대한 처벌과 방지책 마련 등 언론개혁을 강력히 추진하라!
- 정부와 여당은 청년의 꿈을 앗아버린 불평등과 양극화를 획기적으로 해결하기 위해 재벌개혁, 교육개혁을 포함한 사회대개혁을 강력히 추진하라!

2019년 9월 26일

검찰개혁, 언론개혁을 열망하는 작가, 예술가, 시민단체, 교수연구자 일동

성명서 2

조국 전 법무부장관 수사 과정에서 일어난 그의 가족과 주변 사람들에 대한 검찰의 무차별적 인권 침해를 국가인권위원회가 조사할 것을 진정하면서*

2019년 조국 법무부장관에 대한 국회 인사청문회 직전에 개시된 검찰 수사는 나라를 뒤흔들고 온 국민에게 공포를 안겨주었습니다. 수사는 사람이 아니라 사건 즉, 사람의 행위에 대한 것이어야 합니다. 그런데 사람을 대상으로 이루어지는 악의적 표적수사는 심각한 인권침해를 야기합니다. 인권 수사의 기초적인 원칙입니다. 사람을 겨냥하는 '먼지털기식 수사'는 사실 수사가 아니라 저열하고 비열한 공격입니다. 채동욱 검찰총장을 찍어내고자 했던 박근혜 정권의 행동이 바로 이 경우에 해당합니다. 윤석열 총장이 그에 공개적으로 반발함으로써 갈채를 받았었지요.

수사라는 것은 검사가 사람의 행위의 범죄 유무를 혐의를 합리적으로 논증하는 과정이어야 합니다. 별건수사로 비판받은 검찰의 수사는 조국의 행위가 아니라 조국을 겨냥했습니다. 조국 장관이 검찰수사 역사상 유례없는 집중 표적이 된 이유는 그가 검찰개혁을 주장했기 때문입니다. 표적수사를 논리학에서는 '인신공격의 오류'라고 정의합니다.

조국이 주장한 검찰개혁은 문재인 정부가 국민에게 약속한 핵

---

* 2020년 1월 17일 국가인권위에 진정하며 발표한 개인 성명.

심 공약에 해당합니다. 따라서 검찰의 표적수사는 사실 검찰개혁을 추진하려는 정부를 겨냥한 비열한 정치수사입니다.

검찰의 표적수사, 정치수사는 일종의 '전시적 효과'를 불러 일으켰습니다. 이른바 '시범 케이스'입니다. 노무현 대통령의 비극적 죽음을 기억하는 사람들은 치를 떨었습니다. 검찰의 기득권을 비판하거나 그에 도전하는 자는 누구든지 비록 그가 전직 대통령이거나 대통령이 임명한 법무장관이라도 잔인하게 짓밟힐 수 있다는 것을 보여주었습니다. 참으로 경악스러운 일입니다. 논리학에서는 '공포에 호소하는 오류'입니다.

검찰처럼 국가의 형벌권을 집행하는 기관이 사람을 겨냥하는 정치수사를 할 때 국가 권력에 대한 신뢰가 무너집니다. 국가 기관이 권력을 남용하여 국민의 인간성을 파괴하고 인권을 침해하는 결과를 초래할 것입니다. 단적으로 서울시 공무원 간첩조작 사건이 잘 보여줍니다. 이 사건에 대해 검찰은 어떤 책임을 졌는지 궁금합니다.

물론 저는 국가인권위원회의 독립성을 지지합니다. 제가 청와대 청원을 통해 국가인권위의 조사를 요구한 것은 청와대의 국민청원 시스템이 검찰의 인권침해를 시정하기 위한 운동의 확산이 가능하도록 잘 설계되어 있었기 때문입니다. 국민 청원을 처리한 청와대의 행위가 국가인권위원회의 독립성을 해칠 수 있다는 우려도 수긍합니다.

그러나 한편으로 온 국민이 목도하는 가운데 압도적인 검찰의 폭력이 저지르는 인권침해에 대해서 정확하게 발언할 수 있는 균

형의식이 필요하다고 생각합니다. 검찰개혁을 좌절시키려는 의도가 뻔히 보일 뿐 아니라, 잔인한 인격 살해의 현장을 보면서 침묵하는 것이 보편적인 인권의 증진에 어떤 도움이 될까요?

마지막으로, 이 성명의 취지에 동의하시는 분들은 조국 전 법무부장관 수사 과정에서 일어난 그의 가족과 주변 사람들에 대한 검찰의 무차별적 인권 침해를 국가인권위원회가 조사하도록 요청하는 진정에 개별적으로 참여해 주실 것을 호소합니다.

2020. 1. 17.

진정인 은우근

성명서 3

조국 전 법무부장관과 그 가족 및 주변인에 대한 검찰 수사과정에서 빚어진 인권침해 조사를 요구하는 국가인권위 진정에 참여하면서*

우리는 한 사람이 시작한 국가인권위 진정의 취지에 공감하고 그에 연대하기 위해 공동 진정인으로 참여하기로 했다. 이는 단지 한 사람의 개인적 견해가 아니라 공동체의 인권현실에 주의를 기울여온 우리 모두의 공동 관심사이기 때문이다.

우리 공동진정인들은 조국 전 법무장관 재판 과정에서 드러나는 검찰 수사 과정 뿐 아니라 기소의 결과에 대해서도 분노를 금할 수 없다. 기소의 내용이 부실하기 짝이 없음은 물론이고 그 과정과 결과가 심대한 인권유린의 산물임을 알고 있기 때문이다.

이 상황은 인권 침해적 먼지털기식 수사와 사실에 근거하지 않은 채 미리 목표를 정하고 움직인 막무가내 짜맞추기 기소의 필연적 귀결이다. 이는 누가 보아도 명백한 폭력이다. 폭력을 다스려야 할 검찰이 인권 침해적 폭력을 주도한 것은 엄중한 사태다.

하지만 유감스럽게도 검찰 발 받아쓰기 '단독' 보도에 열을 올렸던 다수 언론은 검찰 기소의 문제를 드러낸 재판 과정과 결과의 진실에 대해 거의 관심을 두지 않는다. 인권유린 문제는 이로써 우리 사회가 함께 논의해야 할 현안에서 제거되어버린 상태다.

---

* 이 성명은 2020년 4월 27일 국가인권위원회에 진정서를 제출하면서 발표.

한편 윤석열 검찰총장 부인 김건희와 장모의 범법 행위와 재산 증식 과정, 나경원 의원 자녀의 스펙 만들기에 대한 의혹 제기와 고발에 대해 검찰 수사와 그에 대한 언론의 관심을 떠올리지 않을 수 없다. 조국 전 장관 가족의 경우를 비교해 보면, 세계 어느 나라에서 검찰과 언론으로부터 이렇게 무시당하는 "살아 있는 권력"(검찰의 표현)도 있을까 싶다.

검찰과 언론은 인권과 정의개념을 대상에 따라 선택적으로 적용하고 있다. 의도적 차별인 동시에 정치적 의도가 명백한 태도다. 그러나 인권과 정의는 어떤 경우에도 선택적일 수 없다.

조국 전 법무장관의 인권은 그 만의 것이 아니라, 우리 모두의 것이다. 이것이 누구나 누려야 할 인권 가치의 보편성이다. 우리는 조국의 인권이 특별히 다른 사람보다 더 존중받아야 한다고 주장하지 않는다. 하지만 대통령에 의해 법무장관으로 임명받은 사람의 인권조차도 존중받지 못할 때, 대다수 국민의 인권도 결코 존중받지 못하리라는 것은 명확하다.

나아가 누군가의 인권이 유린되는 상황에 침묵하는 것은 우리 공동체의 양심을 훼손시키는 일이다. 또한 누군가 다른 잠재적 희생자를 만들어 낼 수 있는 야만적인 사회 상태를 방기하는 것이다. 이는 국민 누구도 바라지 않는다.

우리는 여기에서 사법제도에 만연한 뿌리 깊은 적폐를 떠올리지 않을 수 없다. 이는 검찰이 수사권과 기소권을 독점적으로 행사하는 데서 비롯했다. 잘못 행사된 권력을 견제하거나 통제할 방법이 없을 때, 인권은 사각지대에 몰린다. 심지어 부패한 일부 검찰은 인권유린의 결과를 자신의 업적으로 만들어 전관예우라는 오랜 적폐, 사법 범죄를 정당화시켜 왔다.

우리는 검찰 스스로 앞장서서 온 국민이 마땅히 누려야 할 보편적 정의를 유린하여 특권의 성채를 세워온 것을 고발한다.

검찰은 정직하게 답하라. 조국 전 법무장관 수사는 과연 순수한 수사의 논리와 방식에 따른 것이었는가? 검찰개혁을 추진하는 정부를 향한 정치적 공격 과정은 아니었는가? 국민 대다수가 지지하는 검찰개혁에 대해 여러 가지 방식으로 반기를 든 검찰의 모습을 보면서 우리는 의구심을 떨칠 수 없다.

검찰은 헌법을 존중하는 것에서 그 권한이 인정된다. 인권존중의 헌법적 가치를 유린하는 그 순간부터 검찰은 존재 이유를 상실한다.

언론에 당부한다. 국민의 알 권리, 국민에게 알릴 권리로서 언론의 자유는 마땅히 존중받아야 한다. 그 권리는 언론 보도가 공정성에 기초할 때만이 누릴 수 있다. 오늘날 언론이 신뢰를 잃고 있는 원인은 바로 여기에 있다. "언론이 없는 정부보다 정부가 없는 언론을 선택하겠다"는 고전적 논지는, 그 언론의 공정성을 필수적으로 전제하고 있음을 명심하기 바란다. 공정을 상실한 언론은 사회적 흉기로 작동한다. 이는 모두를 겨냥한 위협이 된다.

일부 보수야당의 자중을 촉구한다. 특히 공개가 금지된 학생생활기록부를 공개한 한 국회의원의 행태에 대해 개탄을 금할 수 없다. 그가 검사 출신임을 생각하면 더욱 그렇다. 국민의 평균적 인권의식 수준에 미치지 못할 뿐만 아니라, 인권 존중의 사법제도 원칙을 노골적으로 위반한 정치인은 국민적 심판을 면할 수 없다.

마지막으로 우리의 진정에 대하여 국가인권위가 보편적 인권의 정신에 따라 엄정하게 조사하고, 윤리적, 법적 책임을 반드시 묻기를 기대한다. 그리하여 한 가족의 인권을 유린하고 그 결과물로 검찰의 업적을 삼는 사악한 관행을 중단시키기 바란다.

아무쪼록 인권위의 공정하고 명료한 판단에 의해 한 가족이 무참히 짓밟힌 명예와 인권을 회복하고 보편적 인권 존중의 수사와 보도에 대한 바람직한 관행이 확립되기를 기대한다. 이는 우리사회의 인권지수를 제도적으로 개선하는데 기여할 것이다.

2020년 4월 27일

공동진정인

김인국 (신부, 천주교정의구현전국사제단 前 대표신부)

김민웅 (교수, 조국 백서 발간위원장)

고일석 (기자, 더브리핑 대표)

조재건 (변호사, 前 판사)

은우근 (교수, 前 박근혜퇴진광주시민운동본부 공동대표/공동진정인 대표)

제3부

'떫은 감'의 변증법

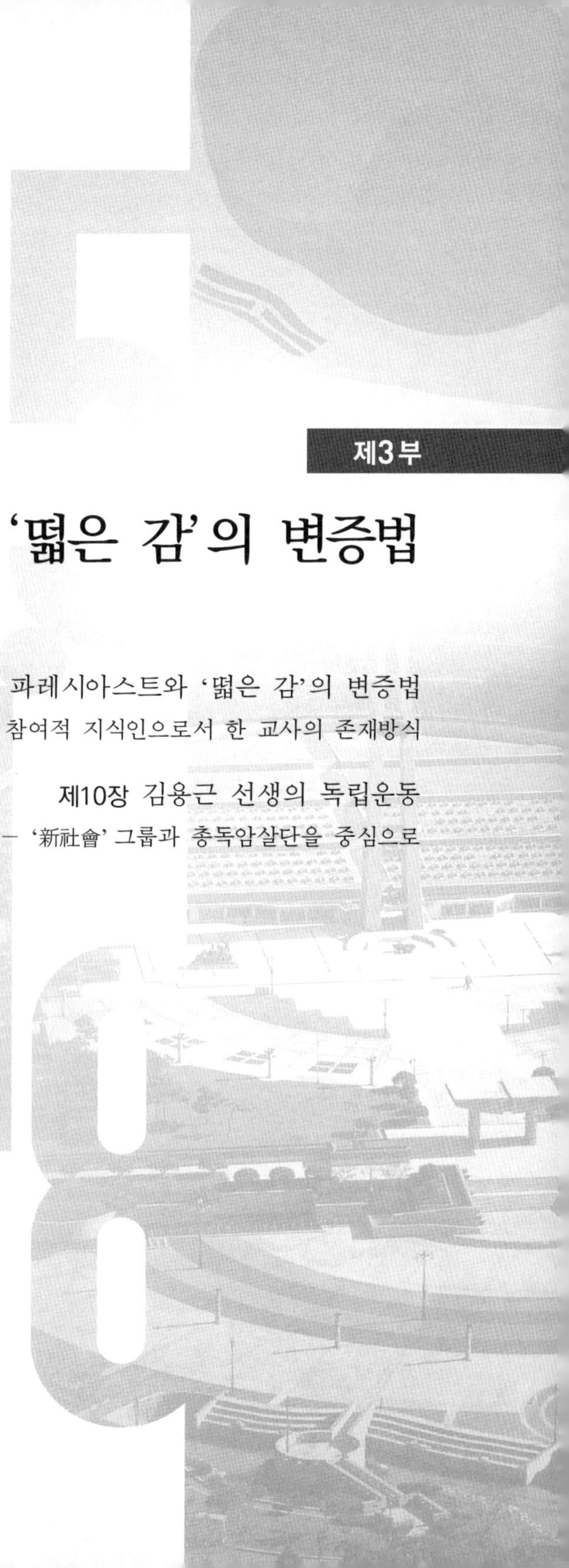

제9장

◆ ◆ ◆

파레시아스트와 '떫은 감'의 변증법*

— 참여적 지식인으로서 한 교사의 존재방식

1. 글머리에

프랑스 철학자 미셸 푸코(1926~1984)는 말년에 '파레시아(parrhesia)'라는 개념을 제시했다.[1] 파레시아는 영어로 'speaking truth' 또는

* 광주광역시 교육청이 발주하여 전남대학교 교육문제연구소가 수행한 '바람직한 광주교사상 연구' 용역 결과 보고회(2018. 11. 30.)에서 발표했다. 몇 군데 오류를 바로잡고 추가하였다.

1 푸코는 꼴라주 드 프랑스의 마지막 강의 제목을 '진실의 용기'라고 했다. 파레시아는 숨지기 직전 마지막 3년 동안 푸코의 화두였으며, 그의 후기 사상을 통칭하는 '주체의 윤리학'을 이해하는 키워드였다. 이 개념이 본격적으로 알려진 계기는 2001년에 두려움 없이 말하기(Fearless Speech)라는 책자가 출간되면서부터다. 이것은 1982년 가을 미국 버클리대학에서 이루어진 강연을 채록한 것인데, 꼴라주 드 프랑스에서 연례적으로 개최했던 대중강연의 내용을 요약한 것이다. 이 내용을 더 잘 이해하려면 그의 세 차례의 파리 강연을 살펴볼 필요가 있다. 1982년 '주체의 해석학', 1983년 '자아의 통치', 1984년 '진실에의 용기'라는 강연 중심에 파레시아가 있기 때문이다.

free speech, 즉 '진실을 말하기', '자유롭게 말하기'이다.[2] 파레시아란 위험을 무릅쓰고 진실을 말하는 것을 가리킨다. '두려움 없이 진실 말하기'를 의미한다. 용기야말로 파레시아를 파레시아답게 만들어주는 필수적인 미덕이다. 파레시아는 '진실의 용기'라고 할 수 있다. 그렇다면 파레시아스트(parrhêsiaste)는 '용기있게 진실을 말하는 자'이다. 푸코는 철학자이자 교육자인 소크라테스를 웅변가나 수사학자[3]가 아니라 '파레시아스트'라고 한다.

푸코에 따르면, 고대 그리스의 철학에서 파레시아는 자기 자신을 윤리적 주체로 만드는 핵심적인 실천 행위 가운데 하나였다. 파레시아 속에서 참다운 철학자는 궤변으로 설득하기가 아니라 솔직하게 말하기를, 거짓이 아니라 진실을, 생명과 안전이 아니라 죽음의 위험을, 아첨이 아니라 비판을, 자신의 이익이 아닌 도덕적 의무를 선택한다. 이렇게 본다면 파레시아는 사르트르나 지젝이 말한 지식인의 덕과도 연관이 되는 듯하다.[4]

---

2 푸코(1983), 담론과 진실, 심세광 외 역(2017). 동문선, 90-91면 참조.

3 파레시아스트와 필로소피스트의 관계에 대해서는 이 글 후반부에서 philosophist의 개념 참조.

4 "사르트르는 1965년 일본 강연에서 지식인이란 "자신과 무관한 일에 참견하는, 즉 보편적인 문제에 관여하는 자"라고 말했다. 그런데 지젝은 2013년 한국 강연에서 지식인과 전문가의 역할에 대해 언급했다. 심리학자가 시위 군중의 요구를 완화할 지 알아내려 하고, 사회학자가 시위를 조금 더 쉽게 통제할지 연구한다면 지식인이 아니라 전문가일 뿐이라는 것이다. 지식인은 누군가 확정한 문제를 해결하는 것이 아니라 그러한 문제 자체에 대해, 그리고 그 문제의 접근법이 올바른가에 대한 의문을 제기하는 존재다. 이것이 지배권력이 비아냥대는 것과 같은 '쓸데없는 참견'이 아닌, 지식인의 참여, 곧 앙가주망이다. 이 앙가주망이야말로 지식인이 져야 할 십자가이다."졸고(2017.12.27), '토호권력과 지식인의 앙가주망', 한겨레신문 칼럼. http://www.hani.co.kr/arti/society/area/825250.html (검색일:2018. 10. 8.).

고대 아테네에서 파레시아는 민주적 도시국가의 조화로운 삶에 봉사해야 하는 시민의 특권이자 의무였으며, 미덕이자 삶의 기술이었다. 민주적 시민에게 그리고 민주사회의 지도자가 되려는 자에게 필요한 덕목이었다. 파레시아는 윤리적 주체로의 자기 구성과 연관된 개념이다. 파레시아는 수사학적 '말 잘하기', 레토릭과 다르며 아첨꾼이나 소피스트의 교언(巧言)과 구별된다. 파레시아는 진실 생산의 양쪽에 존재하는 듣는 자와 말하는 자의 윤리적 상호관계의 표현이다. 따라서 파레시아는 타인의 견해와 믿음에 대해 의문을 제기하는 것과 마찬가지인 한결같은 용기로 '자기 자신에 대해서'도 끊임없이 의문을 제기할 것을 요구한다. 자기 자신을 숨김없이 있는 그대로 자신의 눈앞에 세우는 용기, 그렇기에 파레시아는 동시에 '自己知(Self-knowledge)'에 근거한 '자기 배려'의 시금석이다. 즉 파레시아는 자기 배려의 문제이며 자기 성찰과 관련된 자아 윤리이다. 푸코는 소크라테스에게서 파레시아스트인 교사의 결정적인 사례를 발견한다.

사실 파레시아의 덕은 우리 시대 모든 교육자들에게 요구되는 것이다. 만약 파레시아스트로서 교사가 교육영역에서 설 자리를 잃고, 단지 지배권력의 이데올로그로서 아무런 부끄러움도 없이 세뇌에 종사하며, 맹목적 지식 전달자로서 어떤 반성도 없이 권력과 자본의 명령문을 주입한다면, 교육의 창의성, 변증법적 역동성, 비판성은 실종될 것이다.

이 글은 김용근 선생(이하 선생)의 교육적 실천을 파레시아적 덕목과 가치로 고찰하고자 한다. 선생은 분단의 모순과 부조리 그리고 입시교육의 한계 속에서 최선을 다해서 진실 말하기, 파레시아의 실천을 위해 최선을 다했다. 그는 '부정의 부정'을 통해 쉽게 말하기 어려운 진실, 즉 분단된 민족의 현실과 그 안에서 살아가는 주체의 각성을 외친 파레시아스트였다. 선생의 삶과 교육은 시대의 부정적인 것에 대한 '부정의 부정'의 일관된 노력이었다. 철저하게 시대 상황과의 관계 속에서 부정적인 것을 부정하는 과정이었다. 이 글에서 선생의 교육이 어떤 진실을 추구하려 했는가. 그리고 오늘 그것이 어떤 의미를 가지는가를 가르침과 배움의 과정에서 선생이 만났던 사람들과의 관계를 통해서 밝혀보고자 한다. 이를 통해 우리의 삶과 교육을 돌아볼 수 있으리라 여긴다.

플라톤의 이데아론(論)에서 동굴에 갇힌 현실의 인간은 억견(臆見, 독사 doxa)에 사로잡혀 진리의 세계인 이데아를 인식하지 못한다. 플라톤은 철학이란 참다운 앎(에피스테메 epistēmē)을 추구하는 것이며 그것은 동굴 밖 이데아의 세계를 알아가는 노력 속에 있다고 주장한다. 선생은 교육을 통해 '분단의 동굴' 속에서 출세를 위한 경쟁교육의 틀에 사로잡힌 젊은 영혼들의 각성과 해방을 추구했다. 선생은 제도교육 안의 교사였지만 한반도 분단체제와 경쟁위주의 제도교육에 강하게 비판적이었을 뿐 아니라 그것을 부정하고 그에 도전한 참여적, 실천적 지식인이었다.

선생은 교육자가 되기 이전부터 시대의 모순에 대한 도전으로 연속된 삶을 살았다. 1917년에 태어난 선생은 1985년 별세하기까지 조국 광복운동으로 3차례, 5월민중항쟁에 관련하여 1차례 투옥당했다. 후자의 경우 1980년 5·18 기간 강진 고향에 찾아온 제자

윤한봉 등을 숨겨준 혐의, 형법상 범인은닉으로 기소되었다.

'바람직한 교사상'이라는 연구 주제는 교육학적 측면에서 교사론에 해당하는 담론의 전개를 요구한다고 보인다. 하지만 필자에게 교육학의 이론적 기반은 부족하다. 한편 선생은 교사라는 전통적 고정관념에 포위되지 않은 교육자였다. 이 점에서 "그분의 교육은 파격…. 그 분을 제도교육의 교사라는 틀로 채우기에는 그 분의 그릇이 너무 컸다"는 최연석(광주일고 제자)의 지적[6]에 대해 동의한다. 이러한 지적은 학교라는 제도교육의 현장에서 국가 권력에 의해 정당성을 부여받은 교과 내용과 삶의 방식을 학생들에게 전달하거나 주입하는 교사상에 대한 부정을 깔고 있다. 그렇다고 필자의 이런 고찰이 교사론과 전혀 무관하다고 볼 수는 없을 것이다. 실천적인 지식인으로서 교사의 상이 고정되어 있기보다는 시대의 요청에 따라 다양한 모습으로 나타날 수 있기 때문이다.

필자는 일정한 교육학적인 교사상이라는 이론적 틀이 아니라 선생의 교육적 실천 및 사상과 선생의 시대, 삶을 연관 지어 고찰하고자 한다. 이 과정에서 격동의 시대를 살았던 참여적인 지식인으로서 한 교사의 존재방식을 드러낼 것이다.

필자는 고교 시절에 선생을 처음 뵈었고 돌아가실 때까지 친밀한 관계를 맺었다. 스승과의 만남은 필자에게 큰 영향을 미쳤다. 따라서 이 글에는 주관적인 체험이 포함되어 있다. 학문적 글쓰기는 서술 대상에 대한 최소한의 객관성을 지녀야 한다. 이 점을 인

---

6 문병란 외, 碩隱 金容根 先生 文集(1991), '김용근 선생 추모 좌담회', 385면, 이하 문집.

식하고 스승과 맺은 체험을 최대한 객관화하여 감상에 젖거나 미화로 흐르지 않도록, 즉 선생의 삶과 교육적 실천의 객관적 의미를 밝히도록 노력하겠다.

이 연구는 기본적으로 문헌과 인터뷰를 통해서 수행한다. 선생에 대한 평전이 있다면 더없이 좋았을 것이다.[7] 시대의 한계로 일제 법원의 재판 기록 등에 명문화될 수 없었던 내용에 대해서 연구 대상에 대한 심층 인터뷰가 필수적이기 때문이다. 그나마 금호문화(1984. 11-12월호)에서 선생을 인터뷰했고 이것은 '碩隱 金容根先生 文集'(1991) 75-92면에 전재되어 있다. 이 문집에는 학교와 교회, 여러 강연회에서의 강의록 및 여러 학교 제자들의 회고담, 편지, 선생의 독립운동에 대한 일제 법원의 판결문 등 원자료로 간주할 수 있는 것들이 포함되어 있어서 유용했다. 그 외에도 선생과 평양 숭실중학교 동창이었던 문익환 목사와 윤동주 시인의 평전, 숭실학교 신사참배 거부운동과 관련한 논문, 전주고 교사 시절을 함께 한 신석정 시인 관련 문헌을 참고했다. 또한 이주영(광고 제

7 최권행 등 몇몇 제자들이 1980년 초반 선생이 살아계신 동안 평전을 출판할 필요가 있다는 의견을 제시하였으나, 당시 전두환의 통치가 한창이던 시기였다. 민주화운동에 뛰어든 제자들의 삶이 바쁘기도 했지만 선생의 삶과 교육적 실천을 사실대로 다루기 어려운 시대 상황이기도 했다. 해방 후 30년이 훨씬 넘었지만, 선생이 당면하여 맞선 제국주의의 모순에 더해 냉전이라는 역사의 어둠이 드리워져 있었던 것이다. 그런데 제자들을 포함하여 누구도 선생이 그렇게 빨리 돌아가실 줄 예상하지 못했다. 선생이 일생동안 민족해방운동 및 민주화운동과 연관되어 4번의 길고 짧은 옥살이를 하셨고, 은퇴 후 농촌에서 힘든 노동을 하셨지만, 젊은 시절부터 스포츠를 통해 단련된 강한 체력을 지녔기 때문이었다. 전두환 독재의 몰락 이전인 1985년에 선생이 갑자기 돌아가시고, 세월이 흐르면서 선생의 가르침이 더욱 소중하게 느껴지는 요즈음 그때 작업하지 못했던 것이 한없이 아쉽게 느껴진다.

자), 황일봉(전남고 제자), 황광우[8] 등과 전화 통화와 이메일로 인터뷰 했다.

이 글은 일제, 해방, 분단을 관통한 선생의 삶과 이승만, 박정희 독재 시기 선생의 교육 활동을 다룬다. 필자는 시대와 학교는 다르지만 선생의 제자들 대부분이 공유하는 교육의 내용에 집중하고자 했다. 이 연구의 후반부 '파레시아스트와 떫은 감의 변증법'에서 선생의 교육적 실천을 파레시아 개념으로 종합하고자 한다.

2. 교사 김용근의 시대, 삶, 교육

선생이 살아온 시대는 크게 한국전쟁 이전과 이후로 나뉜다. 전자는 일제 강점기, 광복과 분단 직후 시기로서 본격적으로 교사 생활을 하기 전 성장·학습기에 해당한다. 후자는 분단이 고착화된 이후 이승만, 박정희, 전두환의 독재 시기이다. 분단시대에 선생은 전주고, 광고, 광주일고, 전남고 교사로 근무했다.[9]

---

8 황광우는 1975년 전남고 및 광주일고의 유신반대 시위와 관련하여 인터뷰했다. 그는 선생에게 직접 배운 적이 없으나 황승우 선생과 황지우 시인의 친동생이기도 하다. 황승우 선생은 전남고 시절 동료 교사로 아주 친밀한 관계였으며 황지우 시인은 광주일고 교사 시절 제자였다.(인터뷰 일시; 2018. 9. 27.)

9 선생은 해방 이전에도 몇 차례 교육 활동을 했다. 첫 번째는 1937년 숭실학교 졸업 후 야학 교사(영광 염산 야월리)를 했다. 이것은 몇 개월에 그쳤다. 학생들에게 독립의식을 고취시킨 일로 체포되어 목포에서 옥살이를 했기 때문이다. 두 번째는 1939년 2월 조주일 여사와 결혼 직후부터 1940년 4월 연희전문학교 사학과에 입학하기 전까지 약 1년 동안 목포 유달초등학교 교사로 근무했다. 세 번째는 1941년 9월 연희전문학교 휴학 후 목포에서 교사로 근무했는데 몇 개월에 그쳤다. 이 시기에 또 독립운동에 참여한 혐의로 체포되어 1942년 1월부터 전주형무

분단 이전에 형성된 선생의 사상은 분단 이후 교육적 실천의 바탕을 이루었다. 따라서 이 글은 선생의 사상 형성에 주요한 계기가 된 일제 강점기, 광복과 분단 시기 선생의 삶과 시대적 상황을 먼저 고찰한다. 그리고 이승만 독재 시기부터 5월민중항쟁 시기까지의 교육적 실천을 다룰 것이다. 한국전쟁 휴전 직후 선생은 전주고 교사로 근무를 시작했다. 이승만 독재와 4·19혁명기인 전주고 교사 시절은 주로 신석정 시인과의 교분을 중심으로 언급할 것이며 박정희 독재에서 5월민중항쟁 시기는 전남고 교사 시절을 중심으로 다룰 것이다. 광고, 일고 등 선생이 재직했던 여러 학교에서의 교육과 귀향 후의 농민교육과 교회 활동에 대해서는 별도의 발표가 이미 있거나[10] 예정되어 있으므로 필요한 범위에서만 언급할 것이다.

1) 일제 강점기, 광복과 분단 시기

선생은 1917년 전라남도 강진군 작천면 현산리에서 태어났다. 국제적으로는 러시아 혁명이 일어났고, 국내에서는 일제의 지배에 대한 저항이 본격화된 시기다. 일본제국주의의 지배는 선생의 청

소에서 복역했기 때문이다. 이 세 번의 교사 생활에 대한 기록과 증언 등을 찾을 수 있다면 선생의 일제하 교육 활동에 대해 의미 있는 분석을 시도할 수 있을 것이다. 지금으로서는 1936년 숭실학교 재학 중 평양에 온 도산 안창호를 만나 감화를 받았다는 선생 자신의 회고로 미루어 독립의식을 고취시키는 교육을 했으리라고 추정할 뿐이다. 선생의 연보 참조, 문집 437-439면.

10 광고 시절의 제자인 이주영의 '뜻을 가지고 ball을 만져라' 문집 398-406면. 그리고 김영진(전 국회의원, 농수산부장관 역임)의 '다산의 사상을 일깨워주신 스승' 참고, 문집 411-415면.

년기 삶을 규정했다. 1905년 선생의 할아버지가 강진군 작천면에 교회를 세웠다. 기독교 집안의 외아들로 자란 선생은 만 15세가 되던 1932년 평양 숭실중학교로 유학을 가게 된다. 당시 평양은 '조선의 예루살렘'으로 불렸다. 당시 기독교 교육 뿐 아니라 조선에서 서양식 근대계몽교육의 효시였던 숭실학교[11]에는 많은 인재들이 모여들었다. 숭실학교 출신들은 독립운동에도 열정적으로 참여하여 일제가 '불령선인의 소굴'이라 부를 정도였다. 숭실의 독립운동 전통은 '조선국민회' 운동에서 단적으로 나타난다.

(1) 평양과 숭실학교

숭실학당은 1897년 10월 평양에서 개교하여 1900년에 정식 중등교육을 실시했다. 1905년 대학부 설치로 한반도에서 최초의 서구식 고등교육을 실시했다. 즉, 숭실대학은 대한제국 정부로부터 공식적으로 인정을 받은 조선 최초의 근대적 대학으로 숭실대학교와 숭실중학교(5년제)의 전신이다.

미국 북장로회 선교사들은 1887년부터 평양을 방문했으며, 1893년 평양에 선교지부를 설치했다. 미 북장로교는 조선에서 8개의 중등학교와 3개의 고등교육기관을 운영 혹은 지원하였다.[12] 숭실대학은 미국 북장로회 소속 선교사들의 헌신적인 노력과 평양지역 주민의 전폭적인 지지를 바탕으로 설립되었다. 주민들은 재

---

11 숭실학교는 숭실대학, 숭실중학교, 숭의여학교를 뭉뚱그려 이른바 '평양 3숭'으로 부르기도 했다.

12 안종철(2009), '중일전쟁 발발 전후 신사참배 문제와 평양의 기독교계 중등학교의 동향'. 한국문화 48(93-116면), 서울대학교 규장각 한국학연구원, 96면.

산을 기부하여 대학 설립에 참여했다. 하지만 신사참배를 거부한 숭실학교는 중고등부와 대학부(숭실전문학교)[13] 모두 1938년 3월 4일 자진 폐교하기에 이른다.

숭실은 음악, 문예, 체육 및 농촌계몽 활동을 통하여 서구식 근대문화를 전파하는 역할을 했다. 안익태, 박태준, 현제명, 김동진 등의 음악가들과 김현승과 김조규 등의 시인들이 숭실 출신이다. 온 국민이 열광했던 경평축구전에서 평양팀은 숭실축구단이 주축이었다. 한편 숭실은 1931년 3년제 농과를 개설 농사개량과 농업기술 발달책을 도모하며 농촌계몽운동도 전개하였다.

(2) 숭실의 독립운동 전통과 조선국민회 운동

숭실학교는 서북지방 인재 교육의 핵심 역할을 하였을 뿐 아니라 서북지방 독립운동의 중심이었다. 국운이 기우는 상황에서 설립된 숭실학교에서 교수, 재학생, 동문 등 숭실 인사들은 을사조약 반대운동, 105인 사건[14](1911), 조선국민회운동(1915~1918), 평양지역 3·1만세운동(1919), 광주학생독립운동(1929), 신사참배 거부운동(1935~37)을 주도했다. 장일환, 차이석, 손정도, 김창준, 박희도,

---

13 조선총독부는 1912년 대학교 인가를 했으나, 1925년 숭실대학을 전문학교로 격을 낮추었다. 1938년 폐교 후, 숭실전문학교는 리종만이 인수하여 대동공업전문학교로 바뀌고, 해방 후 김일성종합대학에 흡수되었다.

14 사건이 일어나기 바로 전 해(1910년)에 안명근이 독립 자금을 모으다가 체포되어 총독 데라우치 마사타케를 암살하려고 했다는 누명을 쓴 사건이 있었다. 일제는 평안도를 중심으로 하는 반일 기독교 세력과 신민회의 항일운동을 탄압하기 위하여 사건을 날조하여 신민회원을 비롯한 민족 지도자 600여 명을 검거하고 중심인물 105명을 기소했다.

조만식, 배민수, 장준하, 문익환, 윤동주, 김형직[15] 등 수많은 숭실 출신 독립운동 인사들이 있다.

조선국민회는 숭실학교 출신인 장일환, 강석봉, 서광조, 김형직, 배민수 등과 만주, 중국지역 운동세력과 연계된 백세빈, 노선경을 주축으로 1915년에 조직되었다. 이 단체는 일제하 국내 기독교 계통으로서는 최초이자 유일하게 항일 무장독립운동을 시도했다.[16] 조선과 만주, 중국의 독립운동 세력과 연계했다. 하와이에서 대조선국민군단을 조직한 박용만(1881~1928)의 지도를 받으며 하와이 국민회에서 활동하다 1914년에 귀국한 장일환은 평양에서 조선국민회를 조직하고 대표를 맡았다. 박용만은 하와이에서 이승만, 안창호와 달리 일제에 대해 무력을 길러 대항해야 한다고 주장했다. 조선국민회는 간도에 독립운동 기지 건설을 추진하였다. 전라도 구역장(강석봉)과 외국통신원을 두고 암호 또는 은어를 사용하여 소통하는 등 전국적인 비밀 조직으로 운영했다. 숭실학교 졸업생과 재학생 다수와 일부 교사 그리고 숭실대학 교수가 주축이었지만 타 학교 학생과 서당교사, 교회 장로 등도 참여했다. 1918년 2월 일제가 이 조직을 적발하여 장일환, 김형직 등 주모자들을 투옥함으로써 조직을 해산시켰으나 출옥한 회원들은 이후 고향에서 3·1

---

15 김형직은 김일성 북한 주석의 친부이다. '조선국민회 사건'은 김일성의 회고록 <세기와 더불어> 제1편, 항일혁명 편에도 서술되어 있다. 이 사건 당시 김형직은 숭실학교를 중퇴한 서당교사였다(연합뉴스, 2005년 3월 23일). '김형직 독립운동 사료 독립기념관에 소장'과 연합뉴스 1998년 3월 25일, '金日成의 父 金亨稷 조선국민회활동 사실로 확인돼' 참조.

16 조선국민회에 대해서는 위키피디아 참조(검색일: 2018. 10. 6.).

운동 등 독립운동에 투신했다. 장일환은 잔혹한 고문으로 옥사했다. 이 사건으로 재판 받은 사람만 30명에 이르렀다.

숭실 출신 인사들이 조선국민회 사건으로 무자비한 탄압을 받은 지 불과 1년 후에 3·1운동이 일어났는데, 이 때 숭실학교는 평양지역 만세운동에서 중심적인 역할을 했다. 김용근 선생이 태어난 이듬해 1918년 조선국민회가 와해되었지만, 숭실학교 재학 중 일제에 대한 저항에 앞장섰던 선생은 당연히 조선국민회의 항일운동을 알고 있었을 것이다.

(3) 조선 정세와 일제의 신사참배 강요

선생은 1932년(만 15세)에 평양으로 유학을 떠나, 1933년 숭실학교 2학년에 편입했다. 재학 중에 신사참배 거부운동에 앞장섰다. 숭실학교 재학과 신사참배 거부운동의 중심에 서서 일경에 의해 가혹한 탄압을 받았던 체험은 선생의 사상과 신념의 형성에 아주 중요한 의미를 지닌다.

여기에서 1930년대 조선 정세를 간략하게 고찰할 필요가 있다. 3·1독립운동 덕택으로 어느 정도 언론의 자유가 주어진 1920년대와는 달리 1930년대는 암울한 시기였다. 일제는 1931년 만주 침략 이후 언론통제를 강화했다. 1936년에는 '조선사상범보호관찰령'을 시행했다. 1929년에 시작된 경제대공황이 미국으로부터 파급되자, 일제는 군국주의를 강화하고 항일운동을 탄압했다. 1931년에 신간회를 해체시켰고 1931년과 1934년 두 차례에 걸쳐 카프[17] 맹원

---

17 조선프롤레타리아예술가동맹(에스페란토: Korea Artista Proleta Federacio), 통칭

을 검거했다. 카프는 1935년 5월에 결국 해산했다. 만주침략 이후 국제사회의 항의에 직면한 일제는 1933년 국제연맹을 탈퇴했다. 1937년 중일전쟁을 일으킨 일제는 1938년에는 조선어과목을 폐지해버렸고 1941년 진주만 기습공격으로 태평양전쟁을 야기했다.

당시 일제 군부는 군국주의적 사회 통제를 위해 천황제의 강화를 시도했다. 일제 군부의 의도는 천황을 중심으로 하는 국가 제사, 즉 신사참배와 밀접한 연관을 가졌다. 1935년 일본 내에서 천황기관설(天皇機關設) 논쟁이 일었다. 그런데 같은 해 기독교계 도시샤대학(同志社大學)[18]에서는 학내 가미타나(神棚)[19] 설치를 거부했다.[20] 이것은 군국주의 일본에서 엄청난 파장을 일으켰다. 조선의 모든 학교에 신사참배를 강요하기 전, 일제는 1933~1935년 사이에 타이완에서 가톨릭학교와 영연방 기독교학교들을 굴복시켰다.[21] 1935년 우가키 가즈시게(宇垣一成) 총독은 만주-조선-일본을 연결하는 일본제국의 결합력 증대를 추구했다. 그는 조선통치에서 개별 종교들의 국가에 대한 충성을 이끌어 내기 위해 이른바 '심전(心田)개발'을 3대 통치 목표 가운데 하나로 설정하였다.[22]

카프 1925년 8월에 결성, 1935년 5월 20일에 해체된 사회주의 문학단체다. 계급의식에 입각한 조직적인 프롤레타리아 문학과 계급혁명 운동을 목적으로 삼았다. 대표작가로 최서해, 조명희, 이기영, 한설야 등이 있다.

18 윤동주 시인은 이 대학 영문학과에 재학했다.

19 신토(神道) 제의에 사용되는 도구로, 일종의 소형 신사라고 할 수 있다.

20 '도시샤 가미타나 사건'으로 불린다. 안종철, 같은 글 95면 참조. 또 같은 해 이 대학의 한 일본인 교수는 신사참배가 기독교 신앙과 일치하지 않는다고 논문에서 주장하여 큰 파장이 일었다.

21 안종철, 96면 참조.

22 같은 곳 참조.

조선총독부는 1925년 서울 남산에 조선신사를 완공한 후 전국 각 면에 이르기까지 신사를 건립했다. 기독교 학교에 대한 일제의 신사참배 강요는 평양에서 시작되었다. 이는 평양에 가장 많은 기독교학교와 선교사가 밀집했기 때문이었다. 1935년 11월 14일 평남 도지사 야스다케 다다오(安武直夫)는 평남 도청에서서 열린 도내 공사립 중등학교 교장회의에서 참석자 일동에게 신사참배를 명령했다. 그는 도지사 부임 전 32년 3월부터 35년 4월까지 타이완총독부 문교국장을 역임했으며 기독교학교 신사참배를 본격화 시켰던 인물이었다.[23] 이때 숭실중 교장 겸 숭실전문 교장인 윤산온(George McCune), 숭의여중 교장 대리 정익성, 안식일교회 계통인 순안의 의명중학교 교장 선교사 리(Lee, H. M.)가 거부했다. 평남 도지사 야스다게는 세 학교 교장에게 신사참배는 국민교육상의 요건이므로 앞으로 참배에 응하지 않을 때 단호한 조치를 할 것임을 서신으로 통고했다.[24] 우가키 총독의 '심전(心田)개발'이라는 통치 목표에서 보듯이 일제는 신사참배가 조선에서 군국주의 지배를 강화할 뿐 아니라 조선의 종교, 교육, 사회, 정치를 일제 중심으로 통일하고 유지하는데 필수적이라고 간주했다.

당시 서북지역 기독교인 수는 조선 전체 기독교인의 절반 이상이었다고 한다. 평양은 미 북장로교의 최대 선교지였으며 학교, 병원, 교회라는 세 축으로 활동했다.[25] 식민지 시기 공교육의 부실과 조

23 안종철 같은 글 주석 31 재인용.

24 숭실대학교 90년사, 336면, 송우혜 같은 책 185면에서 재인용

25 안종철 94면.

선인들에 대한 교육기회의 제한으로 선교사들이 운영한 학교는 교육적으로 중요한 의미를 지녔다. 선교사들이 학교를 설립했기 때문에 평양에서는 그들의 영향력이 압도적이었다. 식민지 시기 평양에는 서구 선교사 가족 수백 명이 거주하면서 그들만의 독특한 문화를 형성하고 있었다. 20세기 초 주일 선교사 조지 풀턴(George Fulton)은 당시 평양과 선교사 거주지를 둘러보고 "제국 속의 제국"이라고 했다.[26] 1931년 만주를 시작으로 중국을 침략한 일제로서는 이에 비판적인 서구세력이 걸림돌이었다. 평양은 식민지 시기 일제의 통제로부터 비교적 자율적인 상태에 있었으므로 전시체제기에 본격적인 관리대상이 되었다. 미 북장로교 조선선교부 실행위원회는 1935년 평양의 기독교학교들이 일제 신사참배 강요의 '주된 목표물'이 될 것임을 예측했다.[27] 일제는 조선과 미국 북장로회 선교사들이 세운 평양의 기독교계 학교를 굴복시켜야 조선을 완전하게 지배할 수 있을 것이고, 나아가 만주를 비롯한 아시아 점령의 확고한 발판을 조선에서 마련할 수 있다고 판단했던 것이다.

(4) 숭실중학교 종교부장으로 신사참배 거부운동의 선봉에 서다

선생의 숭실학교 유학은 민족의식, 역사의식을 자각하게 된 결정적 계기였다. 선생은 재학 중 기도회와 전도대[28]에 적극 참여하

---

26 李省展(2006), '아메리카인 선교사와 조선의 근대' 東京:社會評論社, 42면, 안종철, 같은 글 93면에서 재인용.

27 안종철 98면 참조.

28 숭실 학생들은 전도대를 조직하여 폐교하는 날까지 전국적인 전도활동을 계속하였다. 학생들은 학비를 아끼고 돈을 모아 외국까지 선교사를 파견했다. 1910년 중국으로 손정도를 보냈으며, 1911년에는 일본으로 박영일을 파견했다. 한경직,

는 매우 열정적인 기독교 신앙인 생활을 했다. 선생은 숭실학교에서 신사참배 거부운동이 벌어질 무렵 1935년 4학년 종교부장으로 YMCA를 이끌었다. 선생은 신사참배와 황거요배(皇居遙拜)를 정면으로 거부했다. 생전의 말씀에 따르면, 아침에 교사와 학생 모두 운동장에 모여 일왕이 있는 동쪽을 향해 일제히 절을 하는 의식(황거요배)을 거행할 때 거부했다. 선생은 뒷짐을 진 채 허리를 숙이지 않았다. 이를 칼을 찬 일제 순사가 지켜보고 있었다고 한다.[29] 이후 1935년(만 18세) 겨울, 일제는 선생을 평양경찰서 감방에 100일 동안 가두었다. 당시 일제 경찰이 숭실학교 학생들의 신사참배 거부를 굴복시키기 위해서는 선생을 제압해야 했을 것이다. 일제는 한겨울, 총수갑을 채운 채로 감방의 뒷창문을 열어 두었다. 총수갑이란 등 뒤에서 양손을 위아래로 교차하여 채우는 수갑이다. 선생은 밥을 개처럼 엎드려 핥아 먹으며 평양의 혹독한 겨울을 견뎌야 했다. 선생의 묘사에 따르면, 출옥 때 '뼈와 가죽만 남은' 모습이었다. 이때부터 일경은 선생을 요시찰인물로 분류하고 감시하기 시작했다.

숭실학교 3학년 재학 당시 윤동주와 같은 반이었던 김두찬(1919~2011)의 증언을 보자.[30]

박형룡, 강신명 등 한국 개신교계의 주요 인물들이 이 전도대 출신이다.

29 이때는 선생의 숭실중학교 후배인 김두찬의 아래 증언이 말한 사건이 일어난 것과 같은 시기로 여겨진다.

30 김두찬, "혹독했던 신사참배 강요", 「동아일보」 1982. 8. 16. 김두찬은 1943년 메이지대학 재학 중 겸이포제련소 폭파사건으로 체포, 옥고를 치렀고 해방 후 국군 해병대사령관을 지냈다. 이 증언은 그가 광복회 고문을 맡고 있을 때 이루어졌다. 김두찬에 대해서는 제주 4·3사건과 관련하여 제주도민 학살에 관여했다는 기록이 있음을 부기한다. "정부의 4·3사건 진상조사보고서에 따르면 1950년 8월 30일

"일제의 신사참배(강요-필자 추가)가 극에 달했던 1935년 12월, 내가 숭실학교(평양) 3학년이던 때 어느 날 아침이었다. 일본 천황 히로히토가 둘째 아들을 낳았다고 하여 평양시대 전학생이 이른바 '등불참배'를 하도록 명령받았다. 학생들은 모두 '와카마쓰'(若松) 신한교 앞에 모였다. 줄곧 신사참배를 거부해오던 숭실학교도 이날만은 다 모였다.

서울 남산의 조선신궁 다음으로 크고 장엄하게 지었다는 평양신궁은 모란봉 산정 부근에 위치하고 있었다. 신궁에 올라가기 위해서는 가파른 돌계단을 한참이나 올라가야 했다. 돌계단을 오르고 있을 때 이미 참배를 마친 다른 학교 학생들이 찡그린 표정으로 계단을 내려오고 있었다. 숭실학교는 참배대열의 맨꼴찌였다. 당시 5학년이었던 학생장 임인식 형이 갑자기 "제자리 서" "뒤로 돌아"라고 고함쳤다. 학생들은 마치 일시에 전류가 통한듯 뛰어내려오고 말았다. 그것은 이심전심의 무서운 결속이었다. 이 일로 인해 숭실학교의 '조지 S 매퀸' 교장(한국명 윤산온)은 다음해인 1936년 1월 20일 파면됐다.[31]

해군 중령으로 해병대 정보참모이던 김 전 사령관은 제주 성산포경찰서에 '예비검속자 총살집행 의뢰의 건' 명령을 하달했다. 이 명령 공문에는 '제주도에서 계엄령 실시 후 예비구금 중인 D급 및 C급 중 총살 미집행자에 대해 귀 경찰서에서 총살집행 후 그 결과를 9월 6일까지 육군본부 정보국 제주지구 CIC(방첩대) 대장에게 보고하도록 의뢰한다'고 기록돼 있었다" (해병대, 4·3단체 반발 김두찬관 명칭 적절성 검토키로, 연합뉴스, 전지혜, 2019. 12. 18.), https://www.yna.co.kr/view/AKR20191218087100056 (검색일: 2021. 7. 5.) '김두찬관'은 이후 2020년 '충성관'으로 바뀌었다.

31 1936년 1월 16일 평남 도지사 야스다케는 숭실전문 및 숭실중학교장 윤산온과 동교 전 교장 마포삼열을 도청으로 불러 같은 해 1월 18일까지 태도를 결정하고 불참배할 경우 사표 제출을 지시했다. 의명중학교의 교장은 굴복했지만 숭실과 숭의는 1월 18일 신사참배 거부와 교장직 사면 불사 및 명령에 불응하는 답변을 제출했다. 결국 총독부는 숭실중과 숭실전문의 교장을 겸하고 있는 윤산온의 교장 인가를 취소하고 같은 달 21일 숭의여중 교장 대리 스누크(Miss V. L. Snook, 蘇于梨)에게도 같은 조치를 했다.

> 그 며칠 후 2월초였다. "윤 교장이 파면됐다"는 소식을 듣고 학생들이 두 명씩 세 명씩 모여들었다. 새로 학생장이 된 유성복 형의 인솔로 "교장을 내놓으라."며 데모가 시작됐다.
>
> 일본경찰들이 즉각 출동, 학교를 에워쌌다. 기마경찰도 왔다. 교문 안으로 들어왔다. 그러나 당시의 분위기는 저들의 위압에 짓눌릴 만큼 연약한 것이 아니었으며 수적으로도 우리가 압도했다. 학생들은 일경들에게 달려들었고 육박전이 벌어졌다. 우리는 그들의 모자와 옷을 벗겨 땅에 내팽개치고 차고 다니던 칼도 뺏어 부러뜨렸다. 그날은 눈이 많이 왔던 날이었다. 운동장을 뒤덮은 하얀 눈발 위에 일경들을 매어 꽂던 그 통쾌함은 지금도 생각하면 속이 시원한 일이었다.
>
> 이 일로 인해 숭실학교는 무기휴교가 되고 나를 포함한 주동학생들이 피검되었다. 당시 급우였던 애국시인 윤동주는 광명학교로, 장준하(전 사상계 발행인)는 선천의 신성학교로 옮겨가야 했다."

김두찬의 언급에서 선생의 이름은 보이지 않는 것은 선생이 1935년 12월의 신사참배 거부운동 초기에 앞장섰다가 일경에 연행되었기 때문으로 추정한다.[32] 선생은 김두찬이 언급한 1936년 2월 초의 시위에 참여할 수 없었을 것이다. 아마 당시 평양경찰서 감방에 갇혀 있었거나, 아니면 출옥 후 요양 중이었으리라 여긴다. 이 또한 일제 경찰의 기록을 찾을 수 있다면 더 분명해질 것이다.[33]

---

32 숭실학교 학생들의 신사참배 거부운동에 대한 일제 경찰의 기록을 찾는 작업이 필요하다. 평양의 일경이 조선총독부에 보고한 정보(학생 동태) 보고서, 연행 또는 구금 학생 명단 등 원자료에 선생(창씨 개명 이름 金井容根)에 대한 기록이 있을 수 있다.

33 숭실중학교 학생들의 신사참배 거부운동은 한 차례로 끝나지 않고 여러 차례 진행 되었다. 신사참배 거부에 대한 북장로교회와 학교 당국의 저항을 고찰한 논문

문익환, 윤동주는 1935년 북간도 용정에서 평양숭실학교로 전학, 편입[34] 하자마자 신사참배 거부운동을 만났다.[35] 두 사람도 이 운동에 참여했고, 신사참배 거부와 저항의 의미에서 약 반 년 만에 자퇴를 하고 다시 용정으로 돌아가게 된다. 숭실학교 신사참배 거부사건에 대해 문익환은 다음과 같이 회고했다.

> "모처럼 찾아온 고국 땅, 고구려의 옛 수도 평양에서 학생 생활을 하는 것도 겨우 한 학기. 일본 신사참배 문제가 터지고야 말았던 것이다. 1936년 4월 어느 날이었던 것 같다. 전 중학생들이 아침 예배시간이 끝나자 들고 일어났다. 요샛말로 '데모'에 나섰던 것이다.[36]"

윤동주와 문익환은 이때 동맹자퇴를 결행했다. 문익환과 윤동주는 결국 용정으로 돌아가 광명중학교에 편입해야 했다. 그런데 이 친일적인 광명학교[37]는 만주군관학교의 예비학원쯤 되는 분위기였다. 신사참배를 신성한 의무로 여기고 거행하는 곳이었다. 문익환은 당시 상황을 "솥에서 튀어나와 숯불에 내려앉은 격이었다."

은 있지만 학생 검거자, 투옥자 등에 대한 기록을 찾지는 못했다. 1930년대 신사참배 거부운동에 대해서는 다음을 참조하라. 김승태(2012). 「평양 삼숭(三崇)의 신사참배 거부투쟁과 폐교」, 『인문학 연구』, 42(0), 243-278면. 한석희(1985). 「일제하 한국의 신사참배 강요」(2), 『기독교사상』, 29(9), 114-138면.

34 윤동주 1935년 숭실중학교 3학년 편입(35년 9～12월 2학기, 36년 1～3월 3학기 재학), 문익환 1935년 숭실중학교 4학년 편입, 송우혜(2004), 『윤동주평전』, 156면.

35 숭실학교의 신사참배 거부와 윤동주 시인, 문익환 목사의 숭실학교 자퇴에 대해서는 『윤동주평전』 185-190면 참조.

36 김형수(2018), 『문익환평전』 141면.

37 다른 학교는 대학 진학을 위한 학력인정을 받을 수 없었다.

고 회고했다.[38]

장준하(1918~1975)는 1933년 삭주(朔州) 대관보통학교를 졸업한 뒤 아버지 장석인이 교사로 근무하던 숭실중학교에 재학하였다. 장석인은 숭실학교 교목이었다.[39] 장준하는 숭실전문학교를 거쳐 부친처럼 개신교 목사가 될 계획이었으나 숭실전문학교가 신사참배 거부운동으로 폐쇄 당하자, 평안북도 정주에 있던 신안소학교 교사로 부임했다.

선생은 1936년 평양경찰서 출옥 후 평양을 방문한 도산 안창호를 만났다고 한다. 안창호는 학생들에게 일본 군국주의의 정체와 세계정세, 민족 독립의 필요성을 강조했다.

(5) 일제하 2차 투옥-계몽 야학 교사 시절

선생은 1937년 3월 숭실중학을 졸업하고, 같은 해 5월 영광군 염산면 야월리에서 개량학당 교사로 근무했다. 일제 재판 기록[40]에 따르면, 이광수, 심훈, 이기영 등의 소설을 읽고 감화를 받아 서당교사와 친구 및 학생들에게 일본의 패전 및 민족의식을 고취한 혐의로 37년 10월 14일 광주지방법원 목포지청에서 보안법 위반, 육군형법 위반으로 징역 6개월을 선고받았고, 38년 4월 14일 목포형무소에서 출소했다. 생전의 증언에 의하면 실제로는 10개월 동안 복역했다고 한다. 선생은 출옥 후 1940년 4월 연희전문학

---

38 문익환평전 145면.

39 장석인은 기독교 학교인 신성중학교를 졸업한 뒤 1926년 숭실전문학교에 입학하여 1930년 졸업했다.

40 문집 87면.

교[41] 문과에 입학했다가, 41년 9월 25일 휴학하고, 10월 초순부터 목포에서 초등교사로 근무했다.

(6) 일제하 3차 투옥-총독암살단

연전 입학 후 선생은 9명으로 총독암살단을 조직하고 활동 중 체포되었다. 일제는 선생과 성백우를 주동인물로 분류했다. 성백우 선생은 선생과 연희전문학교 입학 동기로 매우 절친한 관계였다. 성백우와 김용근 두 분이 주로 책임을 떠맡은 것으로 보인다. 선생은 1942년 1월부터 1945년 4월까지 전주형무소에 수감[42]되었다. 그런데 정진백과의 대담에서 선생은 총독암살단을 조직했고 다른 독립운동조직과 연계했다고 했으나 어떤 조직인지는 밝히지 않았다.[43] 일제 재판 기록은 선생이 연전 동료 등과 조선인에 대한 차별을 철폐하기 위해 민중계몽운동에 주력할 것을 모의한 것으로 기술하고 있다. 재판 기록상으로는 총독암살단 조직과 관련한 혐의는 나타나 있지 않다. 일제가 총독암살단을 포착하지 못했던 것이다. 총독암살단은 민중계몽에 주력한 2차 투옥 시기의 운동 방식 또는 일반적인 기독교 독립운동의 방식과 매우 다른 운동 형태이다. 기독교 신앙의 바탕에서 독립운동에 뛰어든 선생이 더 적극적으로 민족해방운동에 투신했음을 확인할 수 있다. 당시 어떤

---

41 일제는 경성제대를 제외한 조선의 모든 대학을 전문학교로 격을 낮추었다. 이에 따라 숭실대학교도 숭실전문학교가 되었고, 연희전문학교, 보성전문학교 등이 그 정책에 따라 전문학교가 되었다.

42 문집 87면.

43 성백우 등 3번째 투옥 당시 연관된 사람들의 독립운동에 대한 보다 자세한 기록을 조사할 필요가 있다.

단체, 어떤 조직과 연계되어 있었는지 궁금하다. 이미 궤멸 상태였던 기독교 무장독립운동 계통의 조직은 아니었다고 보인다. 당시 선생이 사회주의 사상을 지닌 상태에서[44] 사회주의 계열의 독립운동조직과 연결되었을 가능성도 있다.

1945년 1월 출옥 후 선생은 작천면 본가에서 요양 중 8월에 사할린 탄광 징용 영장을 받는다. 선생은 영장 소집에 불응하고 8월 14일 만주행 열차에 승차했다. 피신을 결행한 것이다. 당시 사할린 탄광에 가는 것은 곧 죽음을 뜻했다. 그런데 8월 15일 새벽 압록강 철교를 넘어 만주로 가던 열차 안에서 봉천역에서 일왕의 중대 연설이 있을 것이며, 더이상 운행하지 않을 것이므로 모두 하차하라는 안내 방송이 있었다. 선생은 봉천 거리에서 라디오로 일왕의 무조건 항복 연설을 들었다. 당시 너무 허탈하여 생애 최초로 담배를 사서 피웠다고 회고했다.

선생은 한국전쟁 직후 신석정 시인을 만나 전주고 교사 시절을 함께 했다. 신 시인과의 교유에 대해서는 다음 장에서 언급한다.

• 일제하 선생의 삶과 신석정 시인의 삶을 비교

연도	김용근	신석정	국내외 정세
1905	선생의 조부 작천교회(강진군 작천면) 설립.		러일전쟁 발발, 러시아 1905년 혁명 발발, 일제 독도 병합, 가쓰라 태프트 밀약 체결, 2차 영일동맹, 을사늑약 체결

---

44 이 의문은 필자가 2020년에 발표한 졸고 "김용근 선생의 독립운동 - '新社會' 그룹과 총독암살단을 중심으로"에서 해명을 시도했다.

연도	김용근	신석정	국내외 정세
1907		08.15. 출생.	
1917	10.28. 출생.	10세.	러시아혁명. 03.23. 조선국민회 조직(숭실학교 출신 주축 최초의 조선기독교무장독립운동).
1918			02. 조선국민회, 일경에 체포되어 궤멸.
1919			03.01. 3·1운동.
1923		보통학교 6학년 재학 중 동맹휴학 주도.	
1925			일제 신사 서울에 건립.
1927			02.15. 신간회 창립.
1928			코민테른 제6차 대회에서 민족주의자와의 단절 및 적색노동조합운동 노선으로의 전환을 결의하는 '12월테제' 발표.
1929			10.24. 세계 대공황. 11. 광주학생독립운동. 12. 광주학생운동을 계기로 신간회 간부들 대거 검거.
1930		정지용, 김기림 등과 교유. 한용운, 이광수 등과 대면.	
1931		25세. 전북 부안 낙향.	일제 만주침략. 05. 신간회 해체. 일경 카프 맹원 1차 검거 .
1932	목포영흥보통학교 졸업. 평양 도착.		

연도	김용근	신석정	국내외 정세
1933	16세. 평양숭실학교 2학년 입학.		일제 국제연맹 탈퇴. 33~35년 사이 일제 식민지 타이완에서 가톨릭계, 기독교계 학교가 신사참배 강요에 굴복.
1934			카프 맹원 2차 검거.
1935	18세. **12.** 신사참배 거부운동으로 평양 경찰서에서 100일간 수감 추정		
1937	20세. **03.** 평양숭실 학교 졸업 **05.** 영광 염산 야월 교회 야학교사 **10.14.** 목포형무소 투옥		
1938	21세. **04.14.** 목포 형무소 출소. 출소[45] 후 10월에 연희전문학교 재학 중 9명의 동아리 결성. 독립운동 조직과 결부한 총독암살단 활동.		**03.04.** 숭실학교 폐교 시행. 일제 조선어과목 폐지. **09.** 조선장로회 제27회 총회 신사참배 결의 시행. 평양 장로회신학교 신사참배 문제로 폐쇄.
1939	**02.02.** 조주일 여사와 결혼. 목포 유달초등 학교 교사 부임.		**09.** 2차세계대전 발발 일제 15~50세 조선인 대상 강제징용 실시.
1940	**04.** 연희전문학교 사학과 입학. 장남 창중 태어남.	34세. **07.** 「문장」 지에 게재키로 한 「차라리 한그루 푸른 대」가 검열 삭제됨.	**10.** 일제, 2차대전 참전. **11.** 미 북장로교회 선교사 일행 (가족포함) 219명 조선 철수.
1941	**09.25.** 연희전문학교 휴학 후 일시적으로 목포 초등교사 생활.	절필.	**02.12.** 조선사상범예방구금령 제정. **12.07.** 일제 진주만 공습. 태평양 전쟁 발발.

45 문집 86면(금호문화, 1984. 11~12월호).

연도	김용근	신석정	국내외 정세
1942	25세. 1월 치안유지법 위반으로 전주형무소 투옥.		
1943	**03.12.** 장남의 돌이 막 지난 후 전주지법 2년 확정 판결.	창씨개명 거부로 출두령이 나오자 피신, 해방 때까지 거부.	
1944		면사무소 근무 중 "정신대 50명 모집 일제 군부의 비밀지령" 문서를 태워 버림.	
1945	**04.** 전주형무소 출옥 후 사할린탄광 강제 징용 영장받고 8월 14일 만주행 열차 탑승. **08.15.** 새벽 압록강 다리 건너 봉천역에서 해방 맞음.	39세. **08.18.** '조선문화건설중앙협의회'에 참여. 의장 임화, 서기장 김남천, 예하 단체인 '문학건설본부' 중앙위원장에는 이태준, 서기장은 이원조 등. **09.** 향리에서 '중학 설립 기성회'를 조직, 개교 준비 착수.	**08.15.** 광복
	10. 강진 귀향, 농촌계몽운동 투신. 연희전문학교 복학.	40세. **03.01.** 부안중학교 개교. 국어교사 부임. 전주여고 강당에서 결성된 「전북문화인연맹」에 채만식(대표), 이병기, 김해강, 김창술, 백양촌 등과 함께 참여.	

(7) 해방과 분단

선생은 해방을 맞아 46년(29세) 연세대학교 사학과에 입학 후 농구부에서 활동하면서 축구 골키퍼를 했고 연세대학교 관현악단에서 호른과 클라리넷 등의 관악기를 연주했다.

선생은 해방 정국에서 사회주의 사상에 탐닉했다고 술회했다.[46] 2년 반 정도를 침식을 잊을 정도로 하루에 거의 두 시간 정도를 자면서 집중적으로 독서했다. 로자 룩셈부르크, 칼 리프크네히트, 아우구스트 베벨 등 독일 사회민주당 핵심 이론가들의 사상을 일본어로 공부했다. 선생이 사회주의 이론을 공부하셨지만 어떤 사회주의 운동 조직에 참여하셨던 것에 대해서는 들은 바 없다.

선생은 1950년 연세대학교 사학과 졸업 후, 경복고 교사로 취업하고 연세대 대학원 사학과 재학 중 한국전쟁이 발발하여 귀향했다. 그 후 1951년 경찰에 쫓기던 군, 면 인민위원들을 보호했다는 혐의로 장흥에서 약식 재판 후 무죄 석방되었다. 한국전쟁 당시에 선생은 육군 제9사단에 문관으로 입대한다. 당시 박병권 사단장[47](1920～2005)이 선생의 연전 동창이고 친구인 인연으로 그의 고문 역할을 하면서 거의 4년여를 복무했다. 선생의 회고에 따르면, 역사와 영어 등을 강의했다고 한다.

• **해방 후 한국전쟁 시기 선생과 신석정 시인의 삶을 비교**

연도	김용근	신석정	국내외 정세
1946	연세대학교 사학과 입학. 관현악단 클라리넷, 호른 주자, 농구 선수, 축구 골키퍼 활동.		

---

46 필자가 직접 들었던 내용이다.

47 박병권(1920～2005) 육군사관학교장, 제14대 국방부 장관 역임.

연도	김용근	신석정	국내외 정세
1947		**02.16.** '전북문화연맹' 결성식 참석. 전주여고 강당. **07.25.** 제2시집 「슬픈 목가」 간행. 당시 석정의 시의식에 많은 영향을 끼친 김아(본명, 김태종)가 발문.	
1950	연세대 1회 졸업. 사학과 대학원 진학. 경복고 교사 부임.	44세. **03.** 「현대시집」에 「방」을 비롯하여 24편 수록.	**06.25.** 한국전쟁 발발.
1951	연세대 대학원 사학과 재학 중 군입대(육군 제9사단) 약 4년 복무.	45세 생활고로 부안에서 단신 전주로 나옴.	
1953			한국전쟁 휴전.

2) 이승만 독재와 4·19혁명기

- 신석정 시인과 함께 한 전주고 시절(1954~1964년)

김용근 선생은 신석정 시인과 전주고 교사로 함께 근무했다. 선생은 1954년 한국전쟁 휴전 후 군복무를 마치고 귀향길에 전주를 들렀다가 전주고에서 교사 자리를 제안 받았다. 이 시기에 선생은 전주고에서 농구선수들을 지도하여 국가대표들을 포함하여 뛰어난 선수들을 많이 배출했다.

신 시인은 1907년생이고 김 선생은 1917년생으로, 두 사람의 연령은 10살 차이였지만, 일제 때부터의 신념과 역정은 일치하는 점이 많았다. 두 사람은 전주고 시절 1954년부터 10년간 한집에서 살았다. 일제에 굴하지 않았던 저항과 비슷한 역사의식을 가진 두 사람은 시대의 고민을 함께 나누는 형제보다 가까운 동지가 되었다.

여기에서 잠시 신석정 시인의 삶과 문학을 살펴보자. 한국전쟁 휴전으로 분단이 고착화된 후 4·19혁명까지, 더 정확히 말하자면 박정희의 5·16쿠데타 직전까지 이어진 김용근 선생과 신 시인의 교분은 두 분의 삶에 아주 중요한 의미를 갖고 있으며 신 시인의 시 세계에 큰 영향을 미쳤기 때문이다.

신 시인은 김 선생과 달리 기독교인이 아니었다. 신석정 시인은 불교계 대석학으로 일컬어진 박한영(朴漢永, 1870~1948) 대종사[48]의 제자였고, 만해 한용운(1879~1944)에게도 불교 철학과 문학을 배웠다. 그런데 신석정 시인에게 큰 영향을 준 또 한 사람은 김아(본명 김태종)[49]이다. 김아는 부안의 사회주의 운동가였으며 초대

---

48 박한영 스님은 불교계 대석학으로 일컬어지며 만해 한용운의 동지이다. 신석정, 이광수, 서정주 등 많은 문인 제자를 두었다.

49 김아와 신석정의 관계에 대해서는 윤여탁, 36-37면 참조. 또 정재철의 다음 글 참조. 김태종의 호는 김아(金鴉, 갈까마귀 아)다. 부안읍의 동문 안 그가 살던 집은 '신문사집'이나 '묵은 기와집'으로 불릴 정도로 유명했고 부유했다. 그는 별을 연구하였기에 천체관측을 위한 망원경도 가지고 있었다. 자녀 이름도 둘째는 성(星, 별성), 막둥이는 선(璇, 별이름선)으로 지었다.
해방 후 민선 부안읍장으로 살던 그는 공산주의 운동에 참여한다. 소지주요 생활이 넉넉함에도 친일파 청산과 자주 독립국가 건설이라는 큰 흐름에 동승한 것이다. 1947년 24시간 총파업인 3·22 사건이 부안에서 일어났을 때 책임자로 활동했다. 이 후로 지하 비밀조직이 드러나고 많은 사람들이 구속되었다. 한국전쟁이 나자 김태종은 정치보위 책임자로 전주에 왔었다는 얘기가 전해졌다. 퇴로가 막히자 덕유산 일대에서 빨치산으로 활동하다가 1952년 7월 22일 토벌대에게 사살되었다. 가난한 자들에게 소작료를 줄여주고, 자신의 토지를 농민에게 돌려주었으며, 하서의 월포 해변가에 면한 땅들은 동네에 기증했다. (부안문화의 밥과꽃 42-탄금재(彈琴齋)에서 혜원의 사진을 찍다, 부안독립신문, 정재철)
http://www.ibuan.com/news/articleView.html?idxno=21607 (검색일: 2018. 10. 2.).

민선 부안읍장을 지냈다. 그는 '부안의 체 게바라'라는 별명으로 불렸다. 신 시인과 김아는 부안이 고향인 연고로 일제 때부터 교류를 했고, 사상의 동지이자 형제와 같은 관계였다. 김아는 1947년에 출판했던 신석정 시인의 시집 『슬픈 목가』에 발문을 썼고 신석정 선생 자신이 그에 화답하는 글을 실었다. 다음은 해방 공간의 시대 상황을 말해주는 듯한 신석정의 시 「꽃덤불」(신문학, 1946)이다.

태양(太陽)을 의논하는 거룩한 이야기는
항상 태양(太陽)을 등진 곳에서만 비롯하였다.
달빛이 흡사 비오듯 쏟아지는 밤에도
우리는 헐어진 성(城)터를 헤매이면서

언제 참으로 그 언제 우리 하늘에
오롯한 태양(太陽)을 모시겠느냐고
가슴을 쥐어뜯으며 이야기하며 이야기하며
가슴을 쥐어뜯지 않았느냐?

그러는 동안에 영영 잃어버린 벗도 있다.
그러는 동안에 멀리 떠나 버린 벗도 있다.
그러는 동안에 몸을 팔아 버린 벗도 있다.
그러는 동안에 맘을 팔아 버린 벗도 있다.
그러는 동안에 서른여섯 해가 지나갔다.

신석정의 「꽃덤불」은 1947년 낭주문화사에서 발행한 『슬픈 목가』에 실렸다. 『슬픈 목가』는 분단 이후 1954년 대지사에서 재발행했다. 1947년 발행한 시집 『슬픈 목가』는 총 33편의 작품을 3부로 나누어 싣고 있으며, '슬픈 목가에 바치는 글'이라는 김아(金鴉)의 발문과 '나의 몇몇 시우(詩友)에게'라는 지은이의 후기가 있다. 그러나 1953년 재발행 시집에는 김아의 발문과 신석정 시인의 답글이 빠졌다. 한국전쟁 후 분단이 고착되었고, 김아가 빨치산에 참여하여 비극적 죽음을 맞이했기 때문이다.

신석정 시인의 평전, 시, 연보 등을 살펴 보면, 당시 김용근, 신석정 두 사람의 관계가 나이 차이를 뛰어 넘어 이념과 삶의 동지가 될 수밖에 없었던 상황을 짐작할 수 있다. 두 사람은 한반도 민중이 겪어야 했던 역사적 현실에 대한 끝없는 연민과 순수한 이상, 역사적 부조리에 대한 분노와 절망을 공유하며 서로 격려했다.

부안이 고향인 신석정 시인은 전주고에서 교편을 잡기 위해 1954년 전주로 이사했다. 신 시인은 이때부터 1958년까지 활발한 저술 활동을 했다.[50] 전주고 교사 시절 김용근 선생과의 교분은 신 시인의 작품에 상당한 영향을 끼쳤다고 보인다. 실천적 지식인으로서 두 사람은 잠깐이었지만 실로 기쁘고 감격스러운 시기를 보냈다. 선생으로부터 전주고 교사 시절 신 시인과의 교류와 두터운 우정을 회고하는 말씀을 여러 번 들었다. 신석정 시인의 셋째아들인 신광연 전 동아일보 기자의 증언을 통해서도 이를 확인할 수 있다. "5·16 쿠데타가 나면서 김제고로 쫓겨가기 전까지 7년간 전

---

50 1954년 『중국시집』(정양사), 1956년 제3시집 『빙하』(정음사), 1958년 『명시조 감상』(박영사) 이병기와 공저, 『대역본 매창시집』(낭주매창시집간행회) 등, 윤여탁(2000), 『신석정』, 건국대학교출판부, 39면 참조.

주고에 재직하셨던 기간이 아버지에게는 교사로서 황금기였어요."[51] 1970년대 신광연은 동아일보 기자로 호남지역 취재를 맡았었고, 전남고 교사 시절 광주의 선생 댁을 방문하곤 했다. 필자는 고교 재학 중 신 기자를 선생의 댁에서 몇 차례 만난 적이 있다.

(1) 4·19혁명과 5·16쿠데타-희망과 좌절

두 사람이 전주고에서 함께 한 때 4·19가 일어났다. 이승만의 독재와 부패에 절망했던 한국의 지식인들은 4·19를 열렬히 지지했다. 두 사람도 물론이었다. 술을 즐겨했던 신 시인은 4·19 당시 이승만 하야의 기쁨에 겨운 나머지 전주의 미원탑 4거리 교통신호대의 경찰을 내려오게 하고 윗저고리를 벗은 채 수신호를 했다는 유명한 일화가 있다.

다음 신석정의 시 「쥐구멍에 햇볕을 보내는 民主主義의 노래」[52]를 보자.

- 전략 -

한 詩人이 있어
'딱터·李'의 肖像畵로 밑씻개를 하라 외쳤다 하여
그렇게 자랑일 순 없다.
어찌 그 치사한 休紙가 우리들의 성한

---

51 신석정 3남 광연 인터뷰. 월간조선 2016. 2월호. 문인의 遺産, 가족 이야기 〈14〉 시인 辛夕汀의 후손들, "韓醫와 佛典 버리고 詩의 길 열어" http://monthly.chosun.com/client/news/viw.asp?ctcd=E&nNewsNumb=201602100052 (검색일: 2018. 8. 1.).

52 전북일보 발표(1961. 1. 1.).

肉體에까지 犯하는 것을 참고 견디겠느냐!

- 중략 -

嚴肅한 歷史의 宣告도 凍結된 地區에서
그렇게도 우리가 목마르게 待望하는 것은
결국
헤아릴 수 없는 쥐구멍에
햇볕을 보내는 民主主義의 作業을 떠나선 意味가 없다.

- 후략 -

이 시에서 '딱터·李'는 물론 이승만이다. 신 시인은 자유당 정권에 단호하게 역사의 책임을 추궁한다. 시인은 김수영의 '우선 그놈의 사진을 떼어서 밑씻개로 하자'를 차용한 데서 한술 더 떠 이승만의 초상화는 '우리'의 '밑씻개'로도 쓸 수 없는 '치사한 휴지'에 불과하다고 말한다.

서중석이 지적하듯이, 4·19혁명은 지방과 중고교 학생 시위가 발단이고 중심이 된 운동이었다.[53] 4·19혁명은 초기에서 중기까지 대학생보다는 고등학생과 중학생, 심지어 초등학생까지 어린 학생들이 중심이었다. 심지어 국민학생(초등학생)들도 스크럼을 짜고 시위에 참여한 사진을 많이 찾아볼 수 있다.[54] 광주, 전주, 마산,

53 이에 대해서는『서중석의 현대사 이야기』4권 176-193, 228면 등 참조, 서중석(2016), 오월의 봄.

54 당시 수송국민학교 학생 강명희의 시 '나는 알아요'가 잘 표현하고 있다.
아! 슬퍼요. /아침하늘이 밝아 오면은 /달음박질 소리가 들려옵니다.
저녁놀이 사라질 때면 /탕탕탕탕 총소리가 들려옵니다. /아침하늘과 저녁놀을 /오빠와 언니들은 피로 물들였어요. (중략) 오빠와 언니들이 /배우다 남은 학교에

부산 등 지방의 학생들이 서울 지역 대학생들의 분발과 참여를 촉구하는 구호를 외치고 현수막을 들었다. 4·19혁명에서 고등학생의 역할이 결정적이었다. 2·28 대구 학생 시위 이래 모든 시위는 사실상 고교생들의 시위였다. 고교생들은 '대학생들은 나서라, 선배들은 각성하라, 선배들은 썩었다'고 외쳤다.

고대 4·18 시위 이전까지 고등학생들이 시위를 주도했다는 것은 당시 학생운동의 성격을 이해하는 데 매우 중요한 시사점을 준다. 서중석 교수는 당시 대학생들이 선민의식, 엘리트 의식으로 똘똘 뭉쳐있었다고 평가한다. 그들은 이승만 체제 하에서 자발적이고 반체제적인 운동을 해본 적이 없었다.[55] 대학생들의 시위도 지방 대학에서 먼저 불붙었다. 4월 4일 전북대에서 시작했다. 전북대 학생들은 '서울의 학생들은 나서라. 비겁하다'는 구호를 외치기도 했다. 마산상고 김주열 군의 죽음으로 마산 시위가 크게 일어나자 시위가 전국으로 확산되면서 4월부터 대학생들이 참여했고 서울 지역 대학생들도 4월 21일에 합동시위를 계획한다. 그 때 4월 18일 고려대(학생회장 이기택)에서 '선수를 쳤다'.[56]

당시 전주고 교사였던 두 사람에게 지방의 고교생들이 4·19혁명을 초기에 주도한 것이 어떤 의미였을지 짐작이 가지 않은가. 선생은 4·19 당시 가두시위를 하는 전주고등학교 학생 시위대를 따라갔던 경험을 여러 차례 말씀했다.

/배우다 남은 책상에서 /우리는 오빠와 언니들의 /뒤를 따르렵니다.

55 당시 대학 교육이 대중화되지 않았고 대학생의 수가 많지 않았음을 감안할 필요도 있다.

56 서중석의 표현.

신석정은 흔히 알려진 것처럼 결코 단순한 목가적 시인이 아니다. 신 시인이 표현한 목가적 세계는 사회적 부조리와 모순에서 비롯한 인간의 고통과 좌절과 무관한 자연 그 자체의 세계가 결코 아니다. 신 시인은 일제를 겪으면서 투철한 민족의식, 현실 의식을 목가적 상징으로 표현했다. 시인은 밤, 산, 어둠, 노을, 새벽 등 서정적 이미지와 상징을 통해서 현실의 부조리와 역사적 모순과의 치열한 대결을 나타냈다. 시인은 삶의 부조리와 모순이 지양된 이상향을 상징으로 표현했다. 그는 일제하에서 "끝까지 창씨개명을 거부했고, 단 한편의 친일시도 남기지 않았다. 1930년대 우리 시인 가운데 석정처럼 친일로부터 한 오점도 없는 사람은 극히 드물다."고 평가받을 정도이다.[57] 필자가 선생 댁에서 신 시인이 서명한 『산의 서곡』이라는 시집을 보고 있을 때, 선생은 내게 '그 산의 세계는 자유롭고 평등한 이상향을 의미한다'고 말씀했다.

(2) 아름다운 시절의 종언-전주고 사직

박정희의 5·16쿠데타는 4·19에서 역사의 희망을 보았던 두 사람에게 엄청난 좌절을 안겨주었다. 신 시인은 1961년(55세) 5·16쿠데타 직후 전주경찰서에 구금되어 8일간 혹독한 취조를 받아야 했다. 4·19 직후 교원노조 설립을 주장하며 국회의사당에서 단식 농성하는 교사들을 격려하는 시, 「단식의 노래」(서울일일신문, 1960. 10.)와 혁신계 신문 민족일보에 발표한 「춘궁은 다가오는데」, 「전아

---

57 "우리 시문학사에 휘황한 횃불을 밝혀든 목가시인" (이광이 작가, 2020. 7. 7.) [출처] 대한민국 정책브리핑(www.korea.kr) https://www.korea.kr/news/culture ColumnView.do?newsId=148875166 (검색일: 2021. 7. 9.).

사」 등의 작품 때문이었다.

선생은 이 시기 신 시인이 자살을 기도했던 일화를 들려 주었다. 전혀 술을 못했던 선생은 신 시인의 집에 가서 막걸리를 사달라 한 후, 단번에 술을 모두 들이키고 나서 질책했다고 말씀했다. 신 시인의 절망은 박정희의 쿠데타가 4·19혁명으로 움튼 희망을 무참히 짓밟아버린 데서 비롯했다.

마침내 신 시인은 박정희 쿠데타 불과 3개월 후인 61년 8월 25일 전주고를 떠나 김제고로, 64년 4월 다시 전주상고로 옮겨야 했다. 박정희 정권의 박해 때문이었다. 그리고 신 시인이 전주고를 떠난 지 약 반년 후 62년 초, 선생 역시 전주고를 사직하고 광주고에 부임했다. 전주고에서 두 사람의 아름다운 시절은 4·19혁명을 집어삼킨 박정희의 쿠데타로 종언을 맞았다.

신석정 시인은 이후에도 계속 박정희 군부독재세력으로부터 감시와 박해를 받았다. 신 시인은 박정희의 월남 파병을 비판한 「꿈의 일부」, 5·16쿠데타를 비판한 「영구차의 역사」 등 여러 현실 저항시를 남겼다. 그는 1969년에도 뚜렷한 이유 없이 중앙정보부 남산분실에 불려가 호된 조사를 받고 며칠 만에 풀려났다. 다음 시는 당시 시인의 심경을 표현한다. "눈물이 피잉 돌았다./ 한빛이 너무도 눈부신 5월 어느 날, 남산을 내려오던 내 시야에는 그 숱한 고층건물도 보이지 않았다" (「서울 1969년 5월 어느 날」, 『월간문학』, 1969. 7.)

하지만 1974년의 다음 글은 신 시인이 이런 탄압에 결코 굴복하지 않았음을 보여준다. "4·19는 혁명이라고 한다. 모든 시인이 목청을 다듬어 노래하기에 인색하지 않았다. 그러나 … 악마에게 앗긴 오늘이 내일까지 영원히 악마의 것일 수는 없지 않느냐? 차라리 붓을 꺾고 말지언정 멍든 역사와 얼룩진 현실을 찬미하고 구가할 수는 없다."[58]

일제와 해방, 분단을 온몸으로 헤쳐 나간 두 사람의 삶에는 많은 공통점이 있다. 첫째, 일제에 대한 굴하지 않은 저항의 이력 둘째, 반제국주의와 사회주의적 휴머니즘에 대한 경도 셋째, 4·19혁명에 대한 적극적 지지와 박정희 군부독재에 대한 강한 비판적 태도 넷째, 불교 사상에 대한 깊은 이해가 그것이다.

시인이 문학세계 안에서 시대의 이상을 표현하고 절망을 극복하고자 노력했다면, 선생은 학생들과의 소통, 교육과 스포츠에 대한 열정적 몰입을 통해 시대의 어둠을 물리치려 했다. 선생은 전주고 농구 감독을 오랫동안 맡아 여러 국가대표 선수들을 길러냈다. 선생이 전주고를 떠난 것은 신석정 시인을 포함한 진보적, 양심적 지식인에게 가해진 박정희 독재세력의 감시와 박해가 직접적인 원인이었다.

3) 박정희 군사독재시대부터 5월민중항쟁까지
— 광고, 일고, 전남고 시절

신 시인과 선생은 결국 전주고를 떠났다. 신석정 시인이 61년 8월 말 전주고를 사직했고, 선생도 6개월 후 사직하고 1962년 5월 광고에 부임했다.[59] 선생은 광고에서 역사를 가르치며 농구팀을

---

58 「동문서답」, 『난초잎에 어둠이 내리면』, 윤여탁, 41면 재인용.

59 이주영과 전화 인터뷰, 2018. 10. 2.

지도했다. 당시 이주영 등의 제자를 만났다.[60] 선생은 1966년 초 광고를 떠나 여수에서 1년간 농구를 가르쳤다.

이후 1967년에 광주일고에 부임하여 72년까지 근무했다. 이 시기에 문병란 시인을 만났다. 일고에서도 세계사를 강의하며 농구를 지도했다. 선생의 파격적인 교육 내용과 방법은 호남의 영재가 모였다는 광주일고 학생들의 관심과 지적 호기심을 크게 자극했다. 선생이 근무하는 동안 많은 학생들이 선생을 따르고 영향을 받았다.[61] 김희택(민주화운동청년연합 의장, 민주평화통일자문회의 사무처장 역임), 정찬용(노무현 대통령 인사수석 역임), 이양현(5·18시민군, 노동운동가), 나병식(민주화운동기념사업회 상임이사, 풀빛출판사 사장 역임), 정상용(전 국회의원, 5·18시민군), 황지우(시인, 한국예술종합학교 총장 역임), 최권행(서울대 불문과 교수, 아시아문화중심도시조성위원장 역임), 최연석(사단법인 늦봄 문익환학교 이사장), 법성 스님, 최철(전남대학교 민주동우회장), 정용화(민주화운동가) 등 광주일고 출신의 여러 인사들이 이 시기에 선생으로부터 직접적인 영향을 받았다.

선생은 1972년 일고 교사 생활을 접고 사업에 뛰어들었다. 서울에서 분필공장을 차렸던 것이다. 하지만 사라호태풍으로 인한 한강 대홍수로 공장이 침수되어 사업은 실패하고 상당한 빚을 지게 되었다.

---

60 광고 시기에 대해서는 이주영, '뜻을 가지고 Ball을 만져라!' 참고. 문집 398-406.

61 일고 시기에 대해서는 최연석, 황광우 등의 발표가 있기에 생략한다. 또 윤한봉, 김희택, 정찬용 등의 문집 글과 좌담 참조.

(1) 전남고 시기(73년~76년)-유신독재, 긴급조치 시대

사업을 청산한 선생은 1973년 연세대 선배였던 강요한 교장이 있는 전남고에 역사 교사로 부임했다. 교사로서 받는 월급의 대부분을 빚을 갚아야 했기 때문에 선생의 셋방살이 살림은 곤궁하기 짝이 없었다. 당시 빈촌이었던 광주 광천동 인근 선생의 이삿짐을 여러 차례 옮긴 필자는 그 가난한 형편을 생생하게 기억한다. 그렇지만 선생의 교육에 대한 신념과 열정, 제자들에 대한 사랑은 변함이 없었다.

이 시기는 1972년 10월유신을 통해 사실상 종신 대통령의 길을 열어놓은 박정희의 유신독재가 한창 극악하게 발전하기 직전이었다. 고단한 셋방살이였지만 선생은 비좁은 셋방을 찾아온 어린 제자들과 라면을 끓여 먹고 밤을 새우며 자주 얘기를 나누었다. 어느 날 밤 선생은 여러 제자들과 한 이불을 덮고 잠자리에 들었다. 모두 곤히 잠들었던 컴컴한 방 아마 내 다리가 선생의 얼굴에 닿았던 것 같다. 잠든 척 했지만, 선생이 내 다리를 치우면서 'Oh, my Lord!'라고 말씀하는 것을 들었다. 그런 개인적인 어려움과 절망적인 현실에도 선생의 열정은 한결 같았다. 선생은 매주 일요일에는 한국기독교장로회 무돌교회 중고등부 교사로 성서와 역사를 강의하고, 사모님 조주일 여사가 개척 중인 교회의 예배에도 틈틈이 참여했다.

이 시기 선생은 낚시를 자주 다녔다. 선생은 낚싯줄과 낚싯바늘을 제외하곤 모든 낚시 도구를 직접 당신 손으로 만들었다. 겉으로는 도무지 낚시도구로 생각하기 어려울 만큼 형편없게 보였다.[62]

하지만 선생의 낚시 실력은 전문 낚시꾼이라도 따라오기 어려운 수준이었다. 밤 중, 그리고 새벽 낚시터에서 선생은 필자에게 낚시와 인생을 비유하면서 강태공(姜太公, 기원전 1211년~기원전 1072년)[63]의 고사를 자주 말씀했다. 선생은 육도삼략(六韜三略)의 해제를 한 잡지에 연재하기도 했다.

1973년 선생이 전남고에 부임하기 전, 문병란 시인(1935~2015)도 1971년부터 전남고에서 가르치고 있었다. 문 시인은 일고를 떠나 조선대 교수로 재직 중 박철웅 1인 지배하의 조대 교수 생활에 환멸을 느껴 교수직을 접었던 것이다. 두 사람의 교무실 책상도 붙어 있었다. 18년의 나이 차였으니 거의 부자지간 같았지만 두 사람은 동지이자 친구처럼 교분을 나누었다.[64] 김용근, 문병란 두 교사는 시험 감독을 하지 않았다. 두 사람이 감독하는 시간에 학생들은 다른 학생의 답안지를 아주 쉽게 훔쳐볼 수 있었다. 김 선생은 대범했고 문 시인은 순수했다. 이 시기에 전남고등학교에는 훌륭한 교사들이 여러 분 계셨다. 황승우 선생(황지우 시인과 황광우의 친형)이 영어를, 김중태(전 광주일고 교사) 선생이 독일어를 가르쳤다. 모두 광주 지역에서 최고의 실력을 가졌다고 인정받는 교사들이었다. 학생들은 아주 특별한 교사들을 만난 행운을 누렸다.

선생은 수업 때 왕조사 중심의 역사 서술, 이병도류의 실증주의

---

62 그 낚시 도구와 방법은 이주영과 김희택이 잘 묘사했다. 문집 398, 407면 참조.

63 춘추전국시대 제(齊)나라의 창시자, 주역(周易)의 확립자로 알려져 있으며, 중국 최고(最古)의 병법서인 육도삼략(六韜三略)의 저자. 손자병법도 육도삼략에 기초한다.

64 동소산의 머슴새(문병란 지음, 일월서각, 1984) 축사, 문집 328면 참조.

적 식민사관을 철저하게 비판했다. 역사는 백성의 눈, 백성의 눈물로 바라봐야 제대로 보인다고 수업시간 마다 쩌렁쩌렁한 목소리로 포효하는 듯이 강의했다. 동학사상과 전봉준의 실천, 실학사상의 위대성과 계승의 중요성에 대해서 수없이 강조했고, 변증법적 역사의 진행을 역설했다. 르네상스의 의미가 고대 그리스, 로마 문화의 부흥임을 설명하면서 역사는 반드시 돌아갈 곳이 있어야 하는데, 우리 역사는 실학으로 돌아가야 한다고 주장했다. 김용근, 문병란 두 교사의 강의는 공부를 잘하건 못하건 그리고 학교 생활에 관심이 있건 없건 학생 모두에게 최고의 인기였다. 심지어 몰래 학교 밖으로 빠져나간 학생들마저도 두 교사의 시간에는 교실에 들어와 수업을 들은 후 다시 나갈 정도였다.

(2) 전남고 유신반대 시위 사건[65]-유신독재시대 지역 최초의 고교생 시위

1974년 독재자 박정희는 긴급조치[66]를 발표했다. 1월 8일, 긴급조치 1호, 2호로 유신헌법에 대한 비판을 금지하고, 비상군법회의 설치를 선포했다. 4월 3일 이른바 민청학련 사건으로 이어진 4호를 선포했다. 앞서 언급한 선생의 광주일고 출신 제자 대부분이 민청학련 사건 연루자로 투옥되었다. 대학가는 민청학련 사건의 여파로 한동안 움츠러들어 있었지만 2학기 개강과 함께 다시 반유

65 2018. 8. 27.~9. 4. 황일봉 이메일 및 전화 인터뷰. 황일봉은 1973년에 입학하여 3학년인 1975년 5월 10일 제적당했다.

66 1972년에 만들어진 유신헌법 53조가 규정한, 대통령의 권한으로 취할 수 있는 특별조치를 말한다. 박정희의 유신헌법은 역대 헌법 가운데 대통령에게 가장 강력한 권한을 위임했다. 박정희는 이를 모두 9차례 공포했다.

신 투쟁의 불길을 지펴나갔다. 10월 24일 동아일보 기자들이 '자유언론실천선언'을 발표했다. 곧 한국기자협회는 '언론자유수호선언'을 발표했다. 이어 국제기자연맹이 격려 메시지를 보내는 등 한국 자유언론운동에 나라 안팎의 관심이 쏠렸다. 박정희 정권은 자유언론운동의 가장 강력한 진원지인 동아일보 기자들의 숨통을 조이려고 기도했다. 같은 해 12월 말부터 7개월 동안 이어진 동아일보 백지광고 사태가 이렇게 만들어졌다. 박 정권은 이듬해인 1975년 동아일보 사주를 협박하여 결국 146명의 언론인을 축출함으로써 유례를 찾기 힘든 대규모 기자 해직 사태가 벌어졌다.

이러한 정세에서 김 선생과 문 시인을 통해 각성한 전남고 학생들은 1974년 학급별로 모금하여 동아일보 기자들의 투쟁을 응원하는 광고를 게재했다.[67] 그리고 1975년 4월 전남고 학생들은 유신반대 시위를 감행했다. 1학년을 제외한 2학년과 3학년 학생 전원이 운동장에서 유신독재 반대 구호를 외쳤다. 경찰 기동대가 학교를 둘러싸고 교문 밖으로 진출하지 못하도록 제지했다. 당시 3학년 반장으로 시위를 주도한 황일봉은 광주 서부경찰서에 연행당하여 조사를 받았고 5월 10일자로 제적당했다.[68] 이외에도 반장을 맡았던 윤홍근 등 6~7명의 학생들이 연행되어 조사를 받았다.

이후 전남고 학생들의 유신 반대 시위 소식이 광주일고 학생들에게 알려졌다. 전남고 학생들과 광주일고 학생들이 황승우 선생

---

67 전남고 학생들은 1974년부터 이른바 '학풍진작운동'을 1년여 줄기차게 펼쳐왔다. 당시 일부 교사들은 불성실과 도덕적 해이, 패거리 문화로 학생들로부터 많은 불신을 받았다.

68 황일봉은 2학년 3학년 연속 반장이었다.

의 영어 과외를 함께 받았으므로 이를 통해서 두 학교의 소식을 서로 주고받았다. 광주일고 학생들도 유신반대 시위를 벌여서 여러 학생들이 퇴학당했다.[69] 엄혹한 유신독재 하 고교생 시위는 전국적으로도 매우 드문 일이었다. 정보당국은 두 교사를 전남고 학생 시위의 배후로 지목했고 결국 퇴직했다. 문병란 시인은 1975년 3월 스스로 그만두었고, 김용근 선생도 5월 사직해야 했다. 당시 전남고 2학년이었던 임형칠은 한국사 수업 중 교실에 들이닥친 정보기관원에게 선생이 연행된 상황을 기억했다.[70] 그것은 전남고에서 선생의 마지막 수업이었다.

(3) 1977년 회갑 기념 광주YWCA 강연

1977년 선생의 회갑을 맞아 나병식 등 주로 일고 출신 제자들이 광주 YWCA에서 조촐한 기념식과 강연회를 열었다. 이때 고 박형규 목사가 그 자리에 참석하여 감동적인 축사를 했다. 박 목사는 "광주 출신 학생들이 깨어있는 정신을 가져 궁금하게 여겼는데, 오늘 그 원천을 찾았다"고 말씀했다.

---

69 황일봉과 함께 퇴학을 당했거나 또는 학교를 자퇴해야 했던 전남고 학생은 정찬국, 고영현, 정철, 강철성, 최선호, 윤홍근, 주정철 등이다. 광주일고 시위 사건으로 황광우, 박석면, 이재직 등이 퇴학당했다. 황일봉, 박석면, 이재직은 검정고시를 통해 고교 졸업 자격을 획득했고 전남대학에 응시했지만 면접에서 탈락하여 진학할 수 없었다. 이들은 박정희가 피살되고 유신정권이 몰락한 이후에야 대학에 진학할 수 있었다.

70 임형칠, '그리운 고 석은 김용근 선생님의 마지막 수업', 『2020 학술대회 석은 김용근 선생의 일제하 독립운동』 자료집 55-62면 참조, 사단법인 김용근선생기념사업회·국가보훈처, 2020. 10. 29.

(4) 전두환 독재, 5·18시기-귀향, 제자들의 발견과 해후

1980년 5·18 당시 윤한봉, 정용화, 김남표, 은우근 등 제자들이 선생의 작천 본가를 방문했다. 이 일로 선생은 '80년 7월 1일 윤한봉, 정용화를 숨겨주었다 하여 범인은닉 혐의로 고향집에서 체포되었다.

선생는 군사법정에서 징역 8월, 집행유예 1년 6월을 선고받았다. 그는 출옥 이후, 예배 모임에서 구약성서 요나 예언자의 고래뱃속 체험[71]에 빗대어 5·18의 투옥이 새로운 깨달음을 안겨준 체험이었음을 고백했다.

연도	김용근	신석정	국내외 정세
1954	군 제대 직후 전주고 재직. 이후 10년간 신석정 시인과 한 집에서 살면서 인연이 이어짐.	48세. **04.01.** 이후 7년간 전주고등학교 교사생활.	
1960		54세. **04.** 「동방반명」(01.01) 등 혁명을 다그치는 시작품들을 연이어 발표. 이승만 하야 성명이 나온 날 밤 만취하여 미원탑 네거리 신호대 위에서 저고리를 벗어든 채 시민들에게 교통신호를 보내며 '민중의 승리'를 외침. 「촛불」과 「슬픈	**04.19.** 4·19혁명.

71 요나 예언자가 아시리아의 수도인 니느웨(니네베, 지금의 이라크에 있음)에 가서 심판설교를 하라는 하나님의 명을 어기고 에스파냐로 도망을 치려 하였다. 배가 태풍을 만나게 되자 요나는 자기의 탓 때문에 그러하다고 생각하고 바다에 뛰어들었다. 요나는 큰 물고기의 뱃속에 사흘간 있게 되었다. 결국 니느웨에 가서 심판설교를 하여 야훼의 심판을 면하게 하지만, 니느웨에 대한 미움을 버리지는 못한다. 이를 본 하나님은 요나의 어리석음을 깨우쳐 준다.

연도	김용근	신석정	국내외 정세
		목가」의 합본시집 간행(11.05)「단장서곡」(03.30),「사월 혁명에 부치는 노래」(04.13)「우리들의 형제를 잊지말아라」(눈엽 8월호),「단식의 노래」 등 4월 혁명시 발표.	
1961		55세.「쥐구멍에 햇볕을 보내는 민주주의의 노래」(01.01)「봄을 잊을 수는 없다」(01.16),「다가온 춘궁」, (민족일보 04.04)「전아사」(사상계 5월호),「단식의 노래」 발표. 5·16 직후 '교원노조' 지지 시「단식의 노래」, 혁신계「민족일보」 발표「춘궁은 다가오는데」,「(전아사」등의 작품 때문에 당국에 구금. 8일간 혹독한 취조를 받고 풀려남. **08.25.** 전주고등학교를 떠남. 이후 2년간 김제고등학교에서 교사생활. 어려움 속에서도 역사현실과의 대결의지로 쓰여진 시 다수 발표.	5.16 군사 정변
1962	**02.** 전주고 사직. **05.** 광고 부임. 역사 가르치며 농구팀 지도.	56세.「무명에의 항변(자유문학 5월호」,「영구차의 역사」(자유문학 12월호) 등 5·16을 비판한 시 발표.	
1964		**04.01.** 전주상고로 이직.	
1965	**65~72.03.** 광주일고 재직 역사 강의 농구부 육성.	**12.** 당국이 국내반입을 규제 하고 있는「한양」지에 시「그런 날은 언제나 올까」를 발표.	

연도	김용근	신석정	국내외 정세
1967	문병란 시인(1935~2015)을 광주일고에서 만남. 학생 독서회 〈향토반〉 지도.	**02.** 월남 파병을 비판한 시 「꿈의 일부」 발표. 「헐벗은 산하에 살아도」(전북일보 03.12) 발표. **05.** 조지훈 시인과 군사정권의 비합법성과 표현의 자유 등에 관해 수시로 연락을 취하며 비분강개함.	
1969		63세. **05.** 서울 남산 중앙정보부에서 혹독한 취조를 받고 풀려남. 「서울 1969년 5월 어느 날」(월간문학 8월호, 남산을 내려오면서 쓴 시), 「비가」 신동아 8월호 발표.	
1972	광주일고 사임 후 한강 대홍수로 사업 실패.	66세. **09.05.** 전주상업고등학교 정년퇴임. 시론 「시정신과 참여의 방향」(문학사상 10월 창간호) 발표.	**03.** 문병란 선생 전남고 부임. **10.** 박정희 유신독재 체제 구축.
1973	전남고 교사(국사 담당) 부임.		
1974		68세. **07.06.** 소천.	**01.07.** 긴급조치 1호. **01.15.** 군법회의: 장준하, 백기완에 징역15년, 자격정지 15년. **04.03.** 긴급조치 4호 의결. 민주청년학생연맹 사건 날조 발표. **10.24.** 동아일보 기자 자유언론실천선언, 동아일보 백지광고 사태.
1975	전남고 학생들 동아일보 기자들 자유언론실천 운동		**03.** 문병란 선생 전남고 사임.

연도	김용근	신석정	국내외 정세
	응원 광고. 전남고, 광주일고 유신독재 반대 시위. 유신반대 학생시위 책임으로 전남고 교사 사임.		**04.08.** 고려대학교 휴교령. **05.13.** 긴급조치 9호 시행.
1977	숙문고등학교 일시 재직. 회갑을 맞아 전국의 제자들 주선으로 광주YWCA 소심당에서 기념 강연. 박형규 목사 참석.		
1978	강진 작천면 귀향 (작천 노인대학 창설, 향토문화연구 및 강연활동).		
1980	**05.** 윤한봉, 정용화, 김남표, 은우근 작천 본가 방문. 5·18 직후 심근경색증세 보임. **07.01.** 광주민중항쟁 범인 은닉 혐의 체포. 징역 8월, 집행유예 1년 6월 선고.		
1981	석방		
1983	한국기독교장로회 작천 교회 장로 임직.		**05.** 한국기독교장로회 새역사 30주년 기념행사 주제: "민중과 함께, 민족을 위하여, 땅끝까지".
1985	69세 **05.21.** 전남대병원 입원 중 심근경색으로 소천.		
1987	독립유공자 추서.		
1997	국립 5·18민주묘역 이장.		
2002	5·18민주화운동 유공자 추서.		

3. 파레시아스트와 '떫은 감'의 변증법

1) 파레시아의 위기-분단시대 교육의 현실

교육은 인간을 인간답게 만드는 활동, 인간 삶의 향상을 위해 인간을 대상으로 행해지는 공적인 노동이다. 그러나 한국사회에 지배적인 경쟁교육은 출세와 성공의 사다리로 기능하는 사적 욕망의 실현 수단이 되었다. 학교는 사교육 대행 기관이나 다름없게 되었다. 국가적으로 교육은 국가경쟁력을 키우는 수단으로 여겨진다. 한국에서 국가와 자본은 교육을 우열에 따라 줄을 세우는 선별 체계이자 능력에 따라 자리를 배분하는 선발 체계, 다시 말해 통치와 지배를 위한 공적 상벌 체계로 간주한다.

나찌시대의 철저한 극복을 주장한 독일 철학자 아도르노는 '민주주의는 성숙한 사람들을 요구한다.'고 했다. 분단시대 경쟁위주 교육체제는 창의성과 비판능력을 억압함으로써 궁극적으로 민주주의 주체의 성숙을 방해한다.[72] 분단구조와 경쟁중독이 빚은 천박하고 위선적인 '복합수용소사회'[73]에서의 교육은 전체주의적 획

---

72 최근 심의(審議) 민주주의discursive democracy), 또는 숙의(熟議) 민주주의deliberative democracy에 대한 관심이 증대하고 있다. 이는 숙의가 의사결정의 중심이 되는 민주주의 형식으로써 합의적(consensus) 의사결정과 다수결 원리의 요소를 모두 포함한다. 숙의 민주주의에서 법을 정당화하는 가장 중요한 요건은 단순한 투표를 넘어선 실제적인 숙의라는 점에서 전통적 민주주의와 다르다. 민주주의는 단지 다수(majority)의 지배가 아니다. 소수에 대한 억압이 아니라 소수를 존중하는 것이 중요하다. 이런 숙의 민주주의에서는 주체의 성숙도가 민주주의의 수준과 질을 좌우한다.

73 이는 한나 아렌트의 '수용소사회' 개념에서 차용한 것이다. 졸고, '지금 우리의 5·18', 문학들, 2016, 겨울호, 54면.

일성을 내면화시킨다.

동유럽 사회주의 체제는 왜 그리 쉽게 붕괴되고 말았을까? 독일이 통일되기 전 서독보다 동독에서 인종주의가 더 강했다는 지적이 있다. 사회주의 체제에는 사회주의적 인간형이 없었던 것이다. 역사주체의 각성과 역사적 변화는 상호 규정한다. 주체의 각성, 성숙 없이 이뤄진 역사적 변화는 반드시 한계를 노정한다. 성숙한 인간이 역사 발전의 주체다.[74]

■ 어떤 교육이어야 하는가? - 파레시아의 내용과 방법

진실을 말하기는 문제 풀이인가? 문제 제기(찾기)인가? 본회퍼(Dietrich Bonhoeffer)의 글 "진실을 말하는 것은 무엇을 뜻하는가?"에서 진실 찾기에 대한 비유[75]를 보자. 교사가 수업 중에 한 아이에게 질문했다. 네 아버지 어젯밤에 술 취해서 들어오셨니? 라고. 아이는 그렇지 않았다고 대답했다. 그러나 사실은 그것이 아니었

---

74 졸고, 같은 책 44-50, 58면 참조.

75 본회퍼Dietrich Bonhoeffer, "진실을 말하는 것은 무엇을 뜻하는가", 기독교 윤리, 손규태 역(1974), 대한기독교서회, 321면 참조. 본회퍼의 신학적 입장에 대해서는 김현수(2012)의 논문 '정의로운 평화를 향하여- 스탠리 하우어워스의 디트리히 본회퍼 읽기에 대한 비판적 고찰'을 주로 참조했다. 이 글에서 김현수는 본회퍼로부터 많은 영향을 받았다는 신학자 스탠리 하우어워스(Stanley Hauerwas)의 본회퍼에 대한 해석을 매우 설득력 있게 비판하고 있다. 그는 하우어워스가 칸트식 보편윤리적 절대주의 또는 윤리적 원리주의 입장에서 십자가 신학에 기초한 기독론적 맥락주의의 입장을 지닌 본회퍼를 오독하고 있다고 주장한다. 그는 하우어워스가 십자가 신학의 양면성, 이중성을 놓치고 있다고 비판하고 이 두 입장이 양립할 수 없다고 한다. 하지만 김현수는 본회퍼의 신학적 정치학의 핵심이 '진리-말하기'(truth-telling)라는 하우어워스의 입장을 부정하지는 않는다. 장신논단, 44(1), 163-185면.

다. 아이의 아버지는 늘 그렇듯이 만취상태로 귀가했다. 그러면 이 상황에서 무엇이 진실인가? 아이는 거짓을 말한 것인가? 본회퍼에 따르면 그렇지 않다는 것이다. 아이는 어쩌면 자기에게 주어진 상황 속에서 최선을 다해서 말했다. 그는 매일같이 술 취해서 귀가하는 아버지가 부끄러웠고 그것을 수업 중에 공개하는 것이 싫었다.

진실을 말한다면, 아이가 거짓말을 했다고 할 것이 아니라 질문 자체가 잘못되었다고 해야 한다. 이 상황에서 거짓을 말한 아이에게 틀린 대답을 했다고 책임을 지우는 것은 교육이 아니다. 오히려 부적절하고 잘못된 질문을 던진 자, 또는 그런 질문을 강요한 자에게 책임을 물어야 한다. 상황과 관계를 고려할 때 아이는 진리를 말한 것이다. 하지만 우리는 진실을 말하지 않는다. 왜? 용기가 없기 때문이다. 현실에서는 늘 질문을 던지는 자가 문제를 설정하는 권력을 지니고 있고 대답해야 하는 자는 약자이다. 이때 우리는 질문 자체가 잘못되었다는 진실을 말하지 않는다.

분단체제와 맹목적 경쟁이 규정한 한국 교육이 바로 이런 상황에 놓여있다. 자라나는 세대는 새벽부터 밤중까지 왜, 어떤 문제를 풀어야 하는지에 대한 질문을 품을 시간도 없이 문제풀이에 내몰리는 절망적인 상황이다. 그들은 질문할 능력, 문제제기할 비판적 사유의 능력을 상실한다. 문제 설정, 문제 제기 능력을 말살시키는 분단체제의 경쟁교육은 민주주의 주체의 성장을 억압한다. 한반도의 굴곡진 역사 속에서 비슷한 상황이 연출되었다. 문제를 일으킨 자들은 늘 한반도 주변의 강대국이거나 또는 그들의 허수아비로 전락한 지배계급이었다. 민중은 그들이 만들어낸 문제를 풀어내야 하는 상황으로 내몰렸다. 현실에 밀착되지 않은 채, 어디서나, 언제나, 누구에게나 동일한 방식으로 진실을 말하는 것, 또는 똑같은 정답이 정해져 있다고 믿는 것은 '복합수용소사회'를 지배하는 권력자의 지시를 따르는 것이나 마찬가지다.

2) 김용근 교육의 의의

선생은 지배권력이 바라는 교육을 부정하고 학생이 자신을 발견하고, 나아가 분단된 민족을 발견하도록 고취했다. 반공교육과 왕조사 중심의 역사교육을 무시하거나 부정했다. 이러한 비판적 역사교육을 통해 피교육자가 역사의 주체로서의 각성하도록 고무했다.

> "나는 교육의 일선에 있으면서 그때그때 정권에서 내세우는 교육이념이라든지 정책을 도외시해 버렸어요. 내가 생각하는 교육, 내가 가르치고 싶은 교육은 '내가 누구냐'하는, 다시 말해 자기 자신을 인식하게 하여 인간이 가진 천부적인 권리를 스스로 발견해 주장할 수 있도록 내가 먼저 사람다운 사람의 모습을 보여주려고 노력하는 식이었지요. 그러다 보면 민족이 저절로 발견될 터이고 우리 민족은 이렇게 살아야 하지 않겠느냐 하는 길에도 이르게 되지 않을까. 그러니까 역사를 창조해 가는 주인공으로서의 하나의 눈뜸, 그러한 인간다운 삶으로 발전해 가는데 중점을 두고 가르쳤습니다. 마침 내가 담당한 과목은 한국사였는데 교과서 자체가 철저하게 왕조 중심이다 보니 거기에 매달리다 보면 왕이나 얘기하고 지배층 귀족이나 설명해야 되는데 나는 그것을 철저하게 싫어했어요.
>
> 만약 교과서의 주된 내용 즉 위대한 영웅과 군주와 양반들 그리고

고급 문화에 중점을 두다 보면 결과적으로 민중들로 하여금 민중의 것을 부정하고 남의 것을 모방하도록 훈련하고 스스로를 비하하고 부정하면서 남의 가치관에 따라서 살도록 의식화(세뇌-필자 삽입)하는 데 기여하는 셈이 되기 때문이지요. 그러므로 나는 우리의 역사를 지탱해 온 힘의 원천을 대지에 뿌리박고 자라는 풀과 같은 민중들의 생명력에서 찾아야 됨을 힘 닿는대로 가르쳐 왔습니다."[76]

더 많은 예를 들 수 있다. 선생은 신라 불교를 호국불교라고 설명하면서 이때 국가는 현실의 지배계급을 의미한다고 했다. 또 조선의 당쟁에서 양반 사대부가 여러 명분을 두고 다투는 것 같지만 기실 그것은 토지와 관직의 배분이라는 물질적 이해관계에 따른 지배계급의 내부의 분열과 갈등에서 비롯한 것이다, 하고 설명했다. 선생은 대원군의 쇄국 정책을 강하게 비판 했다. 선생은 자주 민족혼을 강조했지만, 국수주의와는 아무런 관련이 없었다.

파레시아스트 역사교사 김용근은 적어도 학생들에게 일방적으로 시험에 나오는 문제들을 풀어야만, 정답을 맹목적으로 찾아내야만 한다고 다그치지 않았다. 그는 역사 주체들이 민족의 부당하고 부조리한 상황을 각성하고, 문제 제기할 능력을 가질 것을 주문했다. 문제의 진실을 알기를 촉구했다. 그가 자신이 생각하는 답을 학생들에게 강요하거나 세뇌시키려 한 것은 아니었다. 학생들 스스로 문제를 찾아내고 그 답을 찾아낼 능력을 지닐 것을 주장했다.

선생은 단편적 역사 지식의 주입을 시도하지 않고 교과서의 역

---

76 문집, 82면.

사 서술에 대한 비판적 입장을 견지했다. 언제나 역사를 바로 보는 눈(선생은 '눈구녁'이라고 했다.), 역사에서 문제를 찾고 설정할 수 있는 안목, 즉 역사의식의 형성을 강조했다. 그의 강의는 때로 강의라기보다 거의 '내가 누구인가', '민족이 어떤 상황에 있는가.'에 대해 깨닫기를 촉구하는 포효였다.

교육은 문제를 찾아가는 과정이다. 문제 찾기 능력은 차이를 알아내는 능력이다. 이는 동일성이 아닌 차이에 대한 감수성을 요구한다. 하지만 분단과 경쟁의 이데올로기사회는 차이 보다 동일성을 추구한다. 이것이 획일적 인간성을 만들어내는 또 하나의 전체주의, 곧 '복합수용소사회' 이데올로기의 작용이다.

지식기반사회는 교육 패러다임 전환의 필요성을 요청한다. 지식기반사회에서는 지식과 정보의 소유량이 개인의 능력을 결정하지 않는다.[77] 중요한 것은 새로운 지식과 정보를 이용한 문제 해결 능력(problem solving ability)이다. 문제 해결 능력은 다시 문제찾기와 문제풀이 능력으로 구분할 수 있지만, 중심은 문제찾기 능력, 문제설정 능력에 있다. 노예는 평생 주인이 제시한 문제를 풀이하는 일에만 몰두한다. 문제찾기와 문제설정의 능력을 상실하면 노예적 삶을 살 수밖에 없다. 역사적으로 질문하는 자, 문제를 제기하는 자가 언제나 권력상 우위에 있다. 지식기반사회에서 지식을 최대한 기억하도록 훈련시키고, 맹목적이고 일방적인 문제풀이로 내모는 것은 교육이 아니라 지배자에 의한 사육일 뿐이다.

그렇다면 문제찾기 교육은 어떻게 가능한가. 그 능력은 비판적

---

77 지식과 정보를 컴퓨터를 통해 찾아 이용할 수 있기 때문이다.

사고능력과 소통능력으로 결정된다. 비판은 모든 판단에 전제되어 있는 구별의 기준이 정당한지를 묻는다. 비판은 어떤 것도 전면적으로 부정하지 않지만 그렇다고 '이것이냐 저것이냐'와 같은 양자택일적 태도는 더욱 아니다. 비판은 흑백논리에 대한 저항이지만 심지어 흑백논리조차 전면적으로 부정하지 않을 만큼 근본적이어야 한다. 흑백논리에 대한 전면적 부정은 그 자체가 흑백논리일 뿐이기 때문이다. 비판은 오히려 양자긍정과 양자부정의 사이에서 부정적인 것을 끝없이 부정하는 과정이다. 끝없는 부정, 부정의 부정은 같음과 다름의 구별, 경계에서 상호인정을 위한 소통의 과정이다.

■ 분단시대 실천적 지식인의 존재방식

선생은 분단체제 아래 제도 교육의 교사였지만, 그의 교육적 실천과 내용은 결코 제도 안에 머무르지 않았다. 아니 머무를 수 없었다. 그의 강의는 한참 왕성한 학생들의 탐구욕에 불을 붙였다. 파레시아스트 김용근은 입시와는 아무런 상관이 없는, 교과서 안에는 나오지도 않은 질문을 학생들에게 던졌고, 제자들은 역사의 주체로서 자신과 공동체의 가장 근본적인 질문들을 찾아내는 능력을 길렀다.

진실은 단순하지 않고, 유동적이다. 역사와 상황 속에서 다양하게 규정된다. 무엇이 누구에게 가장 긴급하게 중요한 진실인가, 라는 질문에는 많은 다양한 이견과 논란이 있을 수 있다. 진실에 이르는 선생의 방법은 그가 수없이 강조한 '떫은 감이 단감으로' 변화하는 변증법적 부정이었다. 변증법적 부정은 진실과 거짓을 발견하고 구분하는 것이 단순하지 않음을, 변증적인 과정에서 발견되는 것임을 말한다. 진실은 단지 최종적인 결과물이 아니라 끝없는 부정의 과정, 변증법적 지양에서 성취되는 결과이자 과정이다.

수업시간에 들었던 '변증법'과 '부정의 부정'은 어린 우리에게 하나의 수수께끼 같은 것이었다. 어린 시절 필자는 그 수수께끼를 풀기 위해 그 두 단어가 눈에 띄는 글을 닥치는 대로 찾아 거듭해서 읽었다. 『전환시대의 논리』가 출판되었을 때 선생의 권유로 바로 사서 읽었다. 입시를 앞둔 고3 가을로 기억한다. 이영희 선생은 분단체제의 청산은 '부정의 부정'이라는 과정을 거쳐야 한다고 했다. 그 후 필자에게 반공주의 이념의 족쇄는 완전히 산산 조각났다.

독재로 점철된 분단시대에 파레시아의 발화자, 지식인으로서 역사교사가 말해야 할 진실은 무엇인가? 하버마스는 역사적 인식·관심의 3단계를 제시한다.[78] 첫째 기술적(技術的) 인식·관심, 둘째, 해석적 인식·관심, 셋째, 해방적 인식·관심이 그것이다. 하버마스는 교육이 첫째와 둘째 단계를 넘어 셋째로 나아가야 한다고 주장한다. 현실에 초연하고 무관심한 인식이 아니라 성숙과 해방에 관심을 가진 인식이야 말로 사회와 역사를 발전시킨다는 것이다. 이 점에서 역사교육은 역사적 사실에 대한 실증주의적 규명과 해석에 머무르지 않고 억압된 현실로부터 인간해방을 위한 실천으로 나아가야 할 것이다. 선생의 역사교육은 바로 이런 관점에 기반을 두었다. 교단에서 역사를 가르치기 전에, 이미 온몸으로 역사를 살

---

78 하버마스 지음, 강영계 역, '인식과 관심', 고려원, 1996.

았던 탓이다. 선생의 시대 한반도에서 민족해방은 인간해방의 전제 조건이었다. 그의 독립운동은 곧 인간해방운동의 일환이었다. 선생의 교육, 그의 삶과 시대를 분리할 수 없는 이유, 그리고 그를 단지 학교라는 제도교육 안에서의 교사로 간주해서는 안되는 이유가 이것이다.

3) 교사와 제자, 파레시아스트의 길

선생은 학생을 역사로, 민족의 현실로 불러냈으며, 제자들은 그에 응답했다. 그것은 '우애'(友愛)의 실현이었다. 5월민중항쟁 당시 군사반란세력이 만든 상무대 영창 안에서 선생과 제자들의 만남은 그것을 극적으로 재현했다. 상무대 군 감옥에 수감 중이었던 광주일고 제자 이양현이 막 감방에 들어온 선생에게 '차렷! 스승님께 경례'라는 구호로써 반가움과 예의를 표했다는 일화는 유명하다. 당시 이양현은 5·18 시민군으로 윤상원 열사와 같은 공간에서 마지막까지 함께 항전하다 체포, 수감되었다. 선생과 제자들은 뜻밖의 만남의 순간, 감격의 눈물을 흘렸다.[79] 당시 상무대 군감옥에서 선생은 최고령자에 속했다. 그때 선생과 함께 수감되었던 제자 가운데는 김양래(전남고 출신), 임창옥 등이 있다. 선생은 군감옥에서도 제자와 수감자들을 대상으로 역사를 강의했다. 물론 그 장소와 시간에서 그런 형식의 만남을 아무도 바라지 않았다. 하지만 그것은 김용근 식의 역사교육이 결과한 아름다운 축복의 순간이

---

79 이양현의 회고, "김용근 선생 추모 좌담회", 문집, 383면.

었다.

선생이 전남고에서 사직하기 전 학생과장을 맡았지만, 그는 사실 학생들의 시위를 적극적으로 막지 않았다. 아니 막는 시늉을 했을 뿐 오히려 고무했다. 어떤 사람들은 선생을 선동가라 비난했다. 실제로 문병란 시인과 함께 전남고 학생들의 유신 반대 시위 책임을 지고 그만두게 되었을 때, 일부의 교사들이 유사한 비난을 했다. 하지만 선생의 교육은 무책임한 선동이 아닌 주체화, 의식화를 촉구하는 진실한 담화였다.

파레시아스트 김용근은 분명히 문제 교사였다. 그는 일반적인 교사상으로 해석될 수 있는 인물, 단순히 학교라는 제도교육의 틀 속에 있는 교사가 아니었다. 80년대 독재 정권이 '학생들에게 지나치게 열성을 기울이는 교사'를 전교조 교사들을 식별하는 기준으로 제시한 적이 있었다. 선생이 바로 그 경우에 해당했다. 그는 늘 학생들로 하여금 문제의식을 지니도록 촉구하고 선동했다. 제도교육 안에서 인정받거나 순응을 추구하는 사람들의 입장에서 본다면, 그는 명백하게 문제 교사, 문제를 만드는 사람이었다.

4) 진실 말하기와 진실을 살아내기 (진실한 존재방식)

■ 파레시아스트의 역할과 진실말하기의 유형[80]

우리는 푸코의 철학을 통해 스승 또는 지식인의 바람직한 모델을 생각해 볼 수 있다. 그는 편견과 이데올로기, 기존의 지식형태

80 미셸 푸코(1983), 『담론과 진실』, 심세광·전혜리 역(2017), 동녘, 130-131면 참조.

와 제도 및 관행에 대한 비판으로서 학문 또는 지식 교육을 실천하는 동시에 자기배려하는 주체화를 추구한다.

푸코는 예언자, 현자, 교육자(지식의 전달자[81])의 역할을 파레시아스트와 비교하여 설명한다. 푸코는 예언자 담론, 현자 담론, 전문가 담론을 비판하면서 바람직한 스승의 존재방식을 제시한다. 예언자는 다른 누군가의 대리자로 말한다. 하지만 파레시아스트는 자신의 이름으로 자신의 의견을 말한다. 현자는 자신의 이름으로 말하지만, 자기의 아는 바를 타자에게 말할 의무가 없다. 그는 자신의 말과 지혜의 결과에 대해 고심하지 않는다. 반면 파레시아스트는 진실을 말하고 타인을 설득할 임무를 갖는다. 그는 타인에게 영향을 주어 그들의 품행을 개선하고 군주의 정신 상태를 향상시키고 도시국가를 더 나은 것으로 만들 책임이 있다는 점에서 현자와 다르다. 셋째로 지식전달자들은 전수한 지식을 가르치므로 용기를 내거나 위험을 감수할 필요가 없다. 그는 전문적인 기술(technē)이나 지식으로 타인을 가르친다. 의사나 음악가, 목수, 교사 등 테크니션들(the technician)들이다. 그들은 전문적인 지식의 소유를 토대로 가르치는 것을 업으로 삼는다. 그러나 그들은 자신이 전수한 지식을 말하기 때문에 아무런 위험부담을 지지 않는다.

반대로 파레시아스트는 근본적으로 분쟁적 상황 속에 있다. 권력과 맞서고 다수의 사람들이나 여론 등과 대립한다는 점에서 지

---

81 푸코는 여기에서 교육자를 '사회에서 이미 알려지고 승인되며 수용된 것들을 말하는 자', '만인이 아는 것을 말하는 자'로 정의하고 '가르칠 때 용기를 갖거나 위험을 감수할 필요가 없'다고 말하고 있어서 차라리 지식의 전달자로 바꿔 부르는 것이 나을 듯하다. 같은 곳 참조.

식의 전달자와 다르다. 푸코는 세 유형의 역할이 시대와 상황에 따라 파레시아스트와 겹칠 수 있다고 한다.[82] 푸코는 철학, 정치, 종교 등 어느 관점이 되었든 파레시아스트는 진실을 말함으로써 우리 자신과 사회를 변화시키는 비판적 태도를 유지한다고 한다.[83] 굳이 푸코에 의하지 않더라도 소크라테스의 예에서는 예언자, 현자, 교사, 파레시아스트의 요소들이 모두 섞여 있다. 현장 교육에서는 제자가 자기에의 배려를 통한 주체화로 나가도록 안내하는 파레시아스트적인 진실을 말하는 스승과 전문적인 지식 전달자(전문가)의 결합이 가능하다. 하지만 우리 교육 현장과 사회는 진실을 말하거나 진실하게 존재하는 것에 관심이 없는 (입시) 전문가적 기술과 지식을 구사하는 교육자들이 지배적인 것이 아닐까?

■ 소크라테스의 경우

푸코는 진실에의 윤리를 실천하는 이상적인 스승 또는 지식인의 예로 소크라테스를 들었다. 소크라테스에게 교육은 어떻게 진실을 인식할 것인가, 말할 것인가, 실천할 것인가, 즉 진실을 의지(意志)하는 사람(주체)을 만들 것인가의 문제였다. 소크라테스의 대화법은 바로 이 점에 집중한 교육 방법론이다. 푸코에 따르면 파레시아스트는 참과 거짓, 옳음과 그름, 좋음과 나쁨, 아름다움과 추함을 원칙적으로 구별하고, 자기가 참, 옳음, 좋음, 아름다움이라고 생각하는 것만을 진실하게 말하며, 답을 안다고 자처했던 타인의

---

82 같은 책, 131-133면 참조.

83 같은 책, 133면 참조.

무지를 폭로하는 교육자다. 파레시아스트는 수사학자와 다르다. 수사학자는 진리라고 생각하는 것을 말하는 것이 아니라, 타인이 자기의 말을 진리라고 믿게 만드는 설득에 관심이 있을 뿐이다. 그는 타인에게 상처를 주지는 않는다. 진실을 말하는 교육자로서 파레시아스트는 답을 말하면서 설득시키는 자가 아니라 질문을 던지면서 타인과 함께 문제의 답을 찾아가며 '배우는 자'이다.

진실을 말하는, 실천하고 살아내는 것은 쉬운 일이 아니다. 그것은 때로 엄청난 고난을 각오해야 한다. 소크라테스와 예수는 진실을 말한 대가로 생명을 지불했다. 그들은 진실을 말하고 진실을 살아낸 스승이었다. 소크라테스의 직업은 교사였다. 정치와 매우 밀접한 삶을 살아가야 하는 아테네 도시국가의 자유민과 귀족 청년들에게 수사학과 웅변술을 직업적으로 가르치는 교사 집단을 소피스트(sophist: 知者)라 했고 소크라테스도 당연히 소피스트 계층에 속했다. 하지만 그는 자신을 필로소피스트(philophist: 愛知者)로 칭하기 시작했다. 지혜를 사랑하는 자라는 이 말은 소피스트 계층에 대한 명백한 비판의 의미를 띠고 있었다. 당대 상업으로 부와 권력을 획득한 자유민 지배권력의 이데올로그인 소피스트 계층은 진실을 말하기보다 설득시키는 수사학에 집중했다. 그들을 비판한 소크라테스는 '청년들을 타락시켰다'는 죄목으로 처형된다. 소크라테스는 아테네 청년들에게 진실을 제대로 알 것을 촉구한 것이고 그것이 선동으로 단죄 받은 것이다. 예수도 역시 이스라엘 백성에게 하느님 나라의 진실을 알리고 그것을 추구하는 삶을 촉구함으로써 당시의 이데올로그들과 권력자들의 미움을 받아 처형되었다고 할 수 있다.

5) 휴머니스트 김용근의 사상

선생은 일제 투옥 시기에 불교사상을 접했다. 일제는 성경을 포함한 기독교 서적, 신학 서적의 반입을 불허했다. 그는 일제하 4년여의 옥살이를 하는 동안 일본 서적, 한문 등을 통한 불교사상의 독서에 집중했다. 선생은 장기간 투옥 생활 후 불교 개종을 고민했다고 회고했다. 태어날 때부터 아무런 선택 없이 받아들였던 기독교 신앙에 대해 회의를 가졌다고 보인다. 기독교적 민족주의자로 출발하여 일제강점기에 모두 세 차례의 투옥을 겪고 총독암살단에 참여하는 과정에서 그는 사상적 변화를 겪었다.

이미 언급했듯이 해방 공간에서 선생은 사회주의 사상을 집중적으로 섭렵했다. 정확한 시기는 기억하지 못하지만 필자가 적어도 고교를 졸업하고 최소 10년은 지난 후에야 선생은 젊은 시절 독일 사회민주노동당 이론가들의 사상을 탐닉했음을 알려주셨다.[84] 고교시절 수업에서 선생은 세계사의 진행을 헤브라이즘과 헬레니즘의 통일로 설명하며 다음과 같이 칠판에 썼다. '봉건시대 → Kant, Hegel → ?' 물음표 자리에 있는 사상가가 누구인지 당시로서는 알 수 없었지만 한참 세월이 흐르고서야 그것이 마르크스임을 비로소 깨달았다. 선생은 자신의 사상적 편력에 대해 글을

---

84 당시 선생은 그런 사상서적을 당장 읽는 것을 말렸던 기억이 있다. 그런 서적을 일단 읽기 시작하면 멈출 수 없기 때문이라고 했다. 그는 최소한 영어나 독일어 등 어학 공부를 먼저 할 것을 강하게 권했다.

쓰거나 공개적으로 말을 한 적이 없다. 이런 고백은 공식적인 인터뷰에서 찾아볼 수 없다. 일부 제자들을 포함하여 개인적으로 친밀하게 접한 사람들만이 들을 수 있었을 뿐이고, 이러한 선생의 사상적 편력을 공개적으로 밝히는 것도 처음이라고 여긴다.

사회주의, 기독교, 무교회주의, 불교 사상에 경도되어 반제국주의 운동에 참여했지만 선생에게 어떤 '~주의자'라는 명칭을 붙이기는 힘들다. 마르크스주의든, 기독교든 그는 교조적 사상을 가진 사람이 아니었다. 그는 유난히 인간이란 단어를 잘 썼다. 농구 선수들을 가르치면서 던진 '볼은 인간이다'라는 명제 외에도. '내가 한국의 역사에서 발견한 인간이 있다면 그것은 원효다', '인간이 그래서 되겠냐' 등의 말씀들을 어렵지 않게 떠올릴 수 있다. 기독교인 장로로 별세했지만 그는 평생 휴머니스트였다.

선생은 독단을 심어주지 않았다. 불교와 기독교, 사회주의를 넘나들며 변증법적 사상과 세계관을 강조하고 사물을 변증법적으로 인식할 것을 주문하였다. 차남인 김만진은 연세대학교 농구선수였는데, 선생이 아들에게 학생들이 사용한 답안지 뒷면을 이용하여 농구 게임의 변증법적 전술을 설명하는 것을 본 적이 있다. 선생은 농구선수들을 지도하는 과정에서도 늘 변증법적인 교육방식을 염두에 두었다.

■ 변증적 인간-원효와 바울

선생이 우리 역사에서 인간적, 사상적으로 가장 위대하게 평가하는 인물은 원효(元曉, 617년~686년)였다. 그는 원효의 파계와 광대로서의 구걸 행위에 대해 아주 간결하게 의미를 부여했다. 당대 최고의 학자이자, 6두품 귀족으로서 원효가 자신을 부정하고 민중 속으로 들어간 것이라고 해석했다. 문병란 시인은 선생의 원효에 대한 해석을 우리에게 전하면서 '너무 단순하지만, 정말 명료하고 새로운 해석'이라고 말씀했다.

원효는 철저한 자유인이었다. "일체에 걸림이 없는 사람은 단번에 생사를 벗어난다(一切無碍人 一道出生死)"라는 그의 무애사상과 실천은 고대 그리스 디오게네스(기원전 412년경~기원전 323년경)의 견유주의(犬儒主義) 철학을 떠올리게 한다. 푸코는 파레시아를 설명하면서 견유주의를 자기성찰, 자기배려의 한 사례로 들었다. 원효는 부처와 중생을 둘로 보지 않았으며, 오히려 "무릇 중생의 마음은 원융하여 걸림이 없는 것이니, 태연하기가 허공과 같고 잠잠하기가 오히려 바다와 같으므로 평등하여 차별상(差別相)이 없다." 라고 하였다. 내가 결국 예수가 되어야 한다는 선생의 말 속에서 부처와 중생이 다르지 않음을 말한 원효의 사상을 느낄 수도 있을 것 같다.

그는 기독교 사상가로 사도 바울(5년?~64-68년?)과 성 아우구스티누스(354년~ 430년)를 높이 평가하여 교회 설교에서 자주 언급했다. 다만 여기에서 이 두 사상가 모두 회심(回心)의 과정을 겪었다는 것을 지적한다. 이러한 회심은 개종을 동반하는 점에서 원효의 자기부정과는 다르다. 원효의 자기부정은 내면세계로의 침잠을 통한 자기성찰과 자기수양의 결과로 여겨지기 때문이다.

4. 맺음말

우리 교육에서 파레시아의 실천을 방해하는 것은 무엇일까? 욕망의 추구를 위한 경쟁이 지배하며 공적인 도덕보다 사적 이익이 우선적인 우리 교육에서 진실말하기, 즉 파레시아의 실천이 가능한가? 분단시대가 걷히고 통일과 평화의 새로운 시대가 열리는 조짐이 있지만 파레시아스트로서 교육자의 존재는 가능한가? 파레시아스트 김용근이 말한 진실의 내용과 의미 그리고 방법, 그것이 끼친 영향이 무엇이었는가?

■ 선생이 맞닥뜨린 어둠은 무엇이었는가?

김희택(광주일고 제자)은 옥중에서 김양래(전남고 제자)에게 보낸 편지에서 선생의 낚시 취미를 언급하면서 말한다. "괄괄하신 그 성미에 어떻게 쭈그리고 앉아 …(생략) … 입질 없는 무료한 시간을 어떻게 명상에 빠지면서 묵묵히 견뎌낼 수 있으셨을까"라고.

> 선생님이 왜 그처럼 낚시를 즐기셨을까? 그날도 그런 걸 직접 묻고 하진 않았어. 그런데 지금 생각해 보면 선생님의 내면에 깊은 고독, 이런 걸 가지고 계셨던 게 아닐까? 일제하에서 독립운동에 가담하셨던 일, 8·15 이후 현대사의 전개과정, 교직에서 젊은 학생들과의 삶, 이 모든 것들이 시들하고 번거롭게 느껴지실 때 홀연히 낚시가방을 들고 나서시던 그 모습에서 나는 그분의 홀로서는 풍모를 느낀다네. 기억하기로 선생님은 혼자서 낚시를 즐기셨고 주로 밤낚시를 즐기셨던 것으로 알고 있지. 아마도 종종 동행하여 결국 심한 낚시꾼이 된 주

영이 형은 선생님의 낚시를 잘 알고 계실 걸세.[85]

선생은 필자에게 '저 저수지 물속으로 들어가 버리고 싶었던 적이 있었다'는 충격적인 고백을 담담하게 한 적이 있다.[86] 낚시터에서 밤을 새우던 어느 날 새벽이었다. 어린 나는 그 때 비로소 스승의 절망이 얼마나 깊은지 조금 실감했을 뿐이다.

선생은 컴컴한 저수지 물이 아니라, 시대의 어둠과 대면하고 있었던 것이다. 암울한 시대의 절망을 극복하려는 선생의 의지는 교육적 열정과 스포츠에 대한 몰입으로 나타났다. 선생의 삶과 교육은 그 어둠을 부정하는 과정에서 만들어진 것이었다.

선생은 자식보다 한참 어린 학생들과 가끔 담배를 나누었다. 이것은 단순한 쇼가 아니라 원효가 무애가를 부르며 중생과 함께 함으로써 새로운 대승적 실천을 추구했듯이 어린 존재를 자신과 대등하게 존중하고 소통했던 것이다. 언젠가 선생은 '너희가 나를 구원했다'고 말했다. 우리는 선생이 우리를 구원했다고 생각했지만, 어쩌면 스승과 제자는 서로를 구원했는지도 모르겠다.[87] 인간의 바람직하고 진실한 모든 관계는 변증법적이다. 일방적이 아닌 쌍

---

85 김희택, '당신이 떠나시는 그날', 문집, 407, 409면.

86 필자의 회상, '김용근 선생 추모 좌담회', 문집, 395면.

87 푸코는 자기의 구원과 타자의 구원 사이의 관계를 언급하면서, 타자와 공동체의 구원에서 자신의 정화로 나가는 관계의 역전이 발생했고, 이제는 자기 자신의 구원을 위해 자신을 배려하며 타자의 구원은 자기 자신의 구원활동에서 얻어지는 추가적인 보상과 같은 것이 되었다고 보았다. 우정은 이런 관계의 역전에 대한 하나의 설명이다. 푸코(1981~1982), 주체의 해석학, 심세광 역(2007), 동문선, 224-225면 참조.

방향이다. 이 때 스승과 제자의 관계는 스스로 부정되어 우정으로 발전한다.

선생은 분단체제의 반공주의 이데올로기와 출세와 성공을 위한 맹목적 경쟁교육의 미망(迷妄)에 갇힌 청춘들을 역사 앞으로 호명(呼名)했다. 선생에 의한 파레시아적 발화는 스승-제자 관계를 우애로운 동료 관계로 변화시켰다. 나아가 이는 한반도 사회 안의 다양한 실존들로 확장되어 동지적 관계의 공동체를 형성하는 것을 가능하게 했다.

■ **진실의 주체화**

본회퍼는 나찌에 저항하며, 공중 영역에서 침묵을 강요당한 자들과 희생자들을 위해 급진적인 윤리를 실천했다. 하지만 이러한 급진적인 실천 뒤에서 끊임없이 자신과의 영적인 싸움을 감행하고 자기 수련을 쌓았던 그의 영성을 감지할 수 있다.

파레시아는 권력과 야합하지 않고 청자의 권력을 무릅쓰고 진실된 말을 하고 청자를 의존상태에 놓으려고 하지 않으며, 청자의 독자성을 보장하려고 한다. 파레시아는 타인의 견해와 믿음에 대해 의문을 제기하는 것과 마찬가지로 한결같은 용기로 자기 자신에 대해서도 끊임없이 의문을 제기할 것을 요구한다. 이것은 모든 대상을 향해서 문제를 제기할 수 있는 부정적 사유의 힘, 부정의 부정이다.

푸코가 제시하는 '자유롭고 용기있게 진실을 말하기' 개념에는 윤리적 책임이 수반되므로 화자의 진정성이 중요하다. 진실을 말하는 주체가 자신이 말한 바를 동시에 체험한다는 것을 보여주는 것이야말로 참된 말의 진정한 보증이기 때문이다. 진실을 말하는 것은 곧 '진실을 살아내는 것'(강조 필자)과 다르지 않다. 이것은 곧 진실을 주체화하는 것이다.

신학자로서 본회퍼는 선(善)에 대한 질문을 예수 안에서 계시된 하나님의 현실에 대한 참여의 질문으로 바꾼다. 그는 다음과 같이 말한다.

> "선은 존재하는 것들, 예컨대 나의 본질, 나의 심정, 나의 행위 혹은 세상의 상태에 대한 평가가 아니다. 선은 그 자체로서 존립하고 존재하는 그 어떤 것에 부과되는 술어가 아니다. 선은 현실적인 것 자체이지, 하나님의 현실로부터 이탈된 추상적 현실이 아니다.
>
> 이런 현실이 없는 선은 존재하지 않는다. 다시 말하면 선은 보편적인 공식(公式)이 아니다. 그리고 이런 현실도 선이 없이는 존재하지 않는다. 선해지려는 의지는 오직 하나님 안에 있는 현실에 대한 갈망으로서만 존재할 따름이다. 선해지려는 의지 자체, 자기 목적이나 삶의 소명으로 간주되는 그런 의지는 비현실성의 역설에 빠진다. 여기서 선을 향한 진정한 추구는 도덕군자가 되려는 노력으로 변질된다. 선 자체는 삶의 독립적 주제가 아니다. 선을 삶의 독립적 주제로 여기는 것은 매우 어리석은 동키호테 짓이 될 것이다. 오직 현실에 참여함으로써만 우리는 선에 참여한다."[88] 그래서 "진실에 부합되는 말은 그 자체가 불변하는 것이 아니라, 삶 자체와 같이 생동"하는 것이다."[89]

---

88 본회퍼, 윤리학, 손규태 외 역(2010), 대한기독교서회, 42-43면.

89 같은 책, 318-319면.

선생의 총독암살단 결성과 참여는 기독교 신앙, 십계명 가운데 '살인하지 말라'라는 계명에 위배되는 것일 수 있다. 하지만 본회퍼에 의하면 중요한 것은 예수 안에서 하나님과 세상의 현실에 오늘, 그리고 여기서 참여하는 것이다.[90] 그래서 본회퍼는 죽음을 무릅쓰고 "선하려고 하기 보다는 필요한 일을 하라"[91]는 명제에 충실한 삶을 살았다. 선생이 일제에 저항하던 당시 본회퍼의 신학을 알았을 가능성은 없다. 선생이 세상에 없는 지금, 일제하 신사참배 거부운동으로부터 시작하여 총독암살단 결성까지 독립운동에 대한 선생의 참여가 어떤 기독교 신앙 또는 철학적 바탕에 기초했는지를 직접 질문할 수는 없다.

선생의 교육과 삶을 소크라테스와 본회퍼에 비교한 것은 선생을 영웅시하려는 시도가 아니다. 우리 역사와 교육에서 수많은 파레시아스트, 소크라테스들과 본회퍼들이 있을 수 있다. 신석정 시인, 윤동주 시인, 문익환 목사, 다산 정약용처럼 알려진 사람들도 있지만, 알려지지 않은 교육자들이 훨씬 더 많을 것이다. 누구도 그들의 삶과 교육, 사상이 최고의 선(善)이라고 단언할 수는 없다. 하지만 그들의 삶과 교육적 실천이 있기에 다짜고짜 무비판적 현실순응의 문제풀이에만 몰두하도록 주체를 억압하는 우리 역사와 교육에서 부정적 사유와 실천의 능력, 즉 부정의 부정을 통해 진실을 찾아가고 질문할 수 있는 정신의 계승이 이루어지는 것이 아닐까?

---

90 같은 책, 48면.

91 같은 책, 537면. 본회퍼가 체포될 때, 책상 위에 있었던 메모이다.

제10장

◆ ◆ ◆

김용근 선생의 독립운동*

— '新社會' 그룹과 총독암살단을 중심으로

1. 글머리에

김용근 선생은 독립운동 과정에서 3차례 투옥되었다. 첫 번째는 평양 숭실학교 재학 중에 종교부장(학생 YMCA 회장)으로서 궁성요배(宮城遙拜)[1]와 신사참배 거부와 관련하여 평양경찰서에 1935년 12월부터 1936년 봄 사이에 약 3개월 감금된 것으로 추정한다.[2] 이는 신사참배 거부 문제로 숭실학교가 폐교를 결정한 시기의 정

---

* 국가보훈처와 (사)김용근기념사업회가 주최한 '석은 김용근 선생의 일제하 독립운동 학술대회'(2020. 10. 29.)에서 발표했다. 몇 군데 오류를 바로잡고 추가했다.

1 일제와 그 식민지의 주민이 일왕이 거주하는 궁성이 있는 방향으로 고개를 숙여 절을 하는 예법으로 황거요배라 하기도 한다.

2 선생이 생전에 연도를 특정하지는 않았지만 평양경찰서에 3개월 투옥되었다고 자주 말씀했다. 이 사건과 관련하여 조선총독부 경찰 기록과, 신문 기사 등 관련 문서를 발견하지는 못했다.

세를 고려한 것이다.[3]

두 번째 투옥은 숭실학교 졸업(1937. 3.) 후 전남 영광군 야월교회 개량서당 교사 시절이었다. 당시 일제 판결문은 선생이 친구와 서당 학생을 대상으로 일제의 패전과 민족의식을 고취했다고 한다. 선생은 징역 6월 형을 언도받았지만, 예심(豫審) 기간을 포함하여 실제로 10개월의 옥살이를 했다.

선생의 세 번째 옥살이는 지금 살펴볼 '新社會'라는 비밀그룹의 활동과 관련한 것이다. '新社會'는 일제의 진주만 기습(1941. 12. 7.)으로 발발한 태평양전쟁 이후 한국 학생들이 결성했다.[4] 이 그룹은 고 임형선 선생(1921~2005, 이하 모든 존칭 생략)이 인터뷰(국민일보, 1994. 8. 13.)에서 처음 언급했다. 그는 김용근과 함께 신사회 그룹에서 독립운동에 참여했다. 김용근은 생전에 '新社會' 그룹을 언급하지 않았지만 이 시기에 총독암살단을 결성했다고 했다. 총독암살단은 신사회 그룹과 밀접한 연관이 있다고 보인다. 일제 재판 기록

---

3 1935. 9. 조선총독부, 각급학교에 신사참배를 강요
1935.12. 4. 평양시내 기독교계 학교, 황자명명식(皇子名命式), 신사참배에 불참
1936. 1. 9. 평남지사, 의명학교 교장 이희만을 소환, 신사참배 이행을 강요
1936. 1.13. 평남지사, 기독교계 학교의 신사참배 거부에 관한 담화 발표
1936. 1.16. 평남지사, 숭실전문학교·숭실학교장 윤산온(G. S. McCune)과 전 교장 마포삼열(S. A. Moffett)에게 신사참배 실시 여부에 대한 확답을 강요
1936. 1.17. 평남지사, 평양신학 교수 남궁혁·평양기독청년회(평양YMCA) 회장 김동원 및 조만식 등 20명을 소집, 신사참배가 국가의식임을 역설
1936. 1.18. 평양 숭실전문 및 숭실학교장 윤산온(尹山溫), 신사참배를 정식으로 거부
1936. 1.20. 숭실전문학교 교장 윤산온, 신사참배 불참 선언으로 파면
1936. 1.21. 숭의여학교, 평남지사에게 신사참배 불참을 통고
1936. 2.22. 평안남도, 신사참배를 거부한 숭의여학교장대리 선우리 임명취소 통고

4 임형선의 증언 참조.

을 볼 때, 일제 경찰이 신사회 그룹을 포착하지 못했다.

이 그룹의 활동에 대해 어떤 연구가 행해진 적은 없다. 이 글은 김용근의 독립운동을 '新社會' 그룹과 총독암살단 활동을 중심으로 검토하고, 일제 강점기 김용근의 독립운동의 변화를 고찰하고자 한다.

이 연구에서 참고한 주요 자료는 다음과 같다.

1) 일제 재판 판결문

일제하 독립운동가들은 일제 수사기관에 독립운동의 전모를 사실대로 밝힐 수가 없었다. 따라서 이 기록 자체가 역사적 사실을 정확하게 드러내는 것으로 간주할 수 없다.[5] 하지만 우리는 일제의 판결문을 통해 사실에 접근할 수 있는 실마리를 찾을 수 있을 것이다.

2) 인터뷰

먼저 김용근 인터뷰가 있다. 1984년 정진백이 김용근의 강진 작천면 자택에서 행한 것이다.[6] 이것은 김용근의 독립운동에 집중하고 있지 않지만, 총독암살단 활동의 중요한 단서를 제공한다. 다음

---

5 ▶판결문에 보면 판결문이 나온 것이 다는 아니겠지만은 아니 극히 일부분이지 않습니까?
▷극히 일부분이지 뭐… 다 나올 수는 없는 거여. 다 나왔다가는 큰일 나게." 이후 질문자(면담자)는 '▶'로 대답자(임형선)는 '▷'로 표기., 임형선, 530면.

6 정진백, '民衆은 歷史發展의 主體이다.' 문병란 외, 碩隱 金容根 先生 文集(1991) 75-92면, 이 글은 원래 금호문화 1984. 11·12월호에 실린 것이다. 이하 문집.

으로 임형선 인터뷰다. 역사 연구자들이 2001년 세 차례에 걸쳐 임형선을 인터뷰했다.[7] 이 인터뷰는 임형선의 독립운동에 초점을 맞추고 있지만, 김용근(1917～1985), 성백우(1921～1950), 임형선(1921～2005) 세 독립운동가의 인연과 신사회 그룹의 활동에 대한 상당한 내용을 담고 있다. 또 1994년 임형선의 국민일보 인터뷰가 있다.[8]

성백우에 대해서는 일제 판결문과 그리고 김용근과 임형선의 증언 이외에 어떤 기록도 찾지 못했다. 그가 일제의 고문 후유증으로 1950년 3월 세상을 떠났기 때문이다. 그는 결혼하지 않아 남겨진 가족이 없다.

김용근(1917～1985), 성백우(1921～1950), 임형선(1921～2005)이 참여한 '新社會' 그룹은 17명으로 임형선을 제외하고 대부분 연희전문학교 학생들로 구성되었다. 일제 강점기의 세 청춘은 의기투합하여 민족해방운동에 투신했지만, 1944년～1945년 무렵 투옥된 후에 교류가 단절되었다. 한국전쟁 직전 해방 공간에서 세 사람이 개인적으로 교류했을 가능성은 있다. 하지만 해방 이후 세 사람 또는 신사회 그룹의 구성원이 어떤 조직적인 모임을 가졌다는 기록을 발견하지는 못했다.

신사회 그룹의 활동을 파악하고 김용근의 독립운동을 고찰하기 위해서는 모든 기록과 증언들을 대조하는 것이 필요하다. 일제의 판결문과 부분적 증언으로만 있는 기록이라 한계가 있지만, 드러

---

7 2001년 12월 8일 천안시 입장면 하장리 초원아파트 구술(임형선 556면 이하)

8 임한창, 41년 조직 기독대학생 17인 '신사회' "항일 밀알 싹틔었다" 국민일보, 1994. 8. 13., http://news.kmib.co.kr/article/viewDetail.asp?newsClusterNo=01100201.19940813000002101 (검색일: 2020. 9. 20.).

나지 않은 사실과 사상(思想), 의지를 밝히기 위해서 합리적 추론도 필요하다.

2. '新社會' 그룹과 총독암살단

신사회의 활동을 검토하기 전에 먼저 1931~1945 사이 주요 사건[9]들을 일별해 보자, 당시의 객관 정세를 염두에 두어야 신사회 활동을 제대로 이해할 수 있기 때문이다.

• 1931년~1945년 주요 사건

연 도	활 동
1931.09.18.	**일제 만주 침략**
1932.04.29.	윤봉길 의거
1937.07.07.	**일제 중국 침략, 중일전쟁, 수양동우회 사건[10]**
1938.	제3차 조선교육령 조선어 수의(遂意)(선택) 과목으로 전락
1941.03.10.	조선사상범 예방구금령
1941.12.08.	**태평양전쟁 (진주만 기습) 발발**
12.16.	국민징용령 강화
1942.01.09.	일본 학도 출동명령
10.01.	조선어학회 회원 검거

---

9 조동걸, 독립운동사 제8권 491-492면 참조.

10 수양동우회(修養同友會)는 일제 강점기 조선에 결성된 교육, 계몽, 사회운동 단체이다. 흥사단의 자매 단체이며 안창호, 이광수, 주요한, 주요섭, 김동원 등에 의해 결성되었다. 1926년 1월 흥사단의 조선지부격인 수양동맹회와 동우구락부가 통합되어 출범하였다. 일제는 1937년 수양동우회 사건을 일으켜 1938년 대규모로 체포, 구속하여 해체시켰다. 1937년 6월 6일부터 8월 10일까지 전국의 회원 총 183명을 체포하여 강제 해산했다. 이 중 41명이 기소되고 나머지는 불기소상태로 재판을 받다가 1941년 11월 전원 무죄로 석방되었다.

연도	활동
1943.03.01.	**조선 징병제 실시**
04.01.	제4차 조선교육령
07.22.	학도 전시동원 체제확립 요강 시행령
07.30.	여자학도 동원 결정
10.13.	교육에 관한 전시 비상조치
1944.01.20.	**조선학병 입대(4천 385명)**
03.18.~03.29.	여자정신대 강화, 학도 군사교육 강화 학도동원 비상조치, 중학생 근로동원
08.01.~08.31.	여자정신대 근로령, 학도근로령
10.19.	**가미가제(神風) 특공대 출격**
1945.03.14.	**결전(決戰) 교육조치(학교 수업 1년간 정지)**
04.28.~04.30.	무솔리니 처형, 히틀러 자살
06.16.	조선 국민의용대 조직요강(행정 단위로 의용대 조직)
08.15.	**일제 무조건 항복**

김용근이 독립운동에 참여하고 신사회 그룹이 활동하던 1930~40년대는 일본 제국주의의 팽창 야욕이 극강으로 줄달음치던 시기였다. 일제는 1931년 만주 침략 후, 1936년 2·26 군부 쿠데타를 계기로 군국주의 체제를 본격화하여 1937년 중국을 침략했고 1941년 태평양전쟁을 일으켰다.

김용근이 평양경찰서 감옥에서 석방된 후 1936년 평양을 방문한 안창호를 만나 "민족이 제대로 살 수 있는 길을 가르쳐달라"는 질문을 던진 적이 있다.[11] 그리고 그는 1937년(20세) 숭실학교 졸업

11 "도산 안창호 선생이 옥고를 치르다가 가출옥을 하여 평양으로 온 적이 있었다. … 지금 생각하면 철없을 만큼 당돌하게도 이 민족이 제대로 살 수 있는 길을 가르쳐달라는 질문을 던졌다. 그 말을 들은 도산 선생께서는 꽤 긴 침묵 끝에 "지금 이 민족을 위해 사는 길은 고향에 가서 돼지 한 마리만이라도 전문적으로

직후, 야월교회 개량서당 교사 시절 항일의식을 고취하다 목포형무소에 투옥되었고 1938년 4월 석방되었다. 이 두 번의 투옥 시기에 혈기방장한 김용근은 열렬한 민족주의적 기독교 신앙인이었다. 이런 김용근은 1940년 연희전문학교에 입학한 후 신앙과 신념의 변화를 겪었다고 보인다. 이는 총독암살단을 조직하는 등 새로운 방식의 독립운동으로 나타났다.

▪ 김용근, 임형선, 성백우 세 사람의 인연과 배경

(1) 임형선이 성백우를 처음 만나다

임형선과 성백우는 국민학교 졸업 후 대구사범학교에 응시하러 가던 중 우연히 같은 기차에 동승하여 친분을 형성했다.

(2) 김용근이 성백우를 만나다

두 사람은 연희전문학교 문과 입학(1940. 4.) 동기이다.

성백우가 경기상업학교 재학 중 일본 학생들과 한국 학생들 사이에 일대 격투가 있었다. 성백우는 사건의 중심인물이었다. 당시 학교 밖에서도 관심을 가질 정도였지만 신문에 나지 않았다. 성백우는 이 일로 일제의 주목을 받게 된다. 당시 조선인 학생과 일인 학생들이 함께 수학하는 학교에서 이런 일은 드물지 않았다. 이 사건은 성백우에 대한 일제 판결문에서도 인용하고 있다.[12]

기르는 것을 공부해라. 전문적으로 돼지를 길러가는 그 속에서 바로 민족의 현실에 기여할 힘이 나오지 않겠느냐는 이야기를…"(문집, 85면).

12 성백우는 "경기 상업학교 제3학년 경부터 동교에서 한·일인 학생에게 대하여 차별 대우를 하고 있다고 망단(妄斷)하고". 임형선이 언급한 조선 학생과 일인 학생

김용근은 1984년 정진백과의 대담에서 성백우를 언급하고 있다. 김용근은 숭실학교 졸업 시절 이미 일경의 요시찰 인물이었다. 불의를 참지 못하는 성격의 두 사람은 4살 나이차를 뛰어 넘어 매우 쉽게 동질감을 느꼈을 것이다. 위의 일제 판결문은 김용근과 성백우가 한강에서 수영을 하고 축구를 함께 하면서 조선 독립에 대해 사상이 통했다고 묘사하고 있다.

(3) 성백우가 임형선에게 김용근을 소개하다

임형선은 다음처럼 김용근에 대한 기억과 인상을 전한다.

▶ 42년도에 체포가 … 그러면 김용근이란 분은 …?

▷ 김용근이는 그 사람 참 똑똑했는데 똑똑한 건 잊을 수가 … 원래 평양 숭실학교 졸업생인데, 음 연희전문 와서 성백우하고 한반이었어. 그 문과에 그 클라스메이트지. 그렇기 둘이 친하고 난 성백우를 통해서 알게 된 친구죠. (임형선, 530면)

• '新社會' 그룹 결성 이전 세 사람의 출생, 성장 비교

년월일	金容根 (金井容根)[13]	林炯善 (平林國幹)[14]	成百愚 (成田百愚)[15]
	1917～1985	1921～2005	1921～1950
	전남 강진	충남 아산	충남 예산

들 간의 격투 사건을 가리킨다고 보임. 판결 쇼와 17년 형공(刑控) 제716호.

13 공훈전자사료관 관리번호 832.

14 『독립유공자증언자료집』 1권 525면.

15 『공훈전자사료관』 관리번호 4738, 『독립운동사자료집』 13, 『학생독립운동사자료집』 1451면.

년월일	金容根 (金井容根)	林炯善 (平林國幹)	成百愚 (成田百愚)
1931.09.18.	일제 만주 침략		
	1935~36 겨울, 신사참배, 궁성요배 거부로 평양경찰서 100일 수감		
1937.03.	숭실학교 졸업		
	영광군 염산면 야월교회 개량서당 교사(1937.05.25.~07.13)		
1937.07.07.	중일전쟁 발발		
	야월 개량서당 사건으로 징역 6월(1937.10.14.~1938.04.14.) 목포형무소 복역		경기공립상업학교 3년 때 일인 학생들과 격투를 벌여 일제가 주시. 큰 사건이지만 보도 안함
	연희전문학교 (1940.04. 입학. 1941.09.25. 휴학)	예산농업학교 졸업 (1940.03.) 일본 동양대학 예과 중퇴(1941.04.~06.)	경기공립상업학교 졸업(1940.03.) 연희전문학교 입학(1940.04.)
	목포 온금동[16] 온금학원(溫錦學院)교원(1941.10~)	신창금융조합 서기 (1941.12까지)	

(4) 임형선의 인터뷰에 나타난 세 사람의 성장과 가정적 배경

임형선의 집안과 가족은 모두 전통적인 유교 신앙을 갖고 있었다. 임형선은 예산농업학교 재학 중 '한 알의 밀'이란 책을 읽고 예산 감리교회에서 닥터 아멘트 선교사를 만나 그를 아버지처럼 따르면서 공부와 신앙의 영향을 받았다. 당시 일제 신사 보수 작업

16 목포시 유달산 아래 가난한 동네. 일제 때 온금동은 '다순구미'로 불렸다. 조선내화공장과 목포해양대학교가 있다.

을 거부하여 일제 경찰에 연행된 적이 있다. 그의 부친은 일제하 면장이었지만, 아들의 독립운동 때문에 면직되었다.(임형선, 528면) 임형선은 성백우의 집이 마포에 있었고 비교적 유복한 가정이었다고 한다.

임형선은 성백우가 신사회 활동을 할 때 확고한 좌익 사상을 지니고 있었다고 한다. 임형선의 표현을 그대로 빌리자면 성백우는 '원래부터 빨갱이'였다. 맥락상 이 말은 혐오나 비하 또는 경멸적 의미의 표현은 아니다. 그는 김용근의 사상적 배경에 대해서는 따로 언급하지 않았다. 일제 판결문에서 김용근, 임형선의 장래 희망은 목사로 기술된다.

■ **아래 몇 개 질문으로 신사회 그룹의 실체와 활동을 밝혀보자.**

① 누가, 언제 신사회를 결성했는가?
② 신사회와 총독암살단은 어떤 관계인가?
③ 일제는 '新社會' 또는 총독암살단을 포착했나?

① 누가, 언제 신사회를 결성했는가?

임형선은 '新社會' 그룹의 구성을 1차와 2차로 나누어 설명하고 있다. 그에 따르면 1차 신사회는 태평양전쟁 발발 약 1년 전, 1940년 11월에 결성했다.(임형선, 530면) 2차 신사회는 1944년 재결합을 도모했다. 1차 신사회 활동을 하다 투옥된 임형선과 성백우가 석방된 이후다. 두 사람이 석방된 시기에 김용근은 여전히 옥중에 있었다.

• 1차 신사회의 구성원

1차 신사회의 구성원을 특정하기는 쉽지 않다. 임형선은 신사회 구성원이 17명(1994년 인터뷰)이라 했다가 10명(2001년 인터뷰)이라고 했다. 김용근은 총독암살단이 9명이라 밝혔다.(1984년 인터뷰) 총독암살단과 신사회 구성원이 겹쳤을 가능성이 크다. 분명한 것은 1차 신사회 구성원 안에 김용근과 임형선, 성백우 그리고 임형선이 밝힌 2차 신사회의 구성원이 포함되어 있을 것이라는 점이다. 이상을 종합하면 1차 신사회 구성원은 김용근, 성백우, 임형선, 이재영, 송태진, 박병걸, 김영원 등 7명이 포함된다. 물론 여기에 언급하지 않은 다른 사람이 있다. 임형선과 김용근 모두 신사회 멤버는 대개 연전 학생들로 구성했다고 한다. 임형선은 자신이 연전 학생이 아닌 만큼 연전 문제에 관여하지 않았다고 말하고 있다.

• 1차 신사회의 조직 형태와 동기

신사회는 비밀결사이었다. 따라서 일제 판결문을 통해 조직의 실체와 활동을 파악할 수 없다. 판결문에 언급된 것은 활동의 일부에 불과(임형선, 531면)하다고 임형선은 아래처럼 말한다.

▷ "신사회라는 것, 비밀결사조직이라든지…, 근데 그건 우리끼리만의 조직이라고 얘기를 하는 거지. 그러니까 비밀결사조직…, 비밀결사지 남보고는 얘기를 안 하는거지 에…

▶ 그 당시에는 상황이 그런 식으로 밖에…?

▷ 방법이 없시유. 방법이 그까짓 꺼 신사회니 뭐 이름붙일 필요도 없는 거여, 그러나 뭐냐믄 식자들이니까 이름을 붙인 거지 이름은

거의가 안붙였어요” (임형선, 528면)

▶ “당시 많은 비밀결사조직이 있는데요. 그런 식으로 밖에 저항운동을 할 수밖에 없었죠? 당시에는?

▷ 그래요.

▶ “판결문에 보면 판결문에 나온 것이 다는 아니겠지만은 아니 극히 일부분이지 않습니까?

▷ 극히 일부분이지 뭐… 다 나올 수는 없는 거여. 다 나왔다가는 큰 일 나게.” (임형선, 530면)

당시 정세로 보아 비밀결사 조직 형태는 당연하다. 전국 각지 다양한 각급 학교에서 비밀결사들이 부지기로 출현했다.

세 사람이 독립운동에 참여한 동기로서 판결문에 학교, 직장, 사회에서 조선인과 일본인 간의 차별, 또 일제의 조선 농민 수탈에 대한 언급이 많다. 임형선도 인터뷰에서 차별에 대해 말한다.

> “한 직장에서도 일본인들은 우리보다 두 배의 급여를 받았어요. (조선인) 젊은 남자들은 징병으로 끌어내고 젊은 여자는 정신대로 보냈어요. 이런 상황에서 공부를 계속한다는 것이 사치스런 일로 여겨졌어요.”[17]

• **1차 신사회 참여자 재판 결과**

일제 법원 판결 형량은 성백우 2년, 김용근 2년, 임형선 1년이다.[18] 김용근의 경우 야월교회 개량서당 사건의 전과(前科)[19]가 있

---

17 임한창, 같은 곳.

18 일제 판결문(쇼와 17년 형공 제716호)

음을 감안하면 성백우에게 가장 중형을 부과한 셈이다. 판결문에서 성백우에 대한 진술이 가장 많고 구체적이다. 성백우의 범죄혐의 7건, 임형선 2건, 김용근 3건으로 기록하고 있다.

• 1차 신사회 활동 이후 세 사람의 수감, 투옥 기간

김용근은 1942년 전북 장수경찰서에서 조사 후 전주형무소에 투옥되었고 1945년 4월에 석방되었다. 3년 이상 감옥에 갇혔다. 임형선은 체포시기를 정확하게 특정하기는 어렵지만 1942년 1월부터 1944년 1월까지 2년간 전주형무소에서 옥살이를 했다. 성백우는 셋 중 가장 늦게 1942년 12월에 체포되었다.[20] 전주지방법원에서 1943년 3월부터 2년을 선고받고[21] 복역 중 1944년 9월 29일 가출옥했다.

여기에서 특이한 것은 성백우가 다른 두 사람보다 11개월 늦게 체포되었다는 점이다. 그는 오랜 기간 도피 생활을 했다.

• 2차 신사회 결성 경위

임형선은 1944년 1월 석방된 후 도고수리조합에서 근무했다. 성백우는 1944년 9월 29일 가출옥했다. 두 사람은 같은 해 10월 서울에서 조우하여 '新社會' 2차 활동을 논의했다.[22] 임형선은 성백

---

19 김용근의 경우 "피고 김용근의 판시 소위는 위 개정 치안유지법 제5조, 형법 제55조에 해당하는 바, 전시(前示)의 전과(前科)가 있으므로 형법 제56조 제1항, 제57조를 적용하고 법정의 가중(加重)을 한 형기 범위내에서 피고 등에 대하여, 각각 주문의 형을 양정처단(量定處斷)할 것"

20 공훈전자사료관 관리번호 4738.

21 판결 쇼와 17년(1942년) 형공(刑控) 제716호.

우와 식민지 농정의 문제, 소작료 불납 운동, 즉 농민의 저항 방식에 대해서도 논의했다고 한다.(임형선, 531면)

임형선은 2차 '新社會' 구성원으로 성백우, 임형선, 이재영, 송태진, 박병걸, 김영원을 언급한다. 이들은 임형선 외에 모두 연희전문 학생들이다.(임형선, 556면) 김용근은 여기에 없다. 그는 2차 신사회의 활동을 모르고 있었을 것이며 알았다 해도 참여할 수 없었다. 당시 여전히 복역 중이었기 때문이다.

• **2차 신사회 활동의 내용**

2차 신사회 구성원들은 새벽에 서울 거리에 삐라(전단)을 살포했다.(임형선, 542면) 다음 인터뷰 내용은 그들의 활동을 구체적으로 잘 묘사한다.

▶ 삐라 사건이란 건 구체적으로…?

▷ 그건 뭐 이제 그 우리 우리 저 그 2차사건 관계자들 서울서 모이면 저… 몰래 그저 아침 새벽에 (종로) 화신 앞이나 혹은 서울역이나 동대문이나 그런디다가 인저 성냥갑에다 이렇게 넣고 있다가 어… 뿌리… 아침 새벽에 뿌리고 그냥 음… 막 거 완전 이렇게 있다가는 붙들릴테니까. 에…

▶ 그 내용은 지금도 기억하십니까?

▷ 내용은 다 그거지 뭐. 일본제국주의 물러가라. 예..(면담자) 응? 일본상품 뽀이콧트하자 뭐 이… 우리… 조선은 독립해야 된다..

---

22 ▶ 서울로 올라가셔가지구는 그 당시 성백우 이런 분들하고 다시 교류를…?
▷ 만났죠. 그 때부터 이제 만나서 행동을 같이 하는건데 (임형선, 535면).

뭐… 이런 이런 내용이죠. 예…

▶ 저기 선생님 우리가 이제 역사교육을 받으면서… 그때는 전시체제죠.(구술자) 일본말로는 일본애들이 대동아전쟁 얘기를 하는데 그 당시는 굉장히 그 감찰도…?

▷ 강했죠 아주 강했죠. 근데 이전 일본 말루다 우리가 저 이제 그 삐라를 쓴 것이 아니라, 전부 이제 한국 국어로 우리 한국말로 다 했어요, 왜? 일본말은 물론 알어도 그때만 해도 한국말을 전부 아니까 국어를 전부 아니까 에… 그건 뭐 가장 그 에… 삐라, 전단이라는 건 가장 쉽고도 어려운 일 이유 거…

▶ 그렇죠.

▷ 쉽구두 어려운 일이유. 에…

▶ 그 검속되기 그 참 쉬울 텐데 그 때 그 2차사건 때 그때 같이 했던 분들…?

▷ 같이는 못혀

▶ 그럼 다 이렇게 따로따로…?

▷ 따로따로 해야지 같이 다니다 붙들리게.

▶ 그럼 주로 어디서 모이셨습니까?

▷ 에… 주로 모이는 것이 이제 우리 성백우가… 마포 집에 있었는데 그 집이서도 모이고, 또 권농동에서도 모이고… 뭐 그래요.

▶ 그 성백우 그분은 그 그… 성백우 선생님은…?

▷ 성 선생은 집안 형편은 괜찮았죠, 그래도 전문학교 대녔으니까…

▶ 예… 아산서도….

▶ 당시에 그 그 삐라사건은 몇 차례나 참여하셨습니까?
▷ 거 한 두서너번 될 거에요. 늘 할 수는 없는 일이구요.

▶ 아이 그건 뭐… 어려운 상황에서 그렇게 하신다는 것도 대단하신 일인데…
▷ 그러고 이제 살기를 그때 서울서 사는 것이 아니고 (충남 아산시-집필자 추가) 도고면 화천 도고면 역전에서 살 때니까. (임형선 541-542면)

위의 인터뷰에서 묘사된 삐라 살포 활동을 다시 요약한다. (540-541면) '新社會' 구성원들은 서울에서 만나 새벽 시간에 화신 백화점 앞, 서울역, 동대문 등에 살포했다. 삐라는 조선어로 쓰였고 그 내용은 일본 제국주의 물러가라, 일본 상품 보이콧, 조선 독립을 주장하는 것이었다. 삐라는 체포를 피하기 위해 개별적으로 흩어져서 살포했다. 신사회 구성원들은 마포 성백우 집 또는 권농동 등에서 논의했다. 임형선 자신이 참여한 삐라 살포 횟수는 2~4 차례였다. 이 인터뷰를 통해 총 횟수를 알 수는 없다. 임형선은 충남 아산에서 거주했으므로 삐라 살포 모의 또는 실행 시기마다 상경해야 했을 것이다.

2차 '新社會' 활동은 44년 10월~11월에 이뤄졌다고 보인다. 이들은 활동을 시작한지 얼마되지 않아 다시 체포, 투옥된다.

• 2차 신사회 활동가 체포와 투옥

임형선이 1944년 10월 12일 가장 먼저 체포되었다. 출옥 후 10 개월이 채 안되어. 그는 동대문경찰서에서 조사를 받고 서대문형무소에 투옥되었다.(임형선, 533면) 성백우는 1944년 11월 말 가출옥 후 약 2개월 만에 동대문경찰서에서 체포된 후 서대문형무소에 수감되었다.[23]

일제는 두 사람 모두에게 고춧가루물 들이붓기, 송곳찌르기, 인두 지지기 등 모진 고문을 하며 동지들의 이름을 밝힐 것을 강요했다. 하지만 조직이 드러나지 않았다. 고문을 버텼기 때문이다. 다음 당시 서대문형무소 수감 중 면회했던 임형선 부인의 증언을 보자.

> "피를 많이 토하고 있더군요. 모진 고문으로 발바닥이 모두 터져서 걷지도 못한 채 멍한 표정으로 나를 쳐다보았어요. 직감적으로 이 사람이 못 살 것 같다는 생각이 들더군요."[24]

임형선은 감옥살이를 계속했다면 살아남지 못했을 것이라 한다.

▶ "지금 이제 선생님의 그 어떤 해방 전의 활동… 더 이상 옥고를 치르신 부분에 대해서…?

▷ 그거지 뭐… 예 그게 중해요. 그래서 제가 얘기하잖아요. 난 1차사건 2년은 별로 고생 안했어요. 근데 2차사건 때 서대문 형무소 있을 때 그때는 아마 한 1년만 더 살았더라면 죽었을 기여…"(임형선 535면)

2차 신사회 사건으로 투옥된 임형선과 성백우는 재판을 받지 않았다. 곧 일제가 패망했기 때문이다. 임형선은 신사회 2차 활동으

---

23 성백우 공적조서.

24 임한창, 같은 곳.

로 제대로 취조 당했다면 매우 오랜 시간 투옥되었을 거라고 회상했다. 다음 인터뷰를 보자.

▷ (신사회 1차 활동으로 투옥되어) "2년 동안은 전주형무소에 있었고 그러고 또 인저 나머지 한 5개월 4, 5개월 천안경찰서, 뭐 전주유치장 별군데 다 있었지. 그런 거 까지는 뭐 넣지도 생각지도 않고, 넣지도 않은 거고, 형무소에만 딱 떨어진 것이 그래요."

▷ 나를 검찰국에서 가지구서 취조할 시간도 없었고, 응? 바로 해 해방되었으니까, 시간도 없었고 해서 별다른 취조 받은 게 없어요. 취조할 게 없지. 헐 새가 있나 지들이. 그냥 저 예방 뭐냐 예 예방구치소에다 갖다 너놓고 썩혀 놓은 거 뿐이여. 근데 고것이 사건이 됐다면 5, 6년 문제가 아니지… 다 가 가중죄지 가중죄."(임형선, 533면)

2차 신사회 운동에서 체포된 성백우, 임형선은 매우 가혹한 취조와 고문을 받았다. 두 사람 모두 조직과 활동을 노출하지 않았지만 건강이 극도로 악화되었다. 성백우는 고문 후유증으로 1950년 3월 7일 사망했고 임형선은 고문 후유증을 평생 달고 살아야 했다.[25]

② 신사회와 총독암살단은 어떤 관계인가?

1941년 12월 진주만 기습 전후로 일제의 민족 차별행위가 극악한 상황으로 치달았고 그에 대한 청년학생들의 저항도 매우 거세었다. 이 시기에 김용근과 성백우는 총독암살단을 조직하고 있었

25 임형선 신문 인터뷰.

다. 김용근은 아래와 같이 총독암살단을 증언한다.

▶ 그 사건(개량서당 사건으로 목포형무소 투옥) 뒤로도 항일투쟁의 고삐를 늦추지 않으신 것으로 알고 있습니다만.

▷ 항일투쟁이라면 뜻이 좀 커서 감히 뭐라고 얘기할 수가 없습니다. 그러니까 1938년 10월에 (목포형무소) 출옥한 후 그럭저럭 얼마동안 지내다가 (1940년-집필자) 연희전문학교에 들어가게 됐는데 당시 (연희)전문학교에 모여든 뜻있는 학우들과 자리를 같이 해 이야기를 나눌 수 있는 기회가 많았습니다. 그러한 가운데 아홉 명이 모여 하나의 써클을 형성하게 되었어요. 이 민족의 독립을 위해서 어떻게든 실천적인 일을 수행하며 살아야 될 것이 아니냐는 뜻에 따라 행동의 일치를 갖게 된 거지요. 그리하여 독립운동 쪽과도 연결해서 한 2년에 걸쳐서 여러 가지 운동을 전개해 봤습니다. <총독암살단>이라 이름했지요. 그러다가 그게 그만 발각되어 가지고 아홉 명이 다 잡혀 들어갔습니다. 그런데 마지막에 가서 성백우라는 친구하고 나하고 둘이서 책임을 다 떠맡아 1942년 1월부터 1945년 4월까지 3년간의 징역을 전주형무소에서 살았습니다."(문집 86-87면)[26]

김용근은 총독암살단에 연전 학생 아홉 명이 참여했으며, '독립운동 쪽과도 연결해서 한 2년에 걸쳐서 여러 가지 운동을 전개'했다고 말한다. 여기에서 '독립운동 쪽'이란 어떤 별개의 조직 또는 어떤 상부 조직이거나 신사회를 의미할 수도 있다고 추정한다.

---

26 정진백, 김용근 인터뷰. 『금호문화』 1984년 11월~12월호, 『碩隱 金容根 先生文集』 86-87면에서 전재.

‘2년에 걸쳐서 여러 가지 운동을 전개’했다고 했는데 1940년부터 1941년까지를 말한다고 보인다. 41년 12월에 임형선이 체포되었고, 김용근도 42년 1월 15일 전북 장수경찰서에서 조사 중이라는 기록이 있기 때문이다. 성백우는 42년 12월에야 체포되었다.

임형선의 증언에는 총독암살단에 대한 언급이 없다. 왜 그럴까? 임형선이 일부러 언급을 하지 않았거나, 실수로 빠뜨렸을 가능성은 없다.[27] 임형선은 총독암살단을 모르고 있었을 것이다. 신사회그룹이 총독암살단과 일치하지 않았다고 추정한다. 김용근도 총독암살단을 언급할 때 성백우만을 거론할 뿐이다. 임형선이 가담하지 않았기 때문일 것이다. 총독암살단 조직 활동은 긴밀하게 상의해야 하고 극도의 보안을 유지해야 하는 일이다. 그런데 서울에서 상당한 거리(충남 예산)에 떨어져 있고, 연전 재학생이 아닌 임형선이 함께 하기는 어려웠을 것이다.

김용근은 총독암살단의 활동이 약 2년간 이루어졌다 했는데, 그 시기는 1940～41년 사이이다. 즉 김용근이 연전 입학(40년 4월) 후부터 두 번째 투옥(42년 1월)당하기 이전 기간이다. 그런데 임형선은 41년 4월 동경 동양대에 입학하여 같은 해 6월까지 일본에 있었고 동양대를 자퇴한 후 41년 12월 신창금융조합에서 서기로 근무했다. 이런 사정을 감안하면 임형선이 총독암살단에 가담하기는 어려웠을 것이다.

총독암살단의 구성원을 추정컨대, 일단 김용근과 성백우는 반드

---

27 임형선의 독립운동에 관한 인터뷰는 2001년 아무런 제약 요건이 없는 상황에서 충분한 시간을 갖고 3차례에 걸쳐 이루어졌다.

시 포함되었을 것이다. 총독암살단은 신사회 1차 시기에 결성되었고 연전 출신 아홉명으로 이뤄졌고 신사회와 일부 조직 구성원이 겹쳤지만 같은 조직은 아니었다. 또 신사회 2차 조직 시기인 1944년에 투옥 중이었던 김용근과 성백우가 서로 만날 수 없었다 해도, 총독암살단이 활동했을 수도 있다. 하지만 현재로서는 확인하기 어렵다. 무기와 자금 등이 필요한 총독암살단의 활동이 실제 어느 단계까지 구체화되었는지 의문이지만 그것도 지금은 명확하게 알기 어렵다.

• 일제 강점기 총독 암살 미수 사건

1910.12.	테라우치 총독	안명근
1919.09.02.	사이토 총독	강우규
1924	사이토 총독 저격	채찬, 이청산
1932	우가키 총독	이덕주, 유진만
1936～1944	미나미 총독(36～42), 고이소 총독(42～44)	김용근, 성백우 등 연전 재학생들

• '新社會' 관련 세 사람의 활동 비교

	김용근	임형선	성백우
	1940.04. 연전 문과 입학.	**1941.04.** 동양대 예과 입학 후 곧 중퇴.	**1940.04.** 연전 문과 입학.
	1941.10. 온금학원 교사.	신창금융조합 근무.	
1차 '新社會'	**42.01.15.** 전북 장수서 조사. **1942.01～45.04.** 옥살이.	**1942.01.12.～** **1944.01.13.** 옥살이.	**1942.12.** 체포.[28] **1943.03.12.** 전주지방법원 위반 2년 선고.[29] **1944.09.29.** 가출옥.

	김용근	임형선	성백우
	연전 휴학 중.	도고수리조합 근무 중[30] 결혼.	연전 재학 중.
2차 '新社會'		1944.10.12. 체포. 동대문경찰서에서 12. 서대문형무소로.	1944.11.말 체포. 동대문 경찰서에서 서대문 형무소로.
출옥	1945.04.	1945.08.16.	1945.08.16.

③ 일제는 '新社會' 또는 총독암살단을 포착했나?

임형선은 41년 7월 김상룡, 임형선, 김용근 등과 회동하고 가두

---

28 공훈전자사료관 관리번호 4738.

29 판결 쇼와 17년(1942년) 형공(刑控) 제716호

30 임형선은 도고수리조합 재직 시 체포되어 동대문경찰서에 3개월 수감되었고, 이후 도고수리조합총회에서 소작료 불납 또는 감세 문제로 일본인 지주들과 충돌했고 소작료를 횡령한 것으로 의심을 받았다. 그 후 해방 직전 (1944년으로 추정) 도고신사에 방화했다. 그는 기독교인으로서 신사에서 결혼식을 가진 것에 대해 늘 죄의식을 지녔다. 하지만 일제 패망 때문에 신사 방화 사건은 묻히고 말았다.

▷ 서울서 인저 내려와 가지고 제일 맘이 아픈 게 그거여. 내가 크리스찬인데 결혼식을 신사 앞에서 했다는 게 아주 불명예스럽고 아주 맘이 아퍼요. 그래서 18일날 저녁이여 18일날 저녁에 그 신사에다 내가 불을 질렀시유. 불 질르고 또 석유통을 흩뿌리고 5분도 안걸리더만 홀랑 타더먼 그러구선 그냥 도망간 일이 있어요. 그래서 도고신사 화재사건 때문에 아산군내가 떠들썩 한 일이 있지. 일본인들이…

▶ 예 일본인들 일본눔들이 한 열흘 한 일주일만 더 있었더라믄 난 또 잽혀서 죽었어. 해방 후(집필자 추가) 바로 인저 일본눔들은 겁나니께 도망가거든 다 어 부산으로 다 도망가 도망가 도망가 다 도망가서 다 없어졌어. 그래 일본눔덜 다 없어졌다 하는 걸 알고서 인저 내가 서울서 내려왔지. 그때 그때 말두마 내 간이 콩만 했어요. 그 때문에 갈기도 하고 아주 우리 집안 망하는 거 같더라구

도고수리조합 소속 소작인 수는 1,500~1,600명 정도였고 일본인은 대개 서울 거주 부재지주였다 (541면).
임형선은 전주형무소 출감 후(1944. 1. 13.) 도고수리조합 재직 시 소작료 불납 또는 소작료 감세 운동을 지원하거나 가담했다 (임형선, 531-532, 534면).

에서 전단을 배포[31]하는 등의 활동을 했다고 한다. 일제는 총독암살단은 물론 1차 신사회 조직과 활동을 거의 제대로 알지 못했다. 김용근은 대담에서 '발각'되었다고 했는데, 총독암살단의 구성원들의 '다른' 항일운동이 드러났다는 의미로 보인다. 그렇다면 김용근이 대담에서 말한 '여러 가지 운동'이란 삐라 살포 등의 활동일 것이다. 판결문은 일제 경찰이 선생이 참여한 '여러 가지 운동'을 알지 못했으며 적어도 총독암살단 활동을 포착하지 못했음을 보여준다. 세 사람의 판결문에 그에 관한 내용이 없기 때문이다. 판결문의 기록은 누군가의 하숙방이나 연희전문학교 부근 등에서 일제의 강압적 통치와 수탈에 대한 불만을 얘기하며 독립의 필요성에 공감했다는 사실들 위주로 나열되어 있다.

3. 태평양전쟁기 학원의 비밀결사와 항일투쟁[32]

태평양전쟁기(1941. 12. 7.~1945. 8. 15.)는 비상 전시체제였다. 학원의 항일투쟁은 중일전쟁 때보다 더욱 거세게 타올랐다. 태평양전쟁 시기 학원의 민족운동의 특징은 거의 비밀결사를 조직하여 전개하고 있다는 점이다. 평양, 춘천, 대구, 부산, 서울, 원산, 광주, 함흥, 목포 등 전국 거의 모든 도시의 사범학교, 중학교, 농업학교, 약학전문학교, 상업학교, 고등보통학교 등에서 비밀결사가 만들어

31 임형선, 임한창과의 인터뷰.

32 『독립운동사』 제8권 문화투쟁사, 515-527면 참조.

졌다. 극심한 감시와 탄압 때문에, 부산제2상업학교, 동래중학교 항일 시위(1940), 광주서중의 '무등회' 사건[33](1943) 같은 항일투쟁은 비밀결사 방식으로 전환되었다.[34]

일제의 패색이 완연해진 1943년부터 학원에서는 민족적 저항이 더욱 거세게 일어났다. 하지만 일제의 탄압도 더욱 극악해졌다.

학원의 항일운동은 1942. 4. 18. 미국 비행대의 도쿄 폭격, 1943년 태평양 일대 섬에서 일군의 옥쇄 전투, 1944년 이후 미국 비행대의 한국 정찰 비행의 영향을 받았다. 대한민국 임시정부 정보원이 국내에서 활약하고 있었고, 일부 학생과 지식인들은 단파수신기로 일제의 패전 소식을 청취하고 있었다.(조동걸, 527)

광주서중 학생들은 1943. 3. 15. 항일 궐기대회를 개최했고 5. 20. 항일 동맹휴학을 결행했다. 이 항일운동에 관련된 학생들 3명이 고문으로 순국했다. 조선 학생들은 근로봉사(강제노역)에 대한 항거로 일인 학생이나 일인 교사를 구타하기도 했다. 학병을 거부하거나, 부대에서 탈출을 감행하고, 나아가 조선 학병들이 의거를 계획하기도(평양사단 소속 학병. 1944년 11월 탄로, 70여명 피검) 했다. 또 특이하게 중학생, 사범학생들이 당(黨)을 조직했다.[35] 경복중학교 槿木黨(1943), 경복중학교 黑白黨(1944), 동래중학교 朝鮮獨立黨(1944. 8. 15.), 대구사범학교 茶革黨(1941) 등.

---

33 '제2차 광주학생독립운동'이라고도 불린다. 관련 내용에 대해서는, 한국역사연구회·전남사학회, 2000, 『광주학생운동연구』 아세아문화사 참조.

34 조동걸, 525면 참조.

35 조동걸, 517면 참조. 이것은 오늘의 정당과 달리 비밀결사의 성격을 지닌 조직이라 여겨진다.

일제 경찰은 수많은 '불경, 불온' 언동, '불온' 낙서 사건들을 적발했다. 이런 낙서들은 길거리 또는 변소 등에서 행해졌다. 그 내용은 '조선 독립', '조선 독립 만세', '일본인을 죽여라' 등 (1941. 12., 제주 공립농업학교 2년생 金谷光展)

중학교, 사범학교에서 항일의 주체는 학생들이었지만, 초등학교에서 항일운동은 교사들이 주체로 나섰다. 이 경우 교사의 항일운동은 학생 항일운동으로부터 발전한 것으로 보인다.

1941년, 신사회 그룹 활동기의 교육 현실을 보자. 1938년 제3차 조선 교육령으로 조선어가 수의(隨意) 과목으로 전락했고, 초중등 학교에서 조선어 시간을 폐지했다. 고등교육 기관이었던 보성·연희·이화전문학교는 조선어 시간을 두고 있었는데, 그것도 태평양 전쟁 하에서 금지했고, 일본학(日本學) 과목으로 대신했다.[36]

민족의식을 가진 교사들은 "일제의 식민 통치 및 그 정책, 그리고 일제의 국체(國體)나 태평양전쟁을 비판하며 한국의 독립운동을 교육했다. 이것은 1941년부터 1년간의 일이었으니 태평양전쟁을 전후한 애국교원의 민족 교육 현상"[37]이다. 항일 교육은 태평양 전쟁을 전후한 1년간만 하더라도 헤아릴 수 없을 정도였다. 당시 항일 교육의 내용은 실력 배양적 성격이 아니라 항일투쟁 교육이었다.[38]

김용근의 1937년 야월교회 개량서당과 1941년 목포 온금학원에

---

36 독립운동사 편찬위원회, 『독립운동사』 제8권: 문화투쟁사 506면.

37 『독립운동사』 제8권: 문화투쟁사 508면.

38 『독립운동사』 제8권: 문화투쟁사 508면, 『항일학생민족운동사연구』 482-542면에서 요약. 『독립운동사』 제8권: 문화투쟁사 509면, 각주 80 재인용.

서의 항일운동이 여기에 속한다. 일제는 항일운동에 가담한 학생과 교원들을 집중적으로 감시했고, 체포 후 온갖 고문을 자행했다. 많은 교사와 학생들이 목숨을 잃었다. 대구사범학교 다혁당 관련자들 가운데 17명이 일제의 악독한 고문 때문에 숨지는 비극을 당하고 말았다.[39](조동걸, 526면)

특이하게 김용근이 전북 장수(長水)에서 항일결사를 조직하려 했다는 일제 경찰의 기록이 있다.[40] 다음은 전북 장수서(長水署)에서 1942. 1. 15.에 올린 보고서다.

> 전 연전생(前 延專生)[41]을 중심으로 치안 유지법 위반 사건. 목포 온금학원(溫金學院)강사 김정용근(金井容根)(26) 외 7명, 김정(金井)은 재학 중 좌익서적을 탐독 독립 이후 공산당화를 기도하고 YMCA 반을 만들어 급우를 포섭하였고, 목포 유치원 보모 진창순(陳昌順)에게 접근하여 계급의식과 민족정신을 고취하는 통신을 우송하였다. 취조 중. (조동걸, 521면)[42]

김용근은 1940년 4월 연희전문학교에 입학했지만 같은 해 9월 말 휴학하고 10월부터 온금학원 교사로 일했다. 현재로서는 장수경찰서의 기록에 나타난 7명이 누구인지를 찾을 수 없었다. 단 여

---

39 5명 옥사, 12명 출옥 후 고문 후유증으로 순국.

40 조동걸, “1942. 1. 15., 연희전문 졸업생 장수(長水)의 항일결사 탄로”, 『독립운동사』 제8권: 문화투쟁사 516면.

41 조동걸 5·16에 ‘전근전생(前近專生)’으로 기록되어 있으나, 이는 전연전생(前延專生)의 오기(誤記)다.

42 다음에도 같은 내용의 기록이 있다. 『독립운동사』 제9권 학생독립운동사 제4편 제2장 제4절 749-750면.

기에 이름이 밝혀진 목포 유치원 보모 진창순은 김용근과 함께 독립운동에 관련되어 조사를 받았음이 확실하다.[43] 일제 장수 경찰은 평양 숭실중학교 재학 시절 종교부장으로써 숭실중 YMCA를 이끌었던 김용근의 전력을 이 기록에서 확인시켜주고 있다. 이 기록으로 미루건대 1940년에 김용근은 이미 사회주의적 의식을 지니고 있었고 그것은 연전 문과 재학의 경험에서 비롯한 것으로 추정한다. 하지만 이는 당시 독립운동의 일반적 경향이었다. 또한 1920년대 이후 연전 문과에 백남운, 이순탁을 비롯한 쟁쟁한 사회주의 이론가들이 많았다는 것은 알려진 사실이다.[44]

4. 맺음말

신사회 그룹과 총독암살단은 민족협동전선인 신간회가 1931년에 해체된[45] 이후에도 학생·청년층에서 좌우합작 항일운동이 지속되고 있음을 보여준다. 1940년 태평양전쟁기에도 학생·청년 독립운동 소그룹에서 기독교 민족주의자들과 사회주의자들이 함께 독립운동을 했던 것이다.

김용근, 성백우, 임형선은 신앙과 사상이 달랐지만 항일운동에

43 김용근 선생은 고 진창순(陳昌順, 1922～1961) 여사와의 사이에 4명의 자녀를 두었다.

44 홍성표. "기독교 학교 학생들의 민족운동과 사회주의 -연희전문학교 학생회를 중심으로-." 한국독립운동사연구 68. (2019): 187-224면 참조.

45 전국적으로 120～150여 개의 지회를 가지고 있었으며 2만～4만 명에 이른 일제하 가장 규모가 컸던 항일사회운동단체였다. 1927년 창립, 1931년 해체.

서 신뢰를 잃지 않고 연대했다. 세 청춘은 체포, 투옥, 고문의 고난을 무릅쓰면서도 그 어떤 대가를 바라지 않고 제국주의의 악에 저항했다. 어찌 이들 뿐이랴. 고문으로 죽은 대구사범의 다혁당과 광주서중의 학생 혁명가들처럼 지금 기억하지 못하지만 수많은 청춘이 민족해방, 인간해방을 위해 순수하고 아름다운 기개와 뜻을 실천했다.

김용근의 기독교 민족주의의 신앙과 이념은 평양 숭실학교 시기 신사참배 거부운동에서 본격적으로 발화했고, 개량서당 교사 시절 항일교육으로 나타났다. 1940년 연희전문학교 입학 후 총독암살단 활동기에 김용근의 신앙과 이념은 새로운 철학적·사회과학적 세계관으로 전환점을 맞았다고 보인다. 이 시기는 일제가 군국주의 전시체제로 본격적으로 돌입하던 시기였다.

선생은 해방 정국에서 사회주의 사상에 탐닉했다.[46] 거의 2년 반 정도 침식을 잊을 정도로 집중적으로 독서했다고 했다. 선생은 로자 룩셈부르크, 칼 리프크네히트, 아우구스트 베벨 등 독일 사회민주당 핵심 이론가들의 사상을 공부했다. 하지만 선생은 교회를 잠시 떠났을지라도 기독교를 버린 것은 아니었다. 선생 자신의 기독교 신앙을 '변증법적으로 지양(止揚)'했다고 할 수 있다. 선생이 자주 예를 든 십자가의 부활처럼.

---

46 은우근(2018), 25-26면 참조, 파레시아스트와 '떫은 감'의 변증법-참여적 지식인으로서 한 교사의 존재방식, 바람직한 광주 교사상연구: 교사 김용근의 교육정신과 실천, 10-52면, 연구책임자: 고형일, 전남대학교 교육문제연구소.

■ 부록 : 해방, 해방 이후 세 독립운동가들의 삶

김용근은 광복 하루 전 8월 14일, 사할린 징용을 피하기 위해 만주행 열차를 탔다. 사할린 탄광 징용은 강제 노동 후 죽음을 의미했다. 그는 8월 15일 만주 봉천에서 해방을 맞았다. 일왕이 무조건 항복을 선언하는 라디오 방송을 봉천 시내에서 들었을 때 너무 허전하여, 생애 처음으로 담배를 사서 피우기 시작했다고 한다. 해방 당시 임형선, 성백우는 서대문형무소에서 옥살이 중이었다. 두 사람 모두 1945년 8월 16일에 석방되었다. 건국준비위원회를 대표해서 허헌 부위원장이[47] 8월 16일 서대문형무소에서 석방 환영사를 했다.

김용근은 해방 후 4년제를 회복한 연희대학교에 복학하여 사학과 1회 졸업생이 되었다. 1950년에 대학원 사학과에 진학했다. 그해 한국전쟁이 일어났다. 9사단에 종군했다. 박병권 사단장은 연전 동기동창이었다. 그는 9사단에서 국사와 군사영어를 가르치며 4년간 복무했다. 1954년 군 복무 후 귀향하던 중 대학 선배 배비석(裵雲石) 전주고 교장에게 인사차 들렀다가 배 교장의 권유로 전주고에서 교사의 길에 들어섰다.(문집 87-88면)

성백우는 해방 후 조선신민당에 참여했고 문화부 차장을 맡았다.(임형선, 535면) 하지만 일제하 고문 후유증을 이기지 못하고 1950년 3월 7일 세상을 뜨고 말았다. 임형선이 해방 후 그의 삶과 쓸쓸한 마지막을 전하고 있다.

---

[47] 許憲, 일본 명치대학 법과를 졸업하고 해방 후 건국준비위원회 부위원장을 역임하고 1948년 월북하여 김일성대학 총장 역임.

▷ 성백우란 넘은 그때 아… 옛날 얘기구먼. 조선신민당[48]이란 게 있어요 신민당이란 게 누구냐면 저 그 김두봉이유 당수가… 그래 그 전위대학 김태준[49](1905～1950)이란 사람이 있어. 김태준!

▶ 예… 김태준…

▷ 그거 서울대학 강사요. 왜정시대 참 똘똘했지. 그 사람덜이 다복동에 와서 조선신민당을 구축을 할 때 성백우는 거기 그때 문화부 차장으론가 가 있었어요. 걔는 하여간 처음부터 빨갱이를 했으니께. 첨부텀 빨갱이고 나는 첨부텀 빨갱이가 아니니까…(535면)

▷ 죽은 놈덜만 불쌍해요(구술자)

▶ 아 같이 독립운동 하시던 성백우 그분은…

▷ 다 죽었죠

▶ 50년돈가요?

▷ 그죠 그때 죽었죠 다 죽었어요. 죽은 눔덜만 불쌍하고 그거 뭐 쯧… 자식덜도 없고 그래요…(임형선, 538-539면)

임형선은 1946년 감리교신학교에 입학하여 1949년 졸업했다. 재학 중 민주일보 기자로서 김구의 경교장 선전부 소속(임형선, 539

48 조선신민당은 조선독립동맹의 위원장 김두봉이 1946년 2월 연안파 공산주의자들과 함께 창당한 공산주의 정당이다. 주석은 김두봉. 부주석은 최창익, 한빈이다. 주요 당 간부로는 백남운, 허정숙, 박효삼 등이 있었다. 1946년 2월 16일 창립하여 1946년 11월 23일 해산.

49 경성 코뮤니스트 그룹의 핵심. 경성콤그룹은 1939～1941 경성부를 중심으로 조선공산당을 재건하기 위해 활동한 조직. 1930년대 초반 각 콤그룹의 당재건운동과 그 후 1930년대 중반에 있었던 경성의 이재유 그룹, 원산의 이주하 그룹의 당재건운동을 계승한 1930년대 후반 대표적인 공산당 재건운동 단체다. 일제강점기 국내파 사회주의, 공산주의 운동가들의 최후 집결체로 평가받고 있다. 박헌영, 이현상, 이관술, 이재유, 김태준 등이 주로 활동하였다.

면)으로 장준하 등과 함께 했다. 그는 건국준비위원회에 참여하여 이응렬[50]과 함께 아산 지역 건준을 만들었다. 이승만의 이화장 세력이 임정세력을 강하게 견제하는 가운데 새 나라를 위해 노력했지만, 김구 암살 이후 모두 뿔뿔이 흩어질 수밖에 없었다고 한다. 조소앙이 "철기 이범석이 국방장관이니 군대 들어갔다 다시 '권토중래'하자 다짐했을 때 땅을 치며 통곡했다"는 기억을 전한다.(임형선, 543-544면) 임형선은 한국전쟁 직전 육사 특별반에 입교하여 장교로 참전했다. 영어를 잘하여 수송병과에서 미군 장비 인수를 담당했다. 한국군 초대 수송대대장(233 수송대대)을 맡았고 1958년 제대했다. 국회의원 출마 계획이 있었는데, 5·16쿠데타로 좌절했다. 천안군수를 2년 반 지낸 후 목회를 시작했다. 장준하, 함석헌 등과 고등공민학교를 설립했지만 중앙정보부가 방해하고 오산경찰서가 밀착 감시하여 실패했다.[51](임형선, 557-559면) 그는 전두환 시절 광복회 충남지부장으로 독립기념관 건립에 관여했다. 1982년 8월 23일 독립기념관 건립 발기대회 개최를 위해 노력했다.

---

50 李應烈은 충무공 이순신의 제14세 종손으로 보성전문학교를 졸업하였음. 당시 아산지역의 사회주의운동세력 확대와 관련되어 옥고를 치름. 그러나 실질적으로 사회주의운동을 하지는 않았다. (536면 각주 재인용)

51 2001년 12월 8일 천안시 입장면 하장리 초원아파트 구술(임형선, 556면 이하).

• 해방 이후 세 사람의 활동과 포상

년도	김용근	임형선	성백우
1945	해방		
	사할린 징용 피해 만주 도피 중 해방 맞음	서대문형무소 석방	서대문형무소 석방
1946~1950	**1946.11.** 연희대 사학과 창립. **1950.** 연희대 사학과 대학원 창립. 연희대학교 사학과 1회 졸업(김용근, 나재명, 신태호, 임종철, 이광린) 후 대학원 진학.	**1946~1949.** 감리교신학교 신문기자, 경교장(김구) 건준 참여. **1949.07.20.** 장교 임관. 수송대대 창설.	고문 후유증으로 병사(1950.03.)
1950.06.25.	한국전쟁.		
1950.	국군 9사단 종군.	국군 장교 참전. 8년 군복무 후 1958년 예편.	
	제대 후 전주고 교사 부임(1954).	목사, 군수, 장준하, 함석헌 등과 함께 학교 설립 운동, 사회사업(고아원) 운영. 광복회 충남지부장.	

혐의	치안유지법 위반	치안유지법 위반	
훈격(서훈년도)	애족장(1990)	애족장(1977)	애족장(1990) 대통령 표창(1986)
		애국장(1980)	

참고문헌

❑ 문헌자료

5·18기념재단 편(2006). 『구술생애사를 통해 본 5·18의 기억과 역사 2: 사회활동가 편』, 5·18기념재단.

______(2007). 『5·18민중항쟁과 정치·역사·사회 1: 5월민중항쟁의 의의』, 5·18기념재단.

______(2007). 『5·18민중항쟁과 정치·역사·사회 3: 5월민중항쟁의 전개과정』, 5·18기념재단.

______(2007). 『5·18민중항쟁과 정치·역사·사회 4: 5월운동의 전개』, 5·18기념재단.

강현수(2010). 『도시에 대한 권리-도시의 주인은 누구인가』, 책세상.

______(2012). 「도시연구에서 권리담론의 의미와 과제」, 강현수/황진태 엮음, 『도시와 권리』, 라움.

______(2013). 「인권영향평가와 지방행정: 서울 성북구 사례를 중심으로」, 제4회 인권도시포럼 자료집』, 한국인권재단·광주광역시, 3-37면.

강현아(2003). "5·18항쟁의 성격·주체: 연구사적 측면에서", 『5·18연구 회고와 전망』, 5·18 24주년 기념학술대회 자료집, 전남대학교 5·18연구소,.

광주광역시(2011). 광주인권도시선언문.

______(2017). 『2018～2021 광주광역시 인권증진 및 인권도시 기본계획』.

광주사태 구속자가족 일동(1997). "광주사태 구속자의 구명과 석방을 위하여" (1981. 1.), 『광주민주화운동자료총서』 제2권, 광주광역시 5·18사료편찬위원회.

국가인권위원회(2006). 『2007-2011 국가인권정책기본계획권고안』.

______(2006). 『연례보고서』.

______(2006). 『인권증진행동계획(2006～2008)』.

______(2007). 『연례보고서』.

______(2017). 『인권증진행동계획(2018～2020)』.

______(2004. 11. 24.). 보도자료.

권춘현(2008). 「진주 인권조례 만들기 운동의 현재」, 『지자체 조례의 인권적 접근을 위한 활동가 워크숍 자료집』 59-62면.

김귀영(2009). 「지방정부 위원회제도 개선방안」, 『지방행정연구』 23(2), 195-222면.

김기곤(2013). 「'열린 공동체' 관점의 인권도시와 시민참여」, 『민주주의와 인권』 13(2), 237-266면.

김두식(2003). 「광주항쟁, 5월운동, 다중적 집단정체성」, 『민주주의와 인권』 제3권 1호, 전남대학교 5·18연구소.

김승태(2012). 「평양 삼숭(三崇)의 신사참배 거부투쟁과 폐교」, 『인문학 연구』 42(0), 243-278면.

김영배(2016). 『제2회 한국 인권회의 자료집』, 33.

김용근(1991). 산의 머슴새』(문병란 저) 출판기념회 축사, 『碩隱 金容根 先生 文集』, 대홍출판사.

______(1991). 『碩隱 金容根 先生 文集』, 대홍출판사 75-92면.

______(1984). 「민중은 역사발전의 주체이다」, 정진백 대담, 『금호문화』, 11～12월호, 금호문화재단.

김재균(2006). 「5·18과 광주발전」, 『김재균의 광주사랑』, 광주: 새날출판사.

김준태(1981). 『나는 하느님을 보았다』, 한마당출판사.

김중섭(2007). 「지역사회의 인권 발전과 조례 제정」, 『현상과인식』, 31(4), 33-56면.

______(2015). 「인권조례와 지역 사회의 인권 발전」, 『현상과인식』, 제39권 4호, 39-71면.

______(2016). 『인권의 지역화-일상생활의 인권 증진을 위하여』 집문당.

______(2017). 「지역 인권제도의 발전과 민주주의」, 『현상과인식』 41(3), 184-209면.
______(2018). 「한국 인권도시 운동 평가와 전망」, 『도시와 인권: 세계적 흐름과 한국의 과제』 도시와 인권 학술토론회 자료집, 서울연구원, 19-25면.
______(2007). 「지역사회의 인권발전과 조례 제정」, 『현상과인식』 103호. 33-55면.
김창규(2010). 「체면과 분노 : 광주항쟁과 5월운동을 중심으로」, 『호남문화연구』 48, 전남대학교출판부.
김창석(2006. 11. 29.). 「인권위 5년, 사회에 '인권'을 선물하다」, 한겨레21(제637호).
김현수(2012). 「정의로운 평화를 향하여」, 『장신논단』 44(1), 163-185면.
김형수(2018). 『문익환평전』, 다산책방.
김형완(2014). 「서울시 인권보장제도의 평가와 과제」, 『서울시 인권위원회 2주년 토론회 자료집』, 45면.
______(2016). 「한국에서의 지역인권의 제도화, 그 도전과 과제」, 『지역사회와 인권: 현황과 과제 제2회 한국인권회의 자료집』, 한국인권재단, 41-61면.
김희택(1991). '당신이 떠나시는 그날', 『隱 金容根 先生 文集』, 대홍출판사, 407-409면.
李省展(2006). 『아메리카인선교사와 조선의 근대』, 東京: 社會評論社.
미류(2012). 「인권도시에 대한 기대와 우려」, 『공간과 사회』 39, 161-167면.
민주화운동청년연합(1984). 「5·18 추모성명」, 『민주화의 길』.
법성 외(1991). '김용근 선생 추모 좌담회', 『碩隱 金容根 先生 文集』, 대홍출판사, 381-395면.
본회퍼 디트리히(2010). 『윤리학』, 손규태 외 역, 『디트리히 본회퍼 선집』 7, 대한기독교서회.
서영표(2012). 「도시적인 것, 그리고 인권?: 도시에 대한 권리 논의에 대한 비판적 개입」, 『마르크스주의 연구』 9(4).
서중석(2016). 『서중석의 현대사 이야기』 4권, 오월의 봄.
______(2011). 『6월항쟁』, 돌베개.
송우혜(2017). 『윤동주평전』, 서정시학.
숭실대학교(1987). 『숭실대학교 90년사』.
시민연대모임(1998). 「광주 아시아인권선언」, 『아시아 인권헌장 선언대회 자료집』.
신진욱(2007). 「사회운동의 연대 형성과 프레이밍에서 도덕감정의 역할: 5·18 광주항쟁 팸플릿에 대한 내용분석」, 『경제와 사회』 73.
안종철(2009). 「중일전쟁 발발 전후 신사참배 문제와 평양의 기독교계 중등학교의 동향」, 『한국문화』 48, 93-116면. 서울대학교 규장각 한국학연구원.
안진(2011). 「인권조례 제정운동의 성과와 한계 : 광주광역시, 전북, 울산광역시 인권기본조례를 중심으로」, 『전남대학교 법학논총』 31-2, 531-568면.
______(2008). 「조례에서의 인권내용, 무엇을 담을 것인가?」, 『지자체 조례의 인권적 접근을 위한 활동가 워크숍, 인권활동가 연수프로그램 자료집』, 23-35면.
염형국(2015). 「서울시민 인권헌장과 성소수자 차별금지」, 『서울시민인권헌장』, 231-248면.
오창근(2018. 5. 17.). 「인권조례와 동성애」, 충북일보.
윌리엄 J. 탤벗(2011). 『인권의 발견: 어떤 인권이 보편적인가 도덕적 제국주의와 도덕적 상대주의 넘어서기』, 은우근 역, 한길사.
유남영(2012). 「인권기본법 제정을 위하여」, 『저스티스』 통권 제129호, 59-78면.
유엔 인권이사회 자문위원회(2015). '인권 증진과 보호를 위한 지방정부의 역할에 대한 최종 보고서' (A/HRC/30/49).
유엔인권이사회(2015). '인권 증진 및 보호를 위한 지방정부의 역할-인권이사회 자문위원회 최종보고서' (A/HRC/30/49).

윤공희 외(1989). 『저항과 명상: 윤공희 대주교와 사제들의 오월항쟁 체험담』, 오월민중항쟁자료집 6, 빛고을출판사.

윤여탁(2000). 『신석정』, 건국대학교출판부.

은우근(2003). [특별기고] 「5·18기념사업에 대한 하나의 반성」, 『역사비평』, 97-125면.

______(2006). 「5 · 18문화담론에 대한 비판적 고찰」, 『민주주의와 인권』, 6(2), 157-190면.

______(2009). 「인권 거버넌스의 실현으로서 인권도시-광주광역시를 중심으로」, 전남대학교 5·18연구소, 『민주주의와 인권』 9-1, 121-147면.

______(2016). 「지금 우리의 5·18」, 『문학들』 46호.

______(2003). 「5·18기념사업에 대한 하나의 반성」, 『역사비평』(2003 여름). 97-125면.

______(2006). 「5·18문화담론에 대한 비판적 고찰」, 『민주주의와 인권』 제6권 2호. 전남대학교 5·18연구소, 157-190면.

이명재(2008). '기관유형별 인권 관련 진정사건 접수 현황'.

______(2008). 「인권조례 제정운동의 의의와 과제」, 『지자체 조례의 인권적 접근을 위한 활동가 워크숍 자료집』 15-19쪽, 국가인권위원회 광주지역사무소.

이성훈 외(2014). 『2014 한국인권도시 백서』, 한국인권재단.

이성훈·강현수·김중섭·노현수(2016). 『지자체 인권제도 현황과 개선과제 연구 2016』, 인권상황실태조사 연구용역보고서, 국가인권위원회.

이정은(2018). 「한국사회 인권의 제도화 과정에 대한 비판적 고찰-지자체 인권기본계획을 중심으로」, 『민주주의와 인권』 18(2), 221-252면.

이종범·정근식(2000). 『문화광주 2020』, 광주광역시.

이주영(1991). '뜻을 가지고 Ball을 만져라!', 『碩隱 金容根 先生 文集』, 대흥출판사, 398-406면.

이하나(2015). 「차별과 혐오에 맞서 씨름한 127일간의 여정」, 『서울시민인권헌장』, 119-141면.

이현재(2012). 「보편적 '인권'의 재소환과 인권도시 담론의 필요성」, 『2012 한국인권회의: 도시와 인권 — 인권도시 도전과 과제』, 한국인권재단.

______(2013). 「한국형 인권도시운동의 딜레마 극복을 위한 철학적 모색」, 『민주주의와 인권』 13(1), 143-165면.

인권운동사랑방(1998. 4. 15.). 인권하루소식, 제1104호.

______(1998. 5. 19.). 인권하루소식, 제1127호.

임낙평(1987). 『광주의 넋 박관현』, 사계절.

정성훈(2012). 「보편적 인권 정당화의 위기와 인권도시의 과제」, 『민주주의와 인권』 12(3), 381-406면.

조대엽(2003). 「광주항쟁과 80년대의 사회운동문화 : 이념 및 가치를 중심으로」, 『민주주의와 인권』 제3권 1호, 전남대학교 5·18연구소.

조상균·허창영(2012). 「국내인권기본조례의 현황과 내용」, 『인권법평론』 8.

조상균(2008). 「인권의 관점에서 본 광주광역시 조례 현황」, 『지자체 인권조례 워크숍 자료집』, 국가인권위원회 광주사무소.

조영선(2017). 「인권의 지방자치를 위한 국가인권위원회의 역할과 과제」, 『제3회 인권회의 자료집』, 70-83면.

진상범(2001). 「독일 교양소설(Bildungsroman)의 성립에 대한 원론적 고찰: 교양소설의 정신사적, 장르사적 및 이론적 성립배경을 중심으로」, 『헤세연구』 제5집.

천주교 광주대교구 정의평화위원회 5·18기념재단 편(2006). 『5·18민중항쟁 구술자료집』.

______(2012). 『5·18민주화운동구술기록수집 결과보고서』.

______(1988). 「광주여 우리나라의 십자가여」, 『광주의거자료집』 1, 빛고을출판사.

최영태 외(2008). 『5·18 그리고 역사 : 그들의 나라에서 우리 모두의 나라로』, 도서출판 길.

최윤(1988).『저기 소리 없이 한 점 꽃잎이 지고』, 문학과 지성사.
푸코 미셸(1981~1982). 심세광 역(2007),『주체의 해석학』, 동문선.
______(1982~1983).『담론과 진실·파레시아』, 오트르망 심세광·전혜리 역(2017), 동녘.
하버마스 위르겐(1973).『인식과 관심』, 강영계 역(1996), 고려원.
하승창(2016).『제2회 한국 인권회의 자료집』, 36.
한국기자협회 외(1997).『5·18특파원 리포트』, 풀빛.
한국인권재단(2017).『제3회 한국인권회의 자료집』 취지문.
한국현대사사료연구소(1990).『광주5월민중항쟁사료전집』, 풀빛.
한석희(1985).「일제하 한국의 신사참배 강요」 2,『기독교사상』 29(9), 114-138면.
한홍구·이대훈(2003. 11. 5.).「국가인권교육계획의 세계적 맥락과 외국의 실태」, 국가인권위원회,『인권교육실태와 방향; 국가 인권교육계획 수립을 위한 모색』, 국가인권위 주최, 성공회대학교 인권평화센터 주관 세미나 자료집.
행정안전부 자치법규과(2018).『2018년 지방자치단체 조례·규칙 현황』.
홍성수(2012a).「지방자치단체의 인권조례에 대한 연구」,『민주주의와 인권』 12(3), 305-337면.
______(2012b).「인권도시운동의 명암: 서울시 인권기본조례 제정 과정을 돌아보며」.
______(2015).「지방자치단체 인권위원회 제도에 관한 고찰」,『법학연구』 26(1), 93-138면.
황석영(1985).『죽음을 넘어 시대의 어둠을 넘어』, 전남사회운동협의회 편, 풀빛.

Harvey, David(2008).「The Right to the City」,『New Left Review』 53.
Lefebvre, Henri(1996(1968)).「The right to the city」, in H. Lefebvre,『Writtings on Cities』, E. Kofman and E. Lebas (eds.), Cambridge, Mass: Blackwell.
PDHRE(2007. 3.).「Human Rights Learning and Human Rights Cities」,『2004-2007, Annual Reports of Achievements』.
PDHRE. http://www.pdhre.org/achievements-HR-cities-mar-07.pdf
Popitz, Heinrich, Phänomene der Macht, Tübingen: J.C.B. Mohr(Paul Siebeck), 1992.
Stephen P. Marks and Kathleen A. Modrowski(2008).『Human Rights Cities: Civic Engagement for Societal Development』, https://pdhre.org/Human_ Rights_Cities_Book.pdf.

❏ 영화 및 다큐멘터리

블라디미르 멘쇼프(1998). "모스크바는 눈물을 믿지 못한다".
양선희(2005). "기억을 기억하라: 5·18민중항쟁 그 10일간의 기록", 다큐, 5·18기념재단.
오창규(1989). "다큐멘터리 5·18", 5·18기념재단.
장선우(1996). "꽃잎", 미라신코리아(주).

❏ 웹사이트

http://monthly.chosun.com/client/news/viw.asp?ctcd=E&nNewsNumb=201602100052
http://shinseokjeong.com/main/bbs/board.php?bo_table=3_1
석정문학관홈페이지
신광연(2016). '문인의 遺産, 가족 이야기 <14> 시인 辛夕汀의 후손들, "韓醫와 佛典 버리고 詩의 길 열어"',『월간조선』 2016. 2월호.
신승근·최재봉(2009. 5. 15.). "황석영, MB집권 저지 시국선언 잊었나", 한겨레신문. http://www.hani.co.kr/arti/society/society_general/354961.html

위성삼(1988. 10.). "죽은자가 산 자에게 말한다", 『국민신문』, http://www.518.ac.kr
은우근(2017. 12. 27.). '토호권력과 지식인의 앙가주망', 한겨레신문.
http://www.hani.co.kr/arti/society/area/825250.html. (검색일: 2018. 10. 8.).
임인택. "황석영, 변절 맞습니까", 『한겨레21』.
http://h21.hani.co.kr/arti/special/special_general/25061.html
정재철. '부안문화의 밥과꽃42-탄금재(彈琴齋)에서 혜원의 사진을 찍다',
http://www.ibuan.com/news/articleView.html?idxno=21607
천주교 광주대교구사제단 성명서(1986). "광주의거 5주기를 맞이하여".
http://ghpf.or.kr/sub.php?PID=050302&page=6&category=&searchText=&searchType=&action=Read&idx=208&PHPSESSID=c25f4386ad9adf605b0cf63b23cd7c4e
하종강. "김의기에 대한 나의 특별한 부채감",
http://www.hadream.com/zb40pl3/zboard.php?id=perfume&page=1&sn1=&divpage=1&sn=off&ss=on&sc=on&select_arrange=headnum&desc=asc&no=162&PHPSESSID=65b13bd86a34c8fa87238a0c525751db
홍인기. "탄압받는 민중과 함께한 한신대학교 수유캠퍼스",
www.kdemo.or.kr/site/bbs/pds_down.php?file.pdf

❏ 신문자료

김두찬(1982. 8. 16.). "혹독했던 신사참배 강요", 「동아일보」.
연합뉴스(1998. 3. 25.). '金日成의 父 金亨稷 조선국민회활동 사실로 확인돼'.
_______(2005. 3. 23.). '김형직 독립운동 사료 독립기념관에 소장'.

❏ 전화 및 이메일 인터뷰

이경희 인터뷰(2012. 5. 10.).
이주영(2018. 9. ~10. 2.).
황광우(2018. 9. 27.).
황일봉(2018. 9. ~10. 4.).